AI／データサイエンス ライブラリ "基礎から応用へ" ⑤

# 強化学習から
# 信頼できる意思決定へ

梶野洸・宮口航平・恐神貴行・岩城諒・和地瞭良 共著

サイエンス社

# 編 者 の 言 葉

　本ライブラリは AI/データサイエンスの基礎理論とその応用への接続について著した書籍群である．AI/データサイエンスは大量のデータから知識を獲得し，これを有効活用して価値につなげる技術である．今やビッグデータの時代における中核的な情報技術であり，その発展は目覚ましい．この事情に伴い，AI/データサイエンスに関する書物は巷に溢れている．その中には基礎，応用それぞれの書物は沢山有るが，その架け橋的な部分に重きをおいたものは少ない．実は，AI/データサイエンスを着実に身につけるには，基礎理論と応用技術をバランスよく吸収し，その「つなぎ」の感覚を磨いていくことが極めて重要なのである．こうした事情から，本ライブラリは AI/データサイエンスの基礎理論の深みを伝え，さらに応用への「架け橋」の部分を重視し，これまでにないライブラリとなることを目指して編集された．全ての分冊には「（基礎技術）から（応用技術）へ」の形式のタイトルがついている．

　ここで，基礎には様々なレベルがある．純粋数学に近い基礎（例：組合せ理論，トポロジー），応用数学としての基礎（例：情報理論，暗号理論，ネットワーク理論），機械学習理論の基礎（例：深層学習理論，異常検知理論，最適化理論）などである．本ライブラリの各分冊では，そのような様々なレベルの基礎理論を，具体的な応用につながる形で体系的にまとめて紹介している．コンパクトでありながら，理論の背景までを詳しく解説することを心掛けた．その中には，かつては応用されることが想像すらできなかった要素技術も含まれるであろう．一方で，最も基本的な要素技術としての確率，統計，線形代数，計算量理論，プログラミングについては前提知識として扱っている．

　また，応用にも様々なレベルがある．基礎に近い応用（例：機械学習，データマイニング），分野横断的な応用（例：経済学，医学，物理学），ビジネスに直結する応用（例：リスク管理，メディア処理）などである．これら応用については，基礎理論を理解してコーディングしたところで，すぐさま高い効果が得られるというものではない．応用では，分野特有の領域知識に基づいて，その価値を判断することが求められるからである．よって，基礎理論と領域知識

を融合し，真に価値ある知識を生み出すところが最も難しい．この難所を乗り越えるには，応用を念頭に基礎理論を再構成し，真に有効であった過去の先端的事例を豊富に知ることが必要である．本ライブラリの執筆陣は全て，応用に深く関わって基礎理論を構築してきた顔ぶれである．よって，応用を念頭にした，有効な基礎理論の使いどころが生々しく意識的に書かれている．そこが本ライブラリの「架け橋」的であるところの特長である．

　内容は大学学部生から研究者や社会人のプロフェッショナルまでを対象としている．これから AI やデータサイエンスの基礎や応用を学ぼうとしている人はもちろん，新しい応用分野を開拓したいと考えている人にとっても参考になることを願っている．

編者　**山西健司**

# ま え が き

　**強化学習**（Reinforcement Learning, RL）とは，逐次的意思決定を取り扱うための数理的な枠組みである．意思決定をする主体である「エージェント」と，意思決定の場を与える「環境」との相互作用によって逐次的意思決定の過程をモデル化した上で，環境からエージェントに与えられる報酬を最大化するように意思決定ルール（方策）を学習させていくことで，最適な意思決定ルールを獲得でき，それにより状況に応じてどのように行動すべきかの指針を得ることができる．深層学習を取り入れた深層強化学習が Atari のゲームや囲碁において驚異的な性能を出したことも1つのきっかけとなり，大きな注目を集めている．

　強化学習の実応用についても様々な研究がなされている．強化学習を実問題に適用する際には，現実世界で制御・最適化したい対象物を環境としてモデル化した上で，強化学習のアルゴリズムを適用すればよい．たとえば，サプライチェーンにおける在庫管理（詳しくは 1.1.6 項参照）では，サプライチェーン上の各拠点の在庫・生産状況や販売量を環境として表現することで，状況に応じて自動的に在庫量や生産量を調整できるエージェントを作ることができるし，徴税支援（2.9.1 項）では，納税者それ自体だけでなく，納税者に対する徴税の手続きの状況（令状取得済みか否かなど）を含めて環境として表現することで，納税者の状況に応じて適切な手段で納税の働きかけをするエージェントを作ることができる．他にも，オプションの権利行使タイミングの最適化（3.6 節）やロボティクス（4.8.1 項），自動運転（4.8.2 項）など，分野によらず幅広い実問題を強化学習の問題として定式化できる．

　このように強化学習の定式化を用いると幅広い実問題を表現できる一方で，実世界で幅広い応用がなされているとはいいがたい．その原因の1つとして，標準的な強化学習には，信頼性の観点が不足していることが多いためではないだろうか．というのも，標準的な強化学習では，エージェントはでたらめな行動からはじめ，環境との相互作用を通じて環境の情報を取得しながら徐々に方策を改善していくため，多くの試行錯誤が必要となる．それだけでなく，報酬

の和の期待値を最大化するような定式化が一般的であるため，少ない回数かも
しれないが，まれに大きな損害をもたらすような意思決定をする可能性があっ
たり，投資や運転時に必ず守らなければならないような規則を守らせることが
難しかったりする．

　本書は，上で説明したような標準的な定式化と実問題との橋渡しとなるよう
な定式化や強化学習を体系的にまとめることで，強化学習の実応用をより促進
することを目指す．

　まず第 1 章では，梶野が強化学習の標準的な定式化および手法についてまと
めた．第 2 章以降で取り扱う定式化や手法は，標準的な強化学習の拡張にあた
るため，それらを理解するための土台を作ることが第 1 章の目的である．特
に，強化学習手法のアルゴリズムを天下り的に与えるのではなく，強化学習を
最適化問題として定式化した上で，そこから演繹的に手法を導出していくこと
で，異なる定式化に対する対応力を養うことを目的としている．

　第 2 章では，宮口がオフライン強化学習の手法についてまとめた．標準的な
強化学習では，エージェントと環境とが無制限に相互作用し，試行錯誤しなが
ら良い方策を見つけていくことが前提となっているため，たとえば自動運転の
ように失敗が許されないような応用には不向きである．ここで紹介するオフラ
イン強化学習は，相互作用の履歴のデータが存在する状況で，追加の相互作用
を行わないという制約（これをオフライン制約と呼ぶ）のもと，良い方策を学
習する．相互作用して新たにデータを集めることができないことに起因する困
難を，反実仮想の問題と誤差の不均一性という 2 つの問題に切り分けて，それ
ぞれについて問題点を掘り下げたのち，解決方法について説明する．

　第 3 章では，恐神と岩城がリスク考慮型強化学習についてまとめた．標準的
な強化学習は，エージェントが環境から得る報酬の和の期待値（期待累積報酬）
を最大にする最適化問題として定式化される．一方，たとえば金融商品の運用
への応用を考えると，これまでの損益に相当する累積報酬について，その期待
値ではなく，リスクを考慮した統計量を目的関数としたいことがある．たとえ
ば，通算損益が低くなるリスクをなるべく抑えて，安定的に運用したい場合が
これにあたる．ここで紹介するリスク考慮型強化学習は，期待累積報酬の代わ
りに，累積報酬のリスク指標値を最大化する定式化をした上で，その問題を解
く方法論を議論する．特に，期待累積報酬で成り立っていた時間的整合性とい

う良い性質が成り立たなくなることがあるため，その対処法について詳しく説明する．

第4章では，和地が安全性制約考慮型強化学習についてまとめた．標準的な強化学習では，期待累積報酬などの目的関数を最大にすることのみが関心事であったが，たとえばロボットの制御や自動運転などの応用を考えると，ロボットを故障させないために動作に制限を課したり，交通ルールなどの制限を課したりしたいことが多い．ここで紹介する安全性制約考慮型強化学習では，最適化問題の制約条件として上述のような制限を取り入れた問題を考え，それを効率的に解くための方法論を議論する．また，第2章で取り扱ったオフラインの設定も組み合わせた問題設定についても説明する．

本書ではじめて強化学習に触れる読者は，まず第1章を読んで標準的な強化学習について学んだあと，興味のある章に進むことをおすすめする．多くの場合は，1.4節までの内容で十分だろうが，第2章以降では，1.5節や1.6節の内容を前提とする箇所があるため，その場合は第1章に戻って必要な知識を身につけるとよいだろう．標準的な強化学習を学んだことがある読者は，どの章から読みはじめても問題ないだろう．もし知識が不足している箇所があれば第1章に戻って復習をしてから再度チャレンジしてみてほしい．なお，本書は各章で独立した記法を採用している．必要に応じて自身が理解しやすい記法に変換しつつ理解の確認をすることをおすすめする．

本書の執筆にあたって，数多くの方々の協力をいただいた．サイエンス社の田島伸彦氏，足立豊氏には，原稿の校正を含め本書の出版に至るまで様々なご支援をいただいた．また，本 AI/データサイエンス ライブラリ "基礎から応用へ" 編者の山西健司氏には，執筆の機会をいただいただけでなく，原稿に対して数々の助言をいただいた．この場を借りて，著者一同感謝を申し上げたい．

2023年12月

梶野 洸，宮口 航平，恐神 貴行，岩城 諒，和地 瞭良

# 目　　次

# 強化学習の基礎

　強化学習は，マルコフ決定過程で表現される環境と，そこで意思決定をするエージェントとの相互作用を通じて．最適な意思決定規則（最適方策）を求めることを目的とする．多くの場合，マルコフ決定過程の性質を活用して効率的なアルゴリズムを作ることが多い．そのため本章では，まずマルコフ決定過程の定義やその性質について説明した上で，強化学習の代表的な手法群である，価値関数を用いた手法，方策勾配を用いた手法，および環境モデルを推定する手法をそれぞれ紹介する．また，基礎的な手法のみならず，実用上重要な手法もいくつか説明する．

## 1.1　逐次的意思決定問題

　本書では，**逐次的意思決定**（sequential decision-making），つまり順に従って意思決定を複数回繰り返す必要のある状況を考え，その中で最適な意思決定ルールを求める数理的な手法を説明する．

　逐次的意思決定を具体的に捉えるために，たとえば，販売・生産の機能を持つ複数の拠点からなるサプライチェーンの，各拠点における在庫量を調整する問題を考えてみよう（詳しくは 1.1.6 項参照）．サプライチェーンでは，ある拠点で製品を生産するために，別の拠点から部品を取り寄せる必要があるなど，拠点間の連携が不可欠であるが，各拠点での在庫量の調整は簡単ではない．というのも，在庫を抱えすぎると在庫の保管コストがかさむ一方，在庫が少なすぎると，在庫を上回る注文があったときに販売機会を喪失することになり，本来得られるはずだった利益を失ったことになるからである．したがって，日々各拠点において，いくつ製品を製造するか，意思決定を繰り返していく必要がある．このように日々行う意思決定は，逐次的意思決定の一例である．

　このような実世界の問題を数理的に解くためには，まずモデル化，つまり対

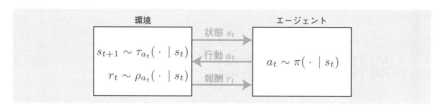

図 1.1　環境とエージェントの相互作用により逐次的意思決定をモ
デル化する

象とする問題を一般化した上で数理的に記述する必要がある．そうして得られ
た数理モデル上で実問題を表現できると，数理的な技術を用いてその問題を解
くことができ，実世界の問題を解決する糸口をつかむことができる．

　逐次的な意思決定をモデル化する際には，図 1.1 に示すように，意思決定を
する主体（**エージェント**）と，意思決定をする対象物（**環境**）をそれぞれモデ
ル化することが一般的である．環境は，**マルコフ決定過程**（Markov Decision
Process, MDP）を用いてモデル化することが多い（1.1.1 項参照）．マルコフ
決定過程は，内部に**状態**（state）$s_t$ を持ち，毎時刻 $t = 0, 1, 2, \ldots$ で，外部か
ら受け取る**行動**（action）$a_t$ を受けて，状態が移り変わって次状態 $s_{t+1}$ に遷
移すると同時に，**報酬**（reward）$r_t$ を外部に返すものである[♠1]．一方，エー
ジェントは，意思決定のルールである**方策** $\pi$ を持ち，毎時刻，環境の状態を観
測し，観測された状態をもとに，方策に従って意思決定し，環境に対して行動
する（1.1.2 項参照）．

　前述の在庫管理の例では，在庫管理する人やシステムがエージェントに相
当し，在庫管理される対象である複数の拠点が環境に相当する．環境のうち，
日々の複数拠点の在庫状況や，他の拠点への発注・生産状況，販売実績が状態
に，そして他の拠点への発注量が行動にあたり，サプライチェーン全体の利益
が報酬にあたるだろう．また，方策は，日々の拠点の状況をもとに発注量を決
めるルールに相当する．

　以上のようにして逐次的意思決定をモデル化できるが，数ある意思決定ルー
ル（つまり方策）の中で「最適」な方策を求める問題である**逐次的意思決定問題**
を定義するには，方策 $\pi$ の良し悪しを測る指標 $J(\pi)$ が必要になる．逆に，その

---

[♠1]数学的な記号の定義は 1.1.1 項以降に与える．

ような指標があれば，その指標を目的関数とすることで，逐次的意思決定問題を

$$\max_{\pi \in \Pi} J(\pi)$$

という最適化問題として定式化できる（1.1.4 項参照）．たとえば，そのような
指標として，エージェントが得る報酬の累積和の期待値[♠2]である期待累積報酬
を用いることが多いが，目的に応じて様々な指標が用いられる．

　在庫管理の例では，ある期間で得られる利益の総和の期待値を最大にしたい
場合，期待累積報酬を目的関数とすればよいし，利益の総和が負になる確率を
できるだけ抑えたい場合，たとえば累積報酬の 10% タイルを目的関数とする
ことも考えられる．このように，どういう性質を持つ方策を手に入れたいかに
応じて目的関数を適切に設定する必要がある．

　最適方策を求める問題を最適化問題として定式化することで，その問題に
対して直接最適化の手法を用いて最適方策を求めることができる（たとえば
1.4 節など参照）だけでなく，最適解である最適方策の数理的な特徴付けを利
用することで，より効率的な解法を作ることができる．特に，期待累積報酬を
目的関数として用いた場合には，最適方策（に付随する最適価値関数）はベル
マン最適方程式と呼ばれる方程式の唯一の解として特徴付けられる（1.2.3 項
参照）ため，そのような問題特有の構造を利用した解法が様々知られている
（たとえば 1.2.4 項など参照）．

　本節では，ここまでで説明した逐次的意思決定問題の数理的な定式化を詳し
く説明した上で，在庫管理の問題を例にとり，実問題をどのようにモデル化し
ていくのか説明する．

### 1.1.1　マルコフ決定過程

　まずマルコフ決定過程（定義 1.1）の定義を与える．本書で取り扱う範囲
では，離散的な時刻を持つマルコフ決定過程を考えれば十分なため，時刻を
$t = 0, 1, 2, \ldots$ とする．0 以上の整数の集合を $\mathbb{Z}_{\geq 0}$ とする．また，任意の集合
$\mathcal{X}$ に対し，$\Delta(\mathcal{X})$ は $\mathcal{X}$ 上に定義された確率分布の集合を表すとする．

　マルコフ決定過程は，時刻 $t = 0, 1, 2, \ldots$ に，行動 $a_t$ が外部から逐次的に

---

[♠2]環境やエージェントには確率的な挙動を許すため，報酬の累積和は確率変数である．こ
れを決定的な値にするために，期待値などの統計量を用いる．

与えられる中で，状態 $S_t$ と報酬 $R_t$ の時間発展を定めるものである．状態や報酬は確率的に決まるため，確率変数として表現されることに注意してほしい．

**定義 1.1**（マルコフ決定過程）　マルコフ決定過程は，$\mathcal{M} = (\mathcal{S}, \mathcal{A}, \tau_0, \tau, \rho, T)$ の 6 つ組で定義される．

- $\mathcal{S}$ は，**状態空間**と呼ばれ，環境の取りうる状態の集合を定める．要素が有限個の有限集合の場合もあれば，連続的な集合の場合もある．

- $\mathcal{A}$ は，**行動空間**と呼ばれ，環境が受け付ける行動の集合を定める[♠3]．状態空間と同様，有限集合の場合もあれば，連続的な集合の場合もある．

- $\tau_0 \in \Delta(\mathcal{S})$ は，**初期状態分布**と呼ばれ，時刻 0 における状態である初期状態 $S_0$ の従う確率分布を定める．すなわち

$$\tau(s_0) := \mathbb{P}[S_0 = s_0]$$

が成り立つ．

- $\tau_a(\cdot \mid s) \in \Delta(\mathcal{S})$ $(s \in \mathcal{S},\ a \in \mathcal{A})$ は，**状態遷移分布**と呼ばれ，状態 $s$ で条件付けたもとで，行動 $a$ に応じて，次の時刻の状態 $s' \in \mathcal{S}$ の確率 $\tau_a(s' \mid s)$ を定める．つまり時刻 $t$ における状態を $s_t$ とし，時刻 $t$ に入力される行動を $a_t$ としたとき，時刻 $t+1$ における状態に相当する確率変数 $S_{t+1}$ は

$$S_{t+1} \mid s_t \sim \tau_{a_t}(\cdot \mid s = s_t)$$

に従う．

- $\rho_a(\cdot \mid s) \in \Delta(\mathbb{R})$ $(s \in \mathcal{S},\ a \in \mathcal{A})$ は，**報酬分布**と呼ばれ，状態 $s$ で条件付けたもとで，行動 $a$ に応じて，環境から得られる報酬の従う確率分布を定める[♠4]．時刻 $t$ における状態を $s_t$，時刻 $t$ に受け取る行動を $a_t$，その行動のあとに受け取る報酬に相当する確率変数 $R_t$ は

$$R_t \mid s_t \sim \rho_{a_t}(\cdot \mid s = s_t)$$

に従う．この報酬 $R_t$ は行動の直後に貰えるものであることから，それを

---

[♠3] $\mathcal{A}(s)$ $(s \in \mathcal{S})$ のように，状態に応じて行動空間を別々に定めることもできる．
[♠4] 後述の累積報酬が定義できるように，報酬の値を有界とすることもある．

強調するために**即時報酬**と呼ばれることもある．

- $T \in \mathbb{N} \cup \{\infty\}$ は，**時間長**と呼ばれ，マルコフ決定過程の状態遷移の回数を規定する．$T = \infty$ の場合は無限時間長のマルコフ決定過程，$T < \infty$ の場合は有限時間長のマルコフ決定過程と呼ばれる．

図 1.2 にマルコフ決定過程のグラフィカルモデルを示す．グラフィカルモデルは，グラフを用いて確率モデルを表現する手段である．白抜きの丸い頂点で確率変数を，黒いドットで表される頂点で決定的な変数を表し，有向辺は変数間の依存関係を表す．この表現を用いることで，変数の種類や依存関係を把握しやすくなる．

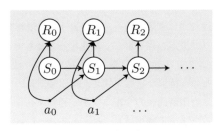

図 1.2　マルコフ決定過程のグラフィカルモデル

定義 1.1 に従うと，マルコフ決定過程から次のように状態や報酬の系列を得ることができる．

(1)　$s_0$ を $\tau_0$ に従って生成

(2)　行動 $a_0$ が入力される

(3)　$r_0$ を $\rho_{a_0}(\cdot \mid s_0)$ に従って生成

(4)　$s_1$ を $\tau_{a_0}(\cdot \mid s_0)$ に従って生成

(5)　行動 $a_1$ が入力される

(6)　$r_1$ を $\rho_{a_1}(\cdot \mid s_1)$ に従って生成

(7)　$s_2$ を $\tau_{a_1}(\cdot \mid s_1)$ に従って生成

(8)　$\cdots$

(9)　$s_T$ を $\tau_{a_{T-1}}(\cdot \mid s_{T-1})$ に従って生成

マルコフ決定過程の特徴として，状態遷移や報酬がマルコフ性を満たしていることが挙げられる．言い換えると，次状態 $S_{t+1}$ や報酬 $R_t$ は，状態 $S_t$ や行動 $a_t$ に依存するが，それ以前の状態や行動には依存しない．このマルコフ性は，最適な意思決定を現実的な時間で求める上で重要な役割を担っている．

注 1.1（報酬について）　定義 1.1 では，確率的な報酬を考えるために報酬分布を用いていたが，決定的な報酬を考える場合には，決定的な関数を代わりに用いる場合も

ある．このとき，状態行動対 $(s, a) \in \mathcal{S} \times \mathcal{A}$ を入力として，報酬を出力する関数を**報酬関数**と呼ぶ．また，定義 1.1 では，報酬は状態行動対 $(s, a)$ に応じて確率的に決まるものとしていたが，次状態 $s' \in \mathcal{S}$ にも依存させることもできる．その場合，報酬分布を $\rho_a(r \mid s, s')$ と書く．多くの場合，いずれの定義であっても同様な結果が成り立つため，本節では定義 1.1 の定義を採用する．

**注 1.2（有限時間長の MDP）** 有限時間長のマルコフ決定過程を無限時間長のマルコフ決定過程を用いて記述することもできる．実際，$t = 0, 1, \ldots, T-1$ で終了する（つまり状態 $s_T$ で終了する）マルコフ決定過程は，**吸収状態**（absorbing state）$s_\perp$ という特別な状態を備えた無限時間長のマルコフ決定過程として書くことができる．

有限時間長のマルコフ決定過程 $\mathcal{M} = (\mathcal{S}, \mathcal{A}, \tau_0, \tau, \rho, T)$ に対して，無限時間長のマルコフ決定過程 $\overline{\mathcal{M}} = (\overline{\mathcal{S}}, \overline{\mathcal{A}}, \overline{\tau_0}, \overline{\tau}, \overline{\rho}, \infty)$ を次のように定めればよい．

- 状態に時間の情報を追加し，さらに吸収状態 $s_\perp$ を新たに追加する．

$$\overline{\mathcal{S}} = \{(s, t) \mid s \in \mathcal{S}\}_{t=0}^{T-1} \cup \{(s_\perp, \infty)\}$$

- 行動空間は，時刻 $T-1$ までは $\mathcal{A}$ を用いるが，時刻 $T$ 以降は特別な行動 $a_\perp$ のみとることができる．

$$\overline{\mathcal{A}}(\overline{s} = (s, t)) = \begin{cases} \mathcal{A}(s) & (t \leq T-1) \\ \{a_\perp\} & (t \geq T) \end{cases}$$

- 初期状態分布は，$\mathcal{M}$ と同じものを用いる．

$$\overline{\tau_0}(\overline{s}_0 = (s_0, 0)) = \tau_0(s_0)$$

- 状態遷移分布は，時刻 $T-1$ までは $\tau$ を用いるが，時刻 $T$ 以降は吸収状態に留まる．つまり

$$\overline{\tau}_{\overline{a}}(\overline{s}' = (s', t+1) \mid \overline{s} = (s, t)) = \begin{cases} \tau_a(s' \mid s) & (t \leq T-1) \\ \delta\{a = a_\perp, s' = s_\perp\} & (t \geq T) \end{cases}$$

とする．ここで $\delta$ は，状態空間が離散の場合はクロネッカーのデルタ，状態空間が連続の場合はディラックのデルタ関数とする．

- 報酬分布は，時刻 $T-1$ までは $\rho$ を用いるが，時刻 $T$ 以降は無報酬とする．

$$\overline{\rho}(r \mid \overline{s} = (s, t), \overline{a}) = \begin{cases} \rho(r \mid s, a) & (t \leq T-1) \\ \delta\{r = 0\} & (t \geq T) \end{cases}$$

上記のマルコフ決定過程 $\overline{\mathcal{M}}$ は無限時間長であるが，時刻 $T$ 以降を無視することで有限時間長のマルコフ決定過程 $\mathcal{M}$ と同値となる．よって，有限時間長のマルコフ決定過程も無限時間長のマルコフ決定過程として取り扱うことができる．

### 1.1.2　方　　策

次に，マルコフ決定過程の上で意思決定を行う指針となる**方策**の定義を与える．方策とは，各時刻 $t = 0, 1, 2, \ldots$ において得られる環境に関する情報をもとに意思決定をし，その時刻でとる行動を定めるものである．

任意の時刻 $t$ において，履歴 $h_t$ を

$$h_t = (s_0, a_0, r_0, s_1, a_1, r_1, \ldots, s_{t-1}, a_{t-1}, r_{t-1}, s_t)$$

とする．このとき，方策を，履歴で条件付けたもとでの行動の従う確率分布とする．つまり

$$\pi_t(\cdot \mid h_t) \in \Delta(\mathcal{A}(s_t))$$

として，時刻 $t$ における行動 $A_t$ は $\pi_t(\cdot \mid h_t)$ に従うとしたとき，$\boldsymbol{\pi} = \{\pi_t\}_{t=0}^{\infty}$ を方策と定義する．

履歴 $h_t$ 全体に依存する方策を特に**履歴依存の方策**と呼ぶ．一方，直前の状態 $s_t$ にのみ依存する方策を**マルコフ方策**と呼ぶ．またマルコフ方策の中でもすべての $t = 0, 1, 2, \ldots$ に対して

$$\pi_t(a \mid s) = \pi(a \mid s)$$

を満たすものを**定常なマルコフ方策**と呼ぶ．

また履歴が与えられたもとで，唯一の行動を出力する方策を**決定的な方策**という．たとえば履歴依存の決定的な方策を

$$a_t = \pi_t(h_t)$$

のように書く♠5．

---

♠5同じ $\pi_t$ という記号で確率分布と関数を表すことは数学的には正しくないが，本書では単純化のためにこの記法を用いることとする．

### 1.1.3　逐次的意思決定のモデル

マルコフ決定過程は意思決定をする場を数理的に表現し，方策は意思決定そのものを数理的に表現していた．この2つを合わせることで，逐次的意思決定を確率過程としてモデル化できる．すなわち，状態，行動，報酬の系列の従う確率分布を定めることができる．

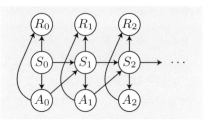

図 1.3　マルコフ決定過程に対してマルコフ方策を用いた逐次的意思決定

そのグラフィカルモデルを図 1.3 に示す．また，その系列の生成過程は次のようになる．

(1)　初期状態 $s_0$ を $\tau_0$ に従って生成

(2)　行動 $a_0$ を $\pi_0(\cdot \mid h_0)$ に従って生成

(3)　$s_1$ を $\tau_{a_0}(\cdot \mid s_0)$ に従って生成

(4)　$r_0$ を $\rho_{a_0}(\cdot \mid s_0)$ に従って生成

(5)　$\cdots$

(6)　$s_T$ を $\tau_{a_{T-1}}(\cdot \mid s_{T-1})$ に従って生成

この系列 $s_0, a_0, r_0, s_1, a_1, r_1, \ldots, s_T$ のことを**エピソード**と呼ぶ．エピソードを確率変数として取り扱うときには $S_0, A_0, R_0, S_1, A_1, R_1, \ldots$ のように大文字で表記し，実現値として取り扱うときには小文字で表記する．

### 1.1.4　逐次的意思決定問題の定式化

ここまでで，マルコフ決定過程と方策を用いることで，逐次的意思決定を確率過程として表現できることを見てきた．本項では「最適な意思決定ルールを求める」という逐次的意思決定問題を数理的に表現する方法を説明する．

逐次的意思決定では，マルコフ決定過程が意思決定をする場を表す一方，方策が意思決定ルールを定めているため，逐次的意思決定問題を定式化するためには，その環境に対して「最も良い方策」を選ぶ問題として定式化すればよい．これは，**最適化問題**と呼ばれる数理的な定式化を用いて表現することができる．

最適化問題は，与えられた集合 $\mathcal{X}$ の中から「最も良いもの」を選ぶことを数理的に表現するための汎用的な定式化である．「最も良いもの」を選ぶため

には，良さを定量化する必要がある．最適化問題では良さを定量化するものとして，**目的関数**と呼ばれる関数 $f\colon \mathcal{X} \to \mathbb{R}$ を用いる．目的関数の $x \in \mathcal{X}$ における値 $f(x)$ は，$x$ の良さを表すとする．これを用いると，$\mathcal{X}$ の中から最も良い要素 $x^\star \in \mathcal{X}$ を選ぶという問題は，$\mathcal{X}$ の中から関数 $f$ を最大にする入力を見つけるという問題として記述できる．これを

$$\max_{x \in \mathcal{X}} f(x)$$

と書き，最適化問題（特に最大化問題）と呼ぶ．

逐次的意思決定問題を最適化問題として記述するには，方策の集合と目的関数を定める必要がある．方策の集合を $\Pi$ とし，方策 $\boldsymbol{\pi} \in \Pi$ の良さを表す関数を $J\colon \Pi \to \mathbb{R}$ とすると，逐次的意思決定問題は

$$\max_{\boldsymbol{\pi} \in \Pi} J(\boldsymbol{\pi}) \tag{1.1}$$

という最適化問題として定式化できることになる．この最適化問題の解

$$\boldsymbol{\pi}^\star \in \operatorname*{argmax}_{\boldsymbol{\pi} \in \Pi} J(\boldsymbol{\pi})$$

を，**最適方策**と呼ぶ．ここからは方策の集合 $\Pi$ と，方策の良さを表す関数 $J$ について詳しく説明する．

**目 的 関 数**

目的関数として，方策の良さを表す関数 $J$ を用いるが，この関数については，唯一正しいものがあるわけではなく，目的によって使い分ける必要がある．最もよく使われる目的関数として，**期待累積報酬**（expected cumulative reward）が挙げられる．これは，**割引率**（discount factor）$\gamma \in [0, 1)$ を用いて

$$J(\boldsymbol{\pi}) = \mathbb{E}^{\boldsymbol{\pi}} \left[ \sum_{t=0}^{\infty} \gamma^t R_t \right] \tag{1.2}$$

と表される関数である．ここで $\mathbb{E}^{\boldsymbol{\pi}}$ は，与えられたマルコフ決定過程と方策 $\boldsymbol{\pi}$ によって定まる，エピソードに対する確率分布に関する期待値をとる演算子とする．

式 (1.2) で定義される期待累積報酬は，各時刻 $t$ で得られる即時報酬 $R_t$ に

重み $\gamma^t$ を掛けて足し合わせて得られる確率変数の期待値である。即時報酬を累積した値を目的関数とすることで、短期的な報酬ではなく、長期的に得られる報酬の合計を重視した方策を得られる。また割引率は 1 より小さい値をとり、未来の即時報酬ほど割り引かれることになる。この割引率 $\gamma$ の値を調整することで、どのくらい先の未来まで考慮して意思決定するかを調整することができる。また、式 (1.2) で用いる期待値は、環境や方策の確率的な挙動に関するものなので、これを目的関数にするということは、環境や方策を固定した上で、時刻 0 から逐次的な意思決定を行うことを何度も繰り返した結果得られる累積報酬の平均的な値を大きくすることに相当する。本章では特に言及がない限りは期待累積報酬を用いることとする。

注 1.3 　式 (1.2) のように期待値を用いて目的関数を定義するのではなく、よりリスクに敏感な指標を用いることも考えられる。期待値を大きくすることで、何度もエピソードを重ねたときの平均的な累積報酬を大きくすることはできる一方で、1 回 1 回の試行で得られる累積報酬のばらつきが小さくできるとは限らない。つまり、場合によっては累積報酬のばらつきが大きくなることもある。このようにばらつきが大きくなる状況下では、1 回 1 回の試行に対する累積報酬を見てみると、累積報酬の値が極端に小さくなることもありえるが、実応用上それが好ましくないことがある。これに対処するための 1 つの方法として、期待値という統計量を用いる代わりに、リスクを考慮した統計量を用いて目的関数を作ることが挙げられる。このようなリスクを考慮した目的関数や、それを用いた強化学習については第 3 章で詳しく取り上げることとし、本章では期待累積報酬を目的関数として用いる。

注 1.4 　その他の定式化として、最適化問題に制約を導入した定式化が考えられる。式 (1.1) は、目的関数を大きくする方策であればどのようなものであってもよいとする定式化であったが、実応用の観点から考えると、たとえば安全上の問題から特定の状態にはなるべく遷移しないようにしたい、などの要請が考えられる。この要請を数理的に表現するために、制約付き最適化問題を用いることがある。詳しくは第 4 章で説明することとし、本章では制約なしの最適化問題を用いる。

### 方 策 の 集 合

　次に方策の集合 $\Pi$ について説明する。1.1.2 項では、履歴依存の方策やマルコフ方策を定義していたが、この 2 つを比べると、履歴依存の方策の集合 $\Pi_{\mathrm{H}}$ のほうがマルコフ方策の集合 $\Pi_{\mathrm{M}}$ より真に大きいため、履歴依存の方策の集合

$\Pi_{\mathrm{H}}$ の中から最適方策を探す定式化

$$\max_{\boldsymbol{\pi} \in \Pi_{\mathrm{H}}} J(\boldsymbol{\pi})$$

のほうがより良い最適方策が得られることが期待される♠6.

しかし，目的関数 $J$ の性質によっては，方策の集合をマルコフ方策の集合 $\Pi_{\mathrm{M}}$ に限定しても同じ最適値となることが知られている（定理 1.1）．この状況では，履歴依存の方策を考える必要はなく，マルコフ方策のみを考えれば十分となる．実際，期待累積報酬はその条件を満たしているため，少なくとも期待累積報酬を目的関数とする場合には，マルコフ方策のみを考えれば十分であることがわかる（系 1.1）♠7．本章では期待累積報酬を目的関数とするからマルコフ方策を考えれば十分である．よって，以降はマルコフ方策のことを単に方策と呼ぶことにする．

以上より，本章で解きたい最適化問題は，$J$ を期待累積報酬として

$$\max_{\boldsymbol{\pi} \in \Pi_{\mathrm{M}}} J(\boldsymbol{\pi}) \tag{1.3}$$

と書けることがわかる．

本項の残りでは，マルコフ方策の十分性に関する詳細を説明する．マルコフ方策の十分性については次の定理が成り立つ．

**定理 1.1**（マルコフ方策の十分性）　マルコフ過程 $\mathcal{M}$ と方策 $\boldsymbol{\pi} \in \Pi_{\mathrm{H}}$ が与えられたもとでの時刻 $t$ における状態と行動の同時確率を

$$p_t^{\boldsymbol{\pi}}(s, a) \coloneqq \mathbb{P}^{\boldsymbol{\pi}}[S_t = s, A_t = a] \tag{1.4}$$

とおく．目的関数 $J(\boldsymbol{\pi})$ が，$\boldsymbol{\pi}$ に依存しない関数 $\widetilde{J}$ を用いて

$$J(\boldsymbol{\pi}) = \widetilde{J}(\{p_t^{\boldsymbol{\pi}}\}_{t=0}^{\infty}) \tag{1.5}$$

---

♠6少なくとも，

$$\max_{\boldsymbol{\pi} \in \Pi_{\mathrm{H}}} J(\boldsymbol{\pi}) \geq \max_{\boldsymbol{\pi} \in \Pi_{\mathrm{M}}} J(\boldsymbol{\pi})$$

は成り立つためである．

♠7一方，期待累積報酬以外の目的関数を用いる場合は，履歴依存の方策を用いたほうがよいこともあることに注意してほしい．

と書けるとき

$$\max_{\boldsymbol{\pi} \in \Pi_H} J(\boldsymbol{\pi}) = \max_{\boldsymbol{\pi} \in \Pi_M} J(\boldsymbol{\pi})$$

が成り立つ．すなわち，履歴依存の方策集合における最適値とマルコフ方策集合における最適値が一致する．

**定理 1.1 の証明** 任意の履歴依存方策 $\boldsymbol{\pi}_H \in \Pi_H$ について，あるマルコフ方策 $\boldsymbol{\pi}_M \in \Pi_M$ が存在して

$$p_t^{\boldsymbol{\pi}_H}(s, a) = p_t^{\boldsymbol{\pi}_M}(s, a) \qquad (t \geq 0, (s, a) \in \mathcal{S} \times \mathcal{A}) \tag{1.6}$$

が成り立つことを示せばよい．なぜならば，式 (1.5) で仮定したように，目的関数は同時確率を通じてのみ方策 $\boldsymbol{\pi}$ に依存しているため

$$\boldsymbol{\pi}_H^\star \in \operatorname*{argmax}_{\boldsymbol{\pi} \in \Pi_H} J(\boldsymbol{\pi})$$

という履歴依存方策に対して，同時確率が等しくなるマルコフ方策 $\boldsymbol{\pi}_M^\star \in \Pi_M$ が存在し

$$J(\boldsymbol{\pi}_H^\star) = \widetilde{J}\left(\{p_t^{\boldsymbol{\pi}_H^\star}\}_{t=0}^\infty\right) = \widetilde{J}\left(\{p_t^{\boldsymbol{\pi}_M^\star}\}_{t=0}^\infty\right) = J(\boldsymbol{\pi}_M^\star)$$

が成り立つからである．

履歴依存の方策 $\boldsymbol{\pi}_H$ に対して，マルコフ方策 $\boldsymbol{\pi}_M = \{\pi_{M,t}\}_{t \in \mathbb{Z}_{\geq 0}}$ を天下り的に

$$\pi_{M,t}(a \mid s) = \frac{p_t^{\boldsymbol{\pi}_H}(s, a)}{\sum_{a \in \mathcal{A}} p_t^{\boldsymbol{\pi}_H}(s, a)} \qquad (t \in \mathbb{Z}_{\geq 0})$$

と与え，このマルコフ方策について式 (1.6) が成り立つことを数学的帰納法により示す．

まず $t = 0$ のとき

$$\begin{aligned} p_0^{\boldsymbol{\pi}_M}(s, a) &= \tau_0(s)\pi_{M,0}(a \mid s) = \tau_0(s)\frac{p_0^{\boldsymbol{\pi}_H}(s, a)}{\sum_{a \in \mathcal{A}} p_0^{\boldsymbol{\pi}_H}(s, a)} \\ &= \tau_0(s)\frac{p_0^{\boldsymbol{\pi}_H}(s, a)}{\tau_0(s)} = p_0^{\boldsymbol{\pi}_H}(s, a) \end{aligned}$$

より，式 (1.6) が成り立つ．

$t = t'$ $(t' \in \mathbb{Z}_{\geq 0})$ のときに式 (1.6) が成り立つと仮定する. $t = t' + 1$ の
とき

$$
\begin{aligned}
p_{t'+1}^{\boldsymbol{\pi}_{\mathrm{M}}}(s', a') &= \sum_{(s,a) \in \mathcal{S} \times \mathcal{A}} p_{t'}^{\boldsymbol{\pi}_{\mathrm{M}}}(s,a) \tau_a(s' \mid s) \pi_{\mathrm{M}, t'+1}(a' \mid s') \\
&= \sum_{(s,a) \in \mathcal{S} \times \mathcal{A}} p_{t'}^{\boldsymbol{\pi}_{\mathrm{H}}}(s,a) \tau_a(s' \mid s) \frac{p_{t'+1}^{\boldsymbol{\pi}_{\mathrm{H}}}(s', a')}{\sum_{a' \in \mathcal{A}} p_{t'+1}^{\boldsymbol{\pi}_{\mathrm{H}}}(s', a')} \\
&= p_{t'+1}^{\boldsymbol{\pi}_{\mathrm{H}}}(s', a')
\end{aligned}
$$

が成り立つ. これは, 以下の 2 項はどちらも方策 $\boldsymbol{\pi}_{\mathrm{H}}$ による時刻 $t' + 1$ の状態
に関する周辺分布であることによる.

$$
\sum_{(s,a) \in \mathcal{S} \times \mathcal{A}} p_{t'}^{\boldsymbol{\pi}_{\mathrm{H}}}(s,a) \tau_a(s' \mid s) = \sum_{a' \in \mathcal{A}} p_{t'+1}^{\boldsymbol{\pi}_{\mathrm{H}}}(s', a')
$$

よって, 数学的帰納法により式 (1.6) が成り立つことが示され, それによって
定理 1.1 が示された. $\qquad\square$

**系 1.1 (期待累積報酬におけるマルコフ方策の十分性)** 期待累積報酬 (式 (1.2))
を目的関数とするとき, 履歴依存の方策集合における最適値とマルコフ方策集
合における最適値が一致する.

**証明** 期待累積報酬が式 (1.5) のように書けることを示せばよい. 実際, 期待
累積報酬は

$$
\begin{aligned}
\mathbb{E}^{\boldsymbol{\pi}} \left[ \sum_{t=0}^{\infty} \gamma^t R_t \right] &= \sum_{t=0}^{\infty} \gamma^t \mathbb{E}^{\boldsymbol{\pi}} [R_t] \qquad (1.7) \\
&= \sum_{t=0}^{\infty} \gamma^t \sum_{(s,a) \in \mathcal{S} \times \mathcal{A}} p_t^{\boldsymbol{\pi}}(s,a) \mathbb{E}_{R \sim \rho_a(\cdot \mid s)} [R]
\end{aligned}
$$

と書け, 同時確率 $p_t^{\boldsymbol{\pi}}(s,a)$ 以外は $\boldsymbol{\pi}$ に依存しないため, 式 (1.5) と書けるた
め, これは示された. $\qquad\square$

### 1.1.5 逐次的意思決定問題の問題設定
前項のように逐次的意思決定問題は最適化問題として定式化できるが, 最適
化問題を解く際に使うことができる情報の多寡によって様々な問題設定が存在

する．本書で取り扱う問題設定では，いずれの場合も

- 状態集合 $\mathcal{S}$
- 行動集合 $\mathcal{A}$
- 方策の集合 $\Pi$

は既知とすることは共通している．一方で，マルコフ決定過程のその他の要素である

- 初期状態分布 $\tau_0(s)$
- 状態遷移分布 $\tau_a(s' \mid s)$
- 報酬分布 $\rho_a(r \mid s)$

については，問題設定によって使える情報が異なる．ここでは後半3つをまとめて「環境の確率分布」と呼ぶことにして，その情報の多寡に応じた問題設定を説明する．

　**プランニング**と呼ばれる設定では，環境の確率分布すべて既知であるとした上で最適方策を求めることを目的とする．一方，**強化学習**と呼ばれる設定では，環境の確率分布は未知で，それらに従うサンプルを用いて最適方策を求めることを目的とする．

　また，本書では強化学習においてサンプルがどのように得られるかに注目して2つの問題設定を取り扱う．1つは**オンライン**の設定である．この設定では，方策を持つエージェントと環境の相互作用を通じて♠8環境の確率分布からサンプリングすることが許され，相互作用しながら同時に方策を更新して最適方策を求めていく．多くの場合相互作用の回数に制限はないため，必要なだけ相互作用して環境の確率分布に関する情報を集めることができる．

　もう1つは**オフライン**の設定で，エージェントと環境の相互作用から得られたデータセットのみをもとに最適方策を求める必要がある．オフラインの設定の難しさとして，新たに環境と相互作用して環境に関する情報を収集することができないことが挙げられる．たとえば，任意の方策 $\pi$ の目的関数値 $J(\pi)$ を推定すること自体も自明ではない．

　本章では，まず簡単のためプランニングの設定で逐次的意思決定問題の性質や最適方策の求め方を説明する．その後，1.3 節以降ではオンラインの強化学

---

♠8 1.1.1 項で説明した相互作用のみを許す場合と，環境を任意の状態にセットすることが可能な場合とがある．本書では主に前者の設定を考える．

習の設定を仮定して強化学習の手法を説明する．オフラインの設定については
第 2 章で詳しく説明する．

### 1.1.6 実問題の定式化の例

ビジネス上の問題を例にマルコフ決定過程を用いた定式化の方法を説明す
る．ここでは，オペレーションズリサーチの分野の問題をマルコフ決定過程
として記述して強化学習の環境として提供する Python ライブラリである
OR-Gym[1] の例を用いる．その中でも特に，サプライチェーンにおける在庫
管理の問題を取り上げ，現実の問題をマルコフ決定過程でモデル化する方法に
ついて詳しく説明する．

#### サプライチェーンにおける在庫管理問題

ある製品を製造するためのサプライチェーンを考える（図 1.4）．サプライ
チェーン上には拠点 $m = 1, 2, \ldots, M$ が存在するとして．拠点 $M$ が原材料を
採掘・加工して製品の部品を製造し，拠点 $M - 1$ に卸し，拠点 $M - 1$ はそれ
をさらに加工した製品を作り，拠点 $M - 2$ に卸す，といった，直線的なサプ
ライチェーンを考える．末端の拠点 1 では，製造は行わず，上流から仕入れた
製品の在庫を保持して販売する機能のみを持つ．各時刻 $t = 0, 1, 2, \ldots$ におい
て一般の顧客がランダムに訪れ，製品を購入していくとする．

単位時間あたりの各拠点の生産能力の上限が定められており，それを超え
る受注を処理することはできない．生産能力を超える受注があった場合には，
バックログとして記録し，次の時刻の生産に回される．また，製品を製造した
り下流の拠点に輸送するための調達期間が必要であるため，発注後すぐに製品
を受け取れるわけではない．さらに，上流の拠点から仕入れた材料を在庫とし
て持つためのコストやバックログのコストも必要であるため，やみくもに発注
数を増やすことは望ましくない．これらの制約のもとで，各時刻における発注
量を調整しつつサプライチェーン全体の利益を最大化するという問題を定式化

図 1.4　サプライチェーンのモデル

したい.

### 問題の記述に必要な変数の定義

前述の実問題を数理的に定式化する際には，まず問題を記述するために必要な変数を定義することからはじめるとよい．本項で定義する変数は，明示していない限りはすべて非負の整数とする．

**時刻に依存しない変数**

まず時刻によって変わらない変数から定義しよう．各拠点 $m = 1, 2, \ldots, M$ は，その上流の拠点 $m + 1$ から材料を調達する必要がある．その際には

- 各拠点 $m$ の生産能力の上限 $c_m$
- 各拠点 $m$ が生産し，下流の拠点に製品を卸すまでに必要な調達時間 $l_m$

が関与してくる．拠点 1 では生産は行わないため $c_1$ と $l_1$ は定義されない．

また売上や支出を計算するためには

- 各拠点 $m$ で販売する製品の単価 $p_m$
- 各拠点 $m$ におけるバックログ 1 個あたりのコスト $k_m$
- 各拠点 $m$ における原材料保管 1 個あたりのコスト $h_m$

を定める必要がある．ここで，OR-Gym では最上流の拠点 $M$ では無限に原材料にアクセスできるとしているため，原材料保管コストはかからず $h_M = 0$ としている．

**時刻に依存する変数**

次に，各時刻における各拠点の状態を記述するために必要な変数を定義しよう（図 1.5 参照）．各拠点 $m = 1, 2, \ldots, M$ は，生産とバックログを含む在庫保持をする機能を持つため，それらに関する変数として

- 各拠点 $m$ における原材料の在庫量 $i_{m,t}$
- 各拠点 $m$ におけるバックログの量 $b_{m,t}$
- 各拠点 $m$ における生産パイプラインの状態を表す配列 $q_{m,t} \in \mathbb{Z}_{\geq 0}^{l_m}$

を用いる．ここで，$\tau = 1, 2, \ldots, l_m$ に対して $q_{m,t,\tau}$ は $\tau$ 時刻前に生産を開始した個数に相当し，毎時刻

$$q_{m,t+1,\tau+1} \leftarrow q_{m,t,\tau}$$

と更新することで生産パイプラインの状態を表現する．

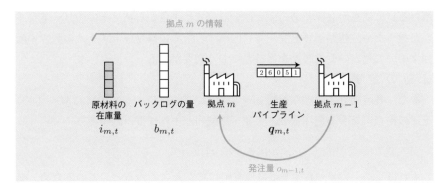

図 1.5 拠点 $m$ にまつわる変数の説明

最後に，各時刻 $t$ で各拠点 $m$ では上流の拠点に発注するため，その発注量を表す変数として $o_{m,t}$ を用いる．また，拠点 1 に一般の顧客が訪れて商品を購入していくため，その購入希望数を $d_t$ とする．

**マルコフ決定過程を用いた定式化**

前項で定義した変数を用いて，マルコフ決定過程として定式化してみよう．マルコフ決定過程として定式化する際には，状態遷移がマルコフ的になり，かつ，エージェントが意思決定するために必要十分な情報を状態に埋め込む必要がある．極端な例では，時刻 $t$ の状態 $s_t$ を，その時刻までの情報すべてを用いて定義すれば状態遷移はマルコフ的になるが，そうすると状態空間が大きくなりすぎてしまい，解くのが難しくなってしまう．一方，状態に用いる情報が不足していると，状態遷移がマルコフ的でなくなってしまったり，正しく状態遷移を定義できなくなってしまう．

**状 態 の 定 義**

各時刻 $t$ における状態 $s_t$ としては，各拠点の状態を記述する変数をまとめたものを用いる必要がある．すなわち

$$s_t = \{d_t\} \cup \{(i_{m,t}, b_{m,t}, \boldsymbol{q}_{m,t})\}_{m=1}^{M}$$

とすればよい．

各時刻における各拠点の状態を表現するために，原材料の在庫量 $i_m$ と $b_m$ を用いるのは明らかだが，生産パイプラインの状態を表す配列 $\boldsymbol{q}_m$ をそのまま

用いる点に注意が必要である．今回の設定では生産から納品までのリードタイムがあるため，状態遷移をマルコフ的にするためにはリードタイムの長さの配列を用いて過去の受注履歴を保持しておく必要がある．

## 行 動 の 定 義

また，各時刻 $t$ における行動 $a_t$ としては，各拠点 $m = 1, 2, \ldots, M-1$ の，上流の拠点に対する発注量 $o_m$ を並べた配列とすればよい．つまり

$$a_t = \{o_{m,t}\}_{m=1}^{M-1}$$

とすればよい．拠点 $M$ は無限に原材料にアクセスできるとしているため，発注量を指定する意味がないため，行動から除外している．

## 状態遷移の定義

これらを用いて，状態遷移は次の手順で定義される．ここでは時刻 $t$ になったときから，時刻 $t+1$ になるまでに行われる処理を記述している．

(1) 行動 $a_t$，すなわち各拠点での発注量 $o_{m,t}$ を決めて環境に施す

(2) 拠点 1 で顧客がほしがる商品数 $d_{t+1}$ が決まる（実装では，何らかの確率分布を用いて決める）

(3) 各拠点で，生産量の制約やバックログを考慮しながら販売量を決め，バックログ $b_{m,t}$ を更新して $b_{m,t+1}$ とする（OR-Gym では販売量を決める際には，先にバックログを解消するようにする）

(4) 販売量に基づいて製造をはじめると同時に，製造が完了した製品を下流の拠点に引き渡し，パイプライン $q_{m,t}$ および原材料の在庫量 $i_{m,t}$ を更新して，それぞれ $q_{m,t+1}$ および $i_{m,t}$ とする

(5) この時点での在庫量とバックログと，ここまでの販売・発注実績で報酬 $r_t$ を計算する

## 報 酬 の 定 義

最後に報酬の定義を与える．毎時刻のサプライチェーン全体の利益を即時報酬とする．上述のように，時刻 $t$ から $t+1$ へ遷移する最終段階で報酬が計算されるため，報酬 $r_t$ は次状態 $s_{t+1}$ に依存しているといえる．上述の状態遷移で決まる拠点 $m$ の販売量を $\bar{o}_{m,t+1}$ とすると，拠点 $m$ における利益は

$$\underbrace{\bar{o}_{m,t+1} \cdot p_m}_{\text{売上}} - \underbrace{\bar{o}_{m+1,t+1} \cdot p_{m+1}}_{\text{仕入れに係る費用}} - \underbrace{k_m \cdot b_{m,t+1}}_{\text{バックログに係る費用}} - \underbrace{h_m \cdot i_{m,t+1}}_{\text{原材料保管に係る費用}}$$

と書けるため，報酬は

$$r_t = \sum_{m=1}^{M} \left( \overline{o}_{m,t+1} \cdot p_m - \overline{o}_{m+1,t+1} \cdot p_{m+1} - k_m \cdot b_{m,t+1} - h_m \cdot i_{m,t+1} \right)$$

と書ける．ここで $\overline{o}_{M+1,t}$ は，拠点 $M$ の発注量とした．

## 目 的 関 数

以上のようにすると，サプライチェーンにおける在庫管理問題をマルコフ決定過程として記述できる．最後に，逐次的意思決定問題とするためには目的関数を定める必要がある．

たとえば有限時間長として

$$J(\pi) = \mathbb{E}^{\pi} \left[ \sum_{t=1}^{T} R_t \right]$$

といった目的関数を用いると，各時刻の報酬を同じ重みで足し合わせた累積報酬を，期待値の意味で最大化する問題となる．一方，割引率 $\gamma \in [0,1)$ を用いて

$$J(\pi) = \mathbb{E}^{\pi} \left[ \sum_{t=1}^{T} \gamma^t R_t \right]$$

という目的関数にすると，直近の時刻の報酬により大きい重みをおき，離れた未来の報酬の重みを小さくしたような累積報酬を考えることができる．

割引なしの目的関数とすると，全区間を通じた報酬の和を最大にするように行動するため，たとえば前半では大きな損失を被りつつも後半で大きな利益を上げるといった方策となる場合もある．一方，割引ありの目的関数にすると，より近視眼的な方策を求めることができるため，全区間での利益では劣るが，より安定的に利益を上げる方策を得ることができる．また，1.1.4 項でも説明したように，期待累積報酬以外の目的関数を用いたり，制約を考慮した定式化とすることもできる．どの目的関数を選択するかによって得られる方策の性質が異なるため，ビジネス上の要件と照らし合わせて適切な目的関数を選択することが望ましい．

## 1.2　プランニング

　式 (1.3) の解法を考えるにあたって，まず目的関数である期待累積報酬の性質を調べることは有用であろう．本節では，環境に関する情報がすべて既知だと仮定するプランニングの設定のもとで，最適方策を求める方法を説明する．

### 1.2.1　状態価値関数

　まず期待累積報酬は

$$J(\boldsymbol{\pi}) = \mathbb{E}^{\boldsymbol{\pi}}\left[\sum_{t=0}^{\infty}\gamma^t R_t\right] = \mathbb{E}_{S_0 \sim \tau_0}\mathbb{E}^{\boldsymbol{\pi}}\left[\sum_{t=0}^{\infty}\gamma^t R_t \,\middle|\, S_0\right]$$

と書けるため

$$v^{\boldsymbol{\pi}}(s) := \mathbb{E}^{\boldsymbol{\pi}}\left[\sum_{t=0}^{\infty}\gamma^t R_t \,\middle|\, S_0 = s\right] \tag{1.8}$$

とおいて，この関数 $v^{\boldsymbol{\pi}}$ の性質を調べることにする．この関数を**状態価値関数**と呼ぶ．期待累積報酬は状態価値関数を用いて

$$J(\boldsymbol{\pi}) = \mathbb{E}_{S_0 \sim \tau_0} v^{\boldsymbol{\pi}}(S_0) \tag{1.9}$$

と書けるため，状態価値関数の性質を調べることで，期待累積報酬の性質も知ることができる．

　状態価値関数は，時刻 0 の状態 $s_0$ で条件付けた期待値で定義されているが，任意の時間 $k \in \mathbb{Z}_{\geq 0}$ での状態 $s_k$ で条件付けたものを考えることもできる．このような時間シフトに関して補題 1.1 が成り立つ．

**補題 1.1**（状態価値関数の時間シフト）　任意の $k \in \mathbb{Z}_{\geq 0}$ と マルコフ方策 $\boldsymbol{\pi} = (\pi_0, \pi_1, \dots)$ に対して，$\boldsymbol{\pi}_{k:} = (\pi_k, \pi_{k+1}, \dots)$ とする．このとき

$$v^{\boldsymbol{\pi}_{k:}}(s) = \mathbb{E}^{\boldsymbol{\pi}}\left[\sum_{t=k}^{\infty}\gamma^{t-k} R_t \,\middle|\, S_k = s\right]$$

が成り立つ．

**証明**

$$\mathbb{E}^{\boldsymbol{\pi}}\left[\sum_{t=k}^{\infty}\gamma^{t-k}R_t \;\middle|\; S_k = s\right] = \sum_{t=0}^{\infty}\gamma^t\mathbb{E}^{\boldsymbol{\pi}}\left[R_{t+k} \mid S_k = s\right]$$

$$= \sum_{t=0}^{\infty}\gamma^t \sum_{(s',a')\in\mathcal{S}\times\mathcal{A}} \mathbb{P}^{\boldsymbol{\pi}}[S_{t+k} = s', A_{t+k} = a' \mid S_k = s]\mathbb{E}_{R\sim\rho_{a'}(\cdot|s')}[R]$$

であるから，任意の $k\in\mathbb{Z}_{\geq 0}$ に対して

$$\mathbb{P}^{\boldsymbol{\pi}}[S_{t+k} = s', A_{t+k} = a' \mid S_k = s] = \mathbb{P}^{\boldsymbol{\pi}_{k:}}[S_t = s', A_t = a' \mid S_0 = s]$$

が成り立つことを示せばよい.

上式の両辺とも，$S_k = s$ としたもとで

$$\pi_k(A_k \mid s)\prod_{u=k}^{t+k-1}\tau_{A_u}(S_{u+1}\mid S_u)\pi_{u+1}(A_{u+1}\mid S_{u+1})$$

を $(A_k, S_{k+1}, A_{k+1},\ldots,S_{t+k}, A_{t+k})$ について周辺化した確率分布と等しくなるため，これは示された. $\square$

### 1.2.2 最適状態価値関数

もし仮に，すべてのマルコフ方策 $\boldsymbol{\pi}\in\Pi_{\mathrm{M}}$ とすべての $s\in\mathcal{S}$ に対して

$$v^{\boldsymbol{\pi}^\star}(s) \geq v^{\boldsymbol{\pi}}(s)$$

が成り立つ方策 $\boldsymbol{\pi}^\star$ が存在するならば，この方策 $\boldsymbol{\pi}^\star$ は式 (1.9) で定義される目的関数を最大にするため最適方策である. 本項では，このような方策が存在することを示した上で，この方策が「定常な」マルコフ方策であることを示す. 本項の結果をもとにすると，期待累積報酬を最大にする方策を求めるにあたっては，マルコフ方策の集合よりも小さい，定常なマルコフ方策の集合を考えれば十分であることがわかる.

まず1つひとつの状態 $s\in\mathcal{S}$ における状態価値の最大値を考えてみよう. これを関数の形に表現したものを最適状態価値関数と呼ぶ. その定義を定義 1.2 に与える.

**定義 1.2**（最適状態価値関数） 各状態 $s \in \mathcal{S}$ について

$$v^\star(s) := \max_{\pi \in \Pi_{\mathrm{M}}} v^\pi(s) \tag{1.10}$$

として定義される関数を**最適状態価値関数**という.

式 (1.10) の右辺では各状態 $s \in \mathcal{S}$ について独立に方策に関して最大化しているため

$$v^\star(s) = v^{\pi^\star}(s)$$

となる方策 $\pi^\star$ が存在するとは限らないが, 仮にこのような方策が存在するならば, 本項冒頭の議論により方策 $\pi^\star$ は目的関数（式 (1.9)）を最大にする最適方策であることが示される.

定理 1.2 では, そのような方策 $\pi^\star$ が存在し, さらにそれが定常で決定的なマルコフ方策であることを示す.

**定理 1.2** 状態 $s$ で行動 $a$ をとったあとの期待報酬を

$$r(s, a) := \mathbb{E}_{R \sim \rho_a(s)}[R]$$

とおく. 定常で決定的な方策として

$$\pi^\star(s) = \underset{a \in \mathcal{A}}{\mathrm{argmax}}\, \mathbb{E}_{S' \sim \tau_a(\cdot | s)} \left[ r(s, a) + \gamma v^\star(S') \right] \tag{1.11}$$

を考える. この方策に対する状態価値関数は, すべての状態 $s \in \mathcal{S}$ について

$$v^{\pi^\star}(s) = v^\star(s) \tag{1.12}$$

を満たすため, 最適方策である.

**証明** 最適状態価値関数の定義より, すべての状態 $s \in \mathcal{S}$ について

$$v^{\pi^\star}(s) \leq v^\star(s)$$

が成り立つため, 式 (1.12) を示すには, すべての状態 $s$ について

$$v^{\pi^\star}(s) \geq v^\star(s)$$

が成り立つことを示せばよい.

任意の $s \in \mathcal{S}$ における最適状態価値関数の値を展開すると

$$v^\star(s) \tag{1.13}$$

$$= \max_{\boldsymbol{\pi} \in \Pi_{\mathrm{M}}} v^{\boldsymbol{\pi}}(s) = \max_{\boldsymbol{\pi} \in \Pi_{\mathrm{M}}} \mathbb{E}^{\boldsymbol{\pi}} \left[ \sum_{t=0}^{\infty} \gamma^t R_t \,\middle|\, S_0 = s \right]$$

$$= \max_{\boldsymbol{\pi} \in \Pi_{\mathrm{M}}} \mathbb{E}^{\boldsymbol{\pi}} \left[ R_0 + \gamma \sum_{t=0}^{\infty} \gamma^t R_{t+1} \,\middle|\, S_0 = s \right]$$

$$= \max_{\boldsymbol{\pi} \in \Pi_{\mathrm{M}}} \mathbb{E}_{\substack{A_0 \sim \pi_0(\cdot|s) \\ S_1 \sim \tau_{A_0}(\cdot|s)}} \left[ r(s, A_0) + \gamma \mathbb{E}^{\boldsymbol{\pi}} \left[ \sum_{t=0}^{\infty} \gamma^t R_{t+1} \,\middle|\, S_1 \right] \right]$$

$$\le \max_{\pi_0} \mathbb{E}_{\substack{A_0 \sim \pi_0(\cdot|s) \\ S_1 \sim \tau_{A_0}(\cdot|s)}} \left[ r(s, A_0) + \gamma \max_{\boldsymbol{\pi}_{1:}} \mathbb{E}^{\boldsymbol{\pi}} \left[ \sum_{t=0}^{\infty} \gamma^t R_{t+1} \,\middle|\, S_1 \right] \right]$$

$$= \max_{\pi_0} \mathbb{E}_{\substack{A_0 \sim \pi_0(\cdot|s) \\ S_1 \sim \tau_{A_0}(\cdot|s)}} \left[ r(s, A_0) + \gamma \max_{\boldsymbol{\pi}_{1:}} v^{\boldsymbol{\pi}_{1:}}(S_1) \right] \quad (\because 補題 1.1)$$

$$= \max_{\pi_0} \mathbb{E}_{\substack{A_0 \sim \pi_0(\cdot|s) \\ S_1 \sim \tau_{A_0}(\cdot|s)}} \left[ r(s, A_0) + \gamma v^\star(S_1) \right]$$

$$= \max_{a \in \mathcal{A}} \mathbb{E}_{S_1 \sim \tau_a(\cdot|s)} \left[ r(s, a) + \gamma v^\star(S_1) \right] \tag{1.14}$$

$$= \mathbb{E}_{\substack{a_0 = \pi^\star(s) \\ S_1 \sim \tau_{a_0}(\cdot|s)}} \left[ r(s, a_0) + \gamma v^\star(S_1) \right]$$

が成り立つ. このように繰り返し最適状態価値関数を展開していくと

$$v^\star(s) \le \mathbb{E}^{\pi^\star} \left[ \sum_{t=0}^{\infty} r(S_t, A_t) \,\middle|\, S_0 = s \right] = v^{\pi^\star}(s)$$

が成り立つ. これはすべての状態 $s$ について成り立つため, すべての状態 $s$ について

$$v^{\pi^\star}(s) = v^\star(s)$$

が成り立つことが示された. □

定理 1.2 から次のことがわかる.

**系 1.2**　定常なマルコフ方策の集合[♠9]を $\Pi$ とすると

$$\max_{\pi \in \Pi_{\mathrm{M}}} J(\pi) = \max_{\pi \in \Pi} J(\pi)$$

が成り立つ．つまり，期待累積報酬の最大化問題を考えるにあたっては，定常なマルコフ方策の集合を考えれば十分である[♠10]．

### 1.2.3　ベルマン最適方程式

前項では，最適状態価値関数が最適方策の状態価値関数と等しいことを示した．また最適状態価値関数が求まれば，式 (1.11) に従って最適方策を構成できることもわかった．本項では，最適状態価値関数を求める方法を説明する．

まず定理 1.2 から，最適状態価値関数が満たす方程式を次のように導出できる．

**系 1.3**　最適状態価値関数 $v^\star$ は次の関係式を満たす．

$$v^\star(s) = \max_{a \in \mathcal{A}} \mathbb{E}_{S' \sim \tau_a(\cdot|s)} \left[ r(s, a) + \gamma v^\star(S') \right]$$

**証明**　式 (1.13) と式 (1.14) は等しくなるため

$$v^\star(s) = \max_{a \in \mathcal{A}} \mathbb{E}_{S_1 \sim \tau_a(\cdot|s)} \left[ r(s, a) + \gamma v^\star(S_1) \right]$$

が成り立つ．ここで右辺は $S_1$ に関して期待値をとっているが，期待値をとる確率分布 $\tau_a(s' \mid s)$ は時刻に依存しないため，$S_1$ を $S'$ と書き換えて

$$v^\star(s) = \max_{a \in \mathcal{A}} \mathbb{E}_{S' \sim \tau_a(\cdot|s)} \left[ r(s, a) + \gamma v^\star(S') \right]$$

を得る．　　　　　　　　　　　　　　　　　　　　　　　　　　　　　□

系 1.3 の関係式を方程式として解釈したものをベルマン最適方程式（定義 1.4）という．系 1.3 と定義 1.4 を合わせると，「最適状態価値関数はベルマ

---

[♠9]定常で決定的な方策の集合を考えれば十分であるが，あとに紹介するように，強化学習のアルゴリズムにおいて決定的な方策では不都合が生じることがあるため，確率的な方策も許すこととする．

[♠10]有限時間長のマルコフ決定過程の場合は，状態に時刻の情報が入るため，定常なマルコフ方策であっても各時刻の方策は異なることに注意したい．

ン最適方程式の解の 1 つである」という特徴付けができる．また，下式 (1.15) のようにベルマン最適作用素を用いてベルマン最適方程式を記述すると，ベルマン最適方程式の解はベルマン最適作用素 $\mathcal{B}^\star$ の不動点（定義 1.3）として特徴付けられることがわかりやすくなる．したがって，「最適状態価値関数はベルマン最適方程式の解の 1 つであり，ベルマン最適作用素の不動点でもある」という特徴付けができる．そのため，ベルマン最適方程式の解を求めるために，不動点を求めるアルゴリズムを使うという方針が立つことになる．

**定義 1.3**（不動点） $x$ がある写像 $f$ に対して $x = f(x)$ が成り立つとき，$f$ の**不動点**であるという．

**定義 1.4**（ベルマン最適方程式とベルマン最適作用素） 関数 $v\colon \mathcal{S} \to \mathbb{R}$ を変数とする

$$v(s) = \max_{a \in \mathcal{A}} \mathbb{E}_{S' \sim \tau_a(\cdot|s)} \left[ r(s, a) + \gamma v(S') \right]$$

という方程式を**ベルマン最適方程式**と呼ぶ．

また状態空間 $\mathcal{S}$ から実数空間 $\mathbb{R}$ への写像の集合を $\mathcal{F}(\mathcal{S})$ とし $v \in \mathcal{F}(\mathcal{S})$ に対して，**ベルマン最適作用素** $\mathcal{B}^\star\colon \mathcal{F}(\mathcal{S}) \to \mathcal{F}(\mathcal{S})$ を

$$(\mathcal{B}^\star v)(s) \coloneqq \max_{a \in \mathcal{A}} \mathbb{E}_{S' \sim \tau_a(\cdot|s)} \left[ r(s, a) + \gamma v(S') \right]$$

と定義すると，ベルマン最適方程式は

$$\mathcal{B}^\star v = v \tag{1.15}$$

と書ける．

　系 1.3 では，最適状態価値関数はベルマン最適方程式の解の 1 つであることを示していたが，その解が唯一であることも成り立つ（定理 1.3）．これにより，ベルマン最適方程式の解を求める，つまり最適ベルマン作用素の不動点を求めれば，最適状態価値関数が得られることがわかる．

**定理 1.3**（ベルマン最適方程式の解の一意性） ベルマン最適方程式

$$\mathcal{B}^\star v = v$$

の解 $v \in \mathcal{F}(\mathcal{S})$ はただ 1 つであり，それは最適状態価値関数である．

　この証明には次の補題を用いる．これは，任意の 2 つの状態価値関数 $v, \overline{v}$ の
それぞれに対してベルマン最適作用素を適用して得られる 2 つの関数 $\mathcal{B}^{\star}v, \mathcal{B}^{\star}\overline{v}$
は，はじめのものと比べて近い距離にあることを示している．これを縮小性と
いい，縮小性を持つ写像を**縮小写像**という．

**補題 1.2**（ベルマン最適作用素の縮小性）　任意の $v, \overline{v} \in \mathcal{F}(\mathcal{S})$ に対して

$$\|\mathcal{B}^{\star}v - \mathcal{B}^{\star}\overline{v}\|_{\infty} \leq \gamma\|v - \overline{v}\|_{\infty}$$

が成り立つ．つまりベルマン最適作用素は縮小写像である．ただし

$$\|v\|_{\infty} := \max_{s \in \mathcal{S}} |v(s)|$$

とする．

**証明**

$$\|\mathcal{B}^{\star}v - \mathcal{B}^{\star}\overline{v}\|_{\infty} = \max_{s \in \mathcal{S}} \left| (\mathcal{B}^{\star}v)(s) - (\mathcal{B}^{\star}\overline{v})(s) \right|$$

$$= \max_{s \in \mathcal{S}} \left| \max_{a \in \mathcal{A}} \mathbb{E}_{S' \sim \tau_a(\cdot|s)}[r(s,a) + \gamma v(S')] - \max_{a \in \mathcal{A}} \mathbb{E}_{S' \sim \tau_a(\cdot|s)}[r(s,a) + \gamma\overline{v}(S')] \right|$$

$$\leq \max_{s \in \mathcal{S}, a \in \mathcal{A}} \left| \mathbb{E}_{S' \sim \tau_a(\cdot|s)}[r(s,a) + \gamma v(S')] - \mathbb{E}_{S' \sim \tau_a(\cdot|s)}[r(s,a) + \gamma\overline{v}(S')] \right|$$

$$= \gamma \max_{s \in \mathcal{S}, a \in \mathcal{A}} \left| \mathbb{E}_{S' \sim \tau_a(\cdot|s)}\left[ v(S') - \overline{v}(S') \right] \right|$$

$$\leq \gamma \max_{s' \in \mathcal{S}} \left| v(s') - \overline{v}(s') \right| = \gamma\|v - \overline{v}\|_{\infty}$$

□

　補題 1.2 を用いると，定理 1.3 の証明は次のように与えられる．

**定理 1.3 の証明**　$\overline{v}^{\star}: \mathcal{S} \to \mathbb{R}$ で，

$$\overline{v}^{\star} = (\mathcal{B}^{\star}\overline{v}^{\star}) \quad かつ \quad \overline{v}^{\star} \neq v^{\star}$$

となるものが存在すると仮定して矛盾を導く．

　$v^{\star}$ と $\overline{v}^{\star}$ に対して補題 1.2 の結果を適用すると

$$\|\mathcal{B}^\star v^\star - \mathcal{B}^\star \overline{v}^\star\| \leq \gamma \|v^\star - \overline{v}^\star\| \tag{1.16}$$

が成り立つ. 一方, これらの関数はベルマン最適方程式の解であるため

$$\|\mathcal{B}^\star v^\star - \mathcal{B}^\star \overline{v}^\star\| = \|v^\star - \overline{v}^\star\| \tag{1.17}$$

が成り立つ. $\overline{v}^\star \neq v^\star$ かつ $\gamma \in [0,1)$ であるから, 式 (1.16) と式 (1.17) は矛盾する.

よって, ベルマン最適方程式の解は唯一であることが示された. また, ベルマン最適方程式の解の 1 つとして最適状態価値関数が存在するため, ベルマン最適方程式の解は最適状態価値関数であることが示された. □

以上より, 期待累積報酬最大化に基づく逐次意思決定問題は

- 最適状態価値関数を達成する方策は, 定常なマルコフ方策であり, 最適状態価値関数を用いて書くことができ, それは最適方策となる
- 最適状態価値関数は, ベルマン最適方程式の唯一の解であり, 最適ベルマン作用素の唯一の不動点でもある

という性質を持つことがわかった.

### 1.2.4 価値反復法

ここまでは, 最適状態価値関数の特徴付けを説明してきた. 本項では, その特徴付けを利用してベルマン最適方程式を直接解くことで最適方策を求めるアルゴリズムである**価値反復法**を説明する.

補題 1.2 によるとベルマン最適作用素 $\mathcal{B}^\star$ は縮小写像であった. したがって, 縮小写像の性質から, 任意の関数 $v \in \mathcal{F}(\mathcal{S})$ からはじめて, この関数に対して $\mathcal{B}^\star$ を何度も適用すると, $\mathcal{B}^\star$ の不動点に収束することが知られている[♠11].

一方, 定義 1.4 より最適状態価値関数はベルマン最適作用素の不動点であった. したがって

$$v^\star = \lim_{k \to \infty} (\mathcal{B}^\star)^k v$$

が成り立つ. つまり, ベルマン最適作用素を繰り返し適用して不動点を求める

---

[♠11]直観的には, 縮小写像を適用すると任意の 2 つの関数の間の距離が小さくなるため, 縮小写像を繰り返し適用することですべての関数が 1 点に集まるためである.

---

アルゴリズム 1.1　**価値反復法**

**入力**：マルコフ決定過程 $\mathcal{M}$，閾値 $\varepsilon > 0$

**出力**：最適方策 $\pi^\star$，最適状態価値関数 $v^\star : \mathcal{S} \to \mathbb{R}$

1: $v(s) = 0$
2: **while** True **do**
3:　　**for** $s \in \mathcal{S}$ **do**
4:　　　$\overline{v}(s) \leftarrow \max_{a \in \mathcal{A}} \mathbb{E}_{S' \sim \tau_a(\cdot \mid s)} \left[ r(s,a) + \gamma v(S') \right]$
5:　　**if** $\|v - \overline{v}\|_\infty < \varepsilon$ **then**
6:　　　Break
7:　　**for** $s \in \mathcal{S}$ **do**
8:　　　$v(s) \leftarrow \overline{v}(s)$
9: $\pi^\star(s) = \mathrm{argmax}_{a \in \mathcal{A}} \mathbb{E}_{S' \sim \tau_a(\cdot \mid s)} \left[ r(s,a) + \gamma v(S') \right]$
10: **return** $\pi^\star$, $v$

---

ことで，最適状態価値関数を求めることができる．これを利用して最適状態価値関数や最適方策を計算するプランニングのアルゴリズムを価値反復法と呼ぶ（アルゴリズム 1.1）．

　価値反復法はプランニングのアルゴリズムであるため，これを実行するにはマルコフ決定過程のすべての要素が既知である必要がある．また価値反復法の 1 反復の計算量は $O(|\mathcal{S}|^2 |\mathcal{A}|)$ であるため，現実的な計算時間とするためには，状態空間 $\mathcal{S}$，行動空間 $\mathcal{A}$ がともに有限で大きすぎないことも必要である．

### 1.2.5　方 策 反 復 法

　ここまでは最適状態価値関数を通じて最適方策の特徴付けをし，最適状態価値関数が満たす方程式であるベルマン最適方程式を解くことで最適方策を求めるプランニングアルゴリズムである価値反復法を説明してきた．価値反復法を無限回数繰り返すと最適状態価値関数が得られることが保証されている一方で，繰り返すたびに必ずしも状態価値関数やそれに付随する方策が良くなっているとは限らない．

　一方，他の手法として，現在手もとにある方策 $\pi$ の状態価値関数 $v^\pi$ を評価し，その状態価値関数をもとに方策を改善することを繰り返して最適方策を求めるという**方策反復法**が知られている．方策反復法では，毎回の方策改善で方

策が改善されることが保証されるため，価値反復法の上記の問題を解決することができる．本項では方策反復法に必要な方策評価と方策改善と呼ばれる 2 つの操作について説明したあと，方策反復法を説明する．

### 方 策 評 価

方策 $\pi \in \Pi$ の状態価値関数 $v^\pi$（式 (1.8)）を計算することを**方策評価**という．最適価値関数と同様に，定常なマルコフ方策 $\pi \in \Pi$ に対する状態価値関数は命題 1.1 に示す関係式を満たす．

**命題 1.1** 定常なマルコフ方策 $\pi$ に対する状態価値関数 $v^\pi$ について

$$v^\pi(s) = \mathbb{E}_{\substack{A \sim \pi(\cdot|s) \\ S' \sim \tau_A(s)}} \left[ r(s, A) + \gamma v^\pi(S') \right]$$

が成り立つ．

この関係式を方程式として解釈したものをベルマン方程式（定義 1.5）という．状態価値関数はベルマン方程式の解である．

**定義 1.5**（ベルマン方程式とベルマン作用素） 状態空間 $\mathcal{S}$ から実数空間 $\mathbb{R}$ への写像の集合を $\mathcal{F}(\mathcal{S})$ とする．$v \in \mathcal{F}(\mathcal{S})$ として，任意の方策 $\pi \in \Pi$ に対して，**ベルマン作用素** $\mathcal{B}^\pi \colon \mathcal{F}(\mathcal{S}) \to \mathcal{F}(\mathcal{S})$ を，

$$(\mathcal{B}^\pi v)(s) \coloneqq \mathbb{E}_{\substack{A \sim \pi(\cdot|s) \\ S' \sim \tau_a(\cdot|s)}} \left[ r(s, A) + \gamma v(S') \right]$$

と定義する．また

$$(\mathcal{B}^\pi v) = v$$

を**ベルマン方程式**と呼び，これを満たす $v \in \mathcal{F}(\mathcal{S})$ をベルマン方程式の解と呼ぶ．

ベルマン最適作用素の場合と同じように，ベルマン作用素も縮小写像であることが示せる．よって，ベルマン方程式の解は唯一であり，それは方策 $\pi$ の状態価値関数と一致する．したがってベルマン方程式を解くことで状態価値関数を求めることができる．

さらに，任意の関数 $v \in \mathcal{F}(\mathcal{S})$ に対して $\mathcal{B}^\pi$ を何度も適用することで状態価

---

アルゴリズム 1.2　**方策評価**

**入力**：マルコフ決定過程 $\mathcal{M}$，方策 $\pi \in \Pi$，閾値 $\varepsilon > 0$

**出力**：方策 $\pi$ の状態価値関数 $v^{\pi} : \mathcal{S} \to \mathbb{R}$

1: $v(s) = 0$
2: **while** True **do**
3:   **for** $s \in \mathcal{S}$ **do**
4:     $\overline{v}(s) \leftarrow \mathbb{E}_{\substack{A \sim \pi(\cdot|s) \\ S' \sim \tau_a(\cdot|s)}} \left[ r(s,a) + \gamma v(S') \right]$
5:   **if** $\|v - \overline{v}\|_{\infty} < \varepsilon$ **then**
6:     Break
7:   **for** $s \in \mathcal{S}$ **do**
8:     $v(s) \leftarrow \overline{v}(s)$
9: **return** $v$

---

値関数を求めることができる．すなわち

$$v^{\pi} = \lim_{k \to \infty} (\mathcal{B}^{\pi})^k v$$

が成り立つ．

以上より，方策評価はアルゴリズム 1.2 のように行えばよい．

### 方　策　改　善

アルゴリズム 1.2 で得られた状態価値関数 $v^{\pi}$ をもとに，現在の方策 $\pi$ をより良いものへと改善する手順を**方策改善**という．方策改善をするにあたって，状態価値関数の拡張として

$$q^{\pi}(s,a) := \mathbb{E}^{\pi} \left[ \sum_{t=0}^{\infty} \gamma^t R_t \;\middle|\; S_0 = s, A_0 = a \right] \tag{1.18}$$

と定義される**行動価値関数**を導入する．状態価値関数は状態のみで条件付けられていた一方で，行動価値関数はさらに行動でも条件付けていることが特徴である．行動でも条件付けることで，状態 $s$ で行動 $a$ をとる価値を見積もることができる．

行動価値関数と状態価値関数は

$$v^{\pi}(s) = \mathbb{E}_{A \sim \pi(\cdot|s)} q^{\pi}(s, A), \tag{1.19}$$

$$q^{\pi}(s, a) = \mathbb{E}_{S' \sim \tau_a(\cdot|s)} \left[ r(s, a) + \gamma v^{\pi}(S') \right] \tag{1.20}$$

という関係がある．したがって，方策評価で状態価値関数を計算できれば行動価値関数も計算できる．

式 (1.19) の右辺のように状態 $s$ で方策 $\pi$ に基づいて確率的に行動選択するのではなく，状態 $s$ で

$$\operatorname*{argmax}_{a \in \mathcal{A}} q^{\pi}(s, a)$$

という行動をとると，より高い価値となることが期待できる．実際，この期待が正しいことを証明できる（定理 1.4）．よって方策 $\pi$ とその状態価値関数 $v^{\pi}$ から，より良い方策 $\pi'$ を求めることができる．これが方策改善である．

**定理 1.4（方策改善定理）** 方策 $\pi$ の状態価値関数を $v^{\pi}$，行動価値関数を $q^{\pi}$ とする．すべての状態 $s \in \mathcal{S}$ について

$$q^{\pi}(s, \pi'(s)) \geq v^{\pi}(s)$$

を満たす決定的な方策 $\pi'$ について，

$$v^{\pi'}(s) \geq v^{\pi}(s)$$

がすべての状態 $s \in \mathcal{S}$ について成り立つ．

**証明** 任意の $s \in \mathcal{S}$ について，仮定より

$$
\begin{aligned}
v^{\pi}(s) &\leq q^{\pi}(s, \pi'(s)) \\
&= \mathbb{E}_{S' \sim \tau_a(\cdot|s)} \left[ r(s, \pi'(s)) + \gamma v^{\pi}(S') \right] \\
&= \mathbb{E}_{\substack{A \sim \pi'(\cdot|s) \\ S' \sim \tau_a(\cdot|s)}} \left[ r(s, A) + \gamma v^{\pi}(S') \right]
\end{aligned}
$$

が成り立つ．さらに $v^{\pi}(S') \leq q^{\pi}(S', \pi'(S'))$ として同様な手順で展開していくことを繰り返すと

$$v^\pi(s) \leq v^{\pi'}(s)$$

が得られる. □

　方策評価と方策改善を繰り返していくとより良い方策を求めることができる. これを繰り返したあとに方策が更新されなくなったとき, そのときの方策は最適方策であることがわかる (定理 1.5).

**定理 1.5**　ある方策 $\pi$ に対して, それを改善した方策を

$$\pi'(s) = \operatorname*{argmax}_{a \in \mathcal{A}} q^\pi(s, a)$$

とする. すべての状態 $s \in \mathcal{S}$ について $\pi(s) = \pi'(s)$ が成り立つとき, $\pi$ と $\pi'$ は最適方策である.

**証明**　$\pi = \pi'$ が成り立つため

$$\pi(s) = \operatorname*{argmax}_{a \in \mathcal{A}} q^\pi(s, a)$$

が成り立つ. したがって $\pi$ の価値関数は

$$v^\pi(s) = \mathbb{E}_{\substack{A \sim \pi(\cdot|s) \\ S' \sim \tau_A(s)}} \left[ r(s, A) + \gamma v^\pi(S') \right] = \mathbb{E}_{A \sim \pi(\cdot|s)} \left[ q^\pi(s, A) \right]$$

$$= \max_{a \in \mathcal{A}} q^\pi(s, a) = \max_{a \in \mathcal{A}} \mathbb{E}_{S' \sim \tau_a(\cdot|s)} \left[ r(s, a) + \gamma v^\pi(S') \right]$$

を満たす. これはベルマン最適方程式であるため, 定理 1.3 より, $v^\pi$ は最適状態価値関数であることがわかる. また方策 $\pi$ は式 (1.11) と一致するため, 最適方策であることが示された. □

### 方策反復法のアルゴリズム

　以上より, 方策反復法はアルゴリズム 1.3 のように行えばよい. 方策が最適方策でない限りは, 方策改善により方策の価値を真に大きくすることができることが示せるため, たとえば報酬の値が有界であるならば価値関数の値も有界であるため, (状態行動空間が有限ならば) 方策反復法は必ず有限時間で停止し, 最適方策を出力することができる.

アルゴリズム 1.3　**方策反復法**

**入力**：マルコフ決定過程 $\mathcal{M}$，方策の初期値 $\pi \in \Pi$，閾値 $\varepsilon > 0$
**出力**：最適方策 $\pi^{\star}$

1: **while** True **do**
2:　　方策評価を行い状態価値関数 $v^{\pi}$ を計算
3:　　**for** $a \in \mathcal{A}$ **do**
4:　　　**for** $s \in \mathcal{S}$ **do**
5:　　　　$q^{\pi}(s,a) = \mathbb{E}_{S' \sim \tau_a(\cdot|s)} \left[ r(s,a) + \gamma v^{\pi}(S') \right]$ を計算
6:　　　　$\pi'(s) = \mathrm{argmax}_{a \in \mathcal{A}} \, q^{\pi}(s,a)$
7:　　if $\pi = \pi'$ **then**
8:　　　Break
9:　　$\pi \leftarrow \pi'$
10: **return** $\pi$

# 1.3　価値関数を用いた強化学習手法

　前節では，プランニングの設定で，期待累積報酬を最大化する最適方策を求める手法として，価値反復法と方策反復法との 2 つを説明した．これらの手法は，マルコフ決定過程は既知であると想定していた．一方，現実の多くの設定ではマルコフ決定過程を正確に知っていることはまれであるため，マルコフ決定過程が未知な状況下で最適方策を求める手法が必要であることが多い．本節では，マルコフ決定過程が未知の設定（つまり 1.1.5 項で説明した強化学習の設定）に対して，価値反復法や方策反復法を拡張した強化学習のアルゴリズムを説明する．

### 1.3.1　プランニングと強化学習の違い

　強化学習の手法を考えるにあたって，まずはじめにプランニングと強化学習の違いについて整理する．

#### 状態価値関数と行動価値関数

　プランニングでは環境はすべて既知であるため，価値反復法（1.2.4 項）や方策反復法（1.2.5 項）を用いて最適方策を求めることができる．このとき，状

態価値関数や最適状態価値関数を計算することが重要であった. というのも, 最適状態価値関数 $v^\star$ が求まれば

$$\pi^\star(s) = \operatorname*{argmax}_{a \in \mathcal{A}} \mathbb{E}_{S' \sim \tau_a(\cdot|s)} \left[ r(s,a) + \gamma v^\star(S') \right] \tag{1.21}$$

のように最適方策を計算できるし, 方策 $\pi$ の状態価値関数 $v^\pi$ が求まれば

$$\pi'(s) = \operatorname*{argmax}_{a \in \mathcal{A}} \mathbb{E}_{S' \sim \tau_a(\cdot|s)} \left[ r(s,a) + \gamma v^\pi(S') \right] \tag{1.22}$$

のように方策改善が可能だからである.

　一方, 強化学習では環境は未知であるため, 状態価値関数が推定できたとしても, 上のように方策の改善につなげることができないという問題がある. というのも, 式 (1.21) と (1.22) の右辺の状態遷移確率や報酬が未知であるため, これらを計算することができないからである.

　この問題に対しては, 状態価値関数ではなく, 行動価値関数（式 (1.18)）を推定することで対応する. すなわち

$$q^\star(s,a) = \mathbb{E}_{S' \sim \tau_a(\cdot|s)} \left[ r(s,a) + \gamma v^\star(S') \right]$$

$$q^\pi(s,a) = \mathbb{E}_{S' \sim \tau_a(\cdot|s)} \left[ r(s,a) + \gamma v^\pi(S') \right]$$

のように定める行動価値関数 $q^\pi$ や最適行動価値関数 $q^\star$ を推定できれば

$$\pi^\star(s) = \operatorname*{argmax}_{a \in \mathcal{A}} q^\star(s,a)$$

$$\pi'(s) = \operatorname*{argmax}_{a \in \mathcal{A}} q^\pi(s,a) \tag{1.23}$$

のように最適方策を求めたり, 方策改善ができるからである.

### 探索と活用のトレードオフ

　強化学習の設定の難しさを説明するために, 方策 $\pi$ が与えられたもとで, その行動価値関数 $q^\pi$ を推定する問題を考えてみよう. 最も単純な方法として考えられるのは, 方策 $\pi$ で環境と相互作用してエピソード $\{(s_t, a_t, r_t)\}_{t=0}^{T}$ を生成し, それを用いてモンテカルロ近似する方法だろう. これを実現するには, たとえばアルゴリズム 1.4 のような手続きが考えられる. $q^\pi(s,a)$ は状態 $s$ で行動 $a$ をとったあとに方策 $\pi$ に従って行動した結果得られる期待累積報酬で

---

アルゴリズム 1.4　**行動価値関数のモンテカルロ法による推定**

**入力**：方策 $\pi$，繰返し回数 $K \in \mathbb{N}$

**出力**：行動価値関数の推定値 $\hat{q}^{\pi}(s, a)$

 1: **for** $(s, a) \in \mathcal{S} \times \mathcal{A}$ **do**
 2: 　$q_{\mathrm{n}}(s, a) = 0, \ q_{\mathrm{d}}(s, a) = 0$
 3: **for** $k = 1, 2, \ldots, K$ **do**
 4: 　方策 $\pi$ に従ってエピソード $\{(s_t, a_t, r_t)\}_{t=0}^{T}$ を生成
 5: 　$g = 0$
 6: 　**for** $t = T - 1, T - 2, \ldots, 0$ **do**
 7: 　　$g \leftarrow \gamma g + r_{t+1}$
 8: 　　$q_{\mathrm{n}}(s_t, a_t) \leftarrow q_{\mathrm{n}}(s_t, a_t) + g$
 9: 　　$q_{\mathrm{d}}(s_t, a_t) \leftarrow q_{\mathrm{d}}(s_t, a_t) + 1$
10: **for** $(s, a) \in \mathcal{S} \times \mathcal{A}$ **do**
11: 　$\hat{q}^{\pi}(s, a) \leftarrow \dfrac{q_{\mathrm{n}}(s, a)}{q_{\mathrm{d}}(s, a)}$
12: **return** $\hat{q}^{\pi}$

---

あるから，各状態行動対 $(s, a) \in \mathcal{S} \times \mathcal{A}$ に対する累積報酬の実現値を集めてきて，その平均をとれば $q^{\pi}(s, a)$ の推定値 $\hat{q}^{\pi}(s, a)$ を計算できるはずである．

　しかしアルゴリズム 1.4 には大きな問題がある．方策 $\pi$ に従って生成したエピソードのみを用いて行動価値関数を推定するため，方策 $\pi$ では出現しづらい状態行動対 $(s, a)$ に対する行動価値関数の値の推定精度が悪くなってしまう．最も極端な例を考えると，アルゴリズム 1.4 は決定的な方策の行動価値関数全体を推定できない．というのも，決定的な方策 $\pi \colon \mathcal{S} \to \mathcal{A}$ では，ある状態 $s$ における行動は $a = \pi(s)$ と決定的に決まってしまうため，$q^{\pi}(s, \pi(s))$ の値は推定できるが，$\{q^{\pi}(s, a) \mid a \neq \pi(s)\}$ の値は推定できないからである．

　これは，探索と活用のトレードオフの 1 形態と見なすことができる．すなわち，決定的な方策に従って行動を続けていくと，決まった期待累積報酬を得ることができる（これは「活用」と捉えられる）が，その方策の改善につなげることはできない．方策の改善のためには，任意の状態において，任意の行動をとる確率が非ゼロである必要がある．すなわち，ある程度は探索的な行動をとる必要がある．

　これを実現する方法の 1 つとして，**$\varepsilon$ 貪欲方策**が知られている．これは，$\varepsilon \in (0,1)$ と決定的な方策 $\pi \colon \mathcal{S} \to \mathcal{A}$ に対して定まる次の確率的な方策 $\pi_\varepsilon$ のことを指す．

$$
\pi_\varepsilon(a \mid s) = \begin{cases} 1 - \varepsilon + \frac{\varepsilon}{|\mathcal{A}|} & (a = \pi(s)) \\[2mm] \frac{\varepsilon}{|\mathcal{A}|} & (\text{それ以外}) \end{cases}
$$

$\varepsilon$ 貪欲方策は，基本的には本来の方策 $\pi$ に従った行動をとるが，確率 $1 - \varepsilon$ で行動空間から一様に行動を選択する．このようにすることで探索を行うことができ，それによって行動価値関数の推定ができるようになり，結果的に方策改善をすることができる．

　また，「不確かなときは楽観的に（optimism in the face of uncertainty）」という標語に基づいて探索と活用のトレードオフを調整することも多い．これを，方策反復法（アルゴリズム 1.3）を強化学習に拡張した手法をもとに説明する．方策反復法は，大まかには現在の方策 $\pi$ に対する行動価値関数 $q^\pi(s,a)$ を計算し，その価値関数をもとに方策改善をしていた．これを強化学習の設定で用いるとすると，エージェントと環境の相互作用を行いながら，行動価値関数 $q^\pi(s,a)$ の推定値 $\widehat{q}^\pi(s,a)$ を逐次的に更新し

$$
\widehat{a}^\star = \underset{a \in \mathcal{A}}{\operatorname{argmax}}\, \widehat{q}^\pi(s,a) \tag{1.24}
$$

と行動をとるというアルゴリズムになるだろう．

　このとき行動価値関数の推定値は必ずしも真値と一致しないため，推定誤差を考える必要がある．状態 $s$ における最適行動を $a^\star$ として，その価値を過小評価した場合（$\widehat{q}^\pi(s,a^\star) < q^\pi(s,a^\star)$），最適行動 $a^\star$ が選択されない可能性が高くなり，その結果，状態行動対 $(s,a^\star)$ の価値を推定するためのデータを獲得できなくなってしまう．すると，価値の過小評価を正すことができなくなるため，最悪の場合，永遠に最適行動を選択できなくなってしまう．

　一方，価値を過大評価した場合はどうだろうか．とある状態行動対 $(s,a) \in \mathcal{S} \times \mathcal{A}$ において，その価値を過大評価した場合（$\widehat{q}^\pi(s,a) > q^\pi(s,a)$），状態 $s$ において行動 $a$ が最適でないのに行動 $a$ をとる可能性がある．しかし，万が一最適でない行動 $a$ をとってしまったとしても，その状態行動対 $(s,a)$ の価値を推定するためのデータを獲得できるので，より正確に $q^\pi(s,a)$ を推定で

きるようになり，過大評価が抑えられていくという良い面もある．

　以上をまとめると，価値の推定値に不確かさがある場合には，不確かさに応じて価値を過大評価するほうがよいことが多い．これが「不確かなときは楽観的に」という標語に相当する．そして，不確かさをうまく利用することで，探索と活用のトレードオフをうまく調整できることもわかる．

　「不確かなときは楽観的に」という標語を取り入れるには，たとえば行動価値の不確かさを定量化する関数 $u(s,a)$ とハイパーパラメタ $\lambda > 0$ を用いて

$$\widehat{a}^{\star} = \underset{a \in \mathcal{A}}{\mathrm{argmax}}\, \widehat{q}^{\pi}(s,a) + \lambda u(s,a) \tag{1.25}$$

と行動選択すればよい．式 (1.24) と比べて式 (1.25) は，不確かさの分だけ行動価値を過大評価している．

### 1.3.2 時間差分学習

　アルゴリズム 1.4 ではモンテカルロ法に基づいて行動価値関数を推定していた．無限時間長のマルコフ決定過程では，エピソードの生成を途中で打ち切った上でそのエピソードを使って推定量を更新する必要があるが，エピソードの打ち切りにより推定量にバイアスが生じてしまう．また有限時間長のマルコフ決定過程であっても，エピソードを生成し終えるまで行動価値関数の推定量を更新できないため，計算効率も良いとはいえない．これらの問題を解決する推定方法として，**時間差分学習**（TD 学習，Temporal Difference learning）と呼ばれる学習の枠組みを説明する．

　モンテカルロ法では，ある状態行動対 $(s,a)$ に続く累積報酬の実現値 $g$ を用いて

$$\widehat{q}^{\pi}(s,a) \leftarrow (1-\alpha)\widehat{q}^{\pi}(s,a) + \alpha g$$

と行動価値関数の推定値を更新していた．ここで，これまでの $\widehat{q}^{\pi}(s,a)$ の更新回数を $N(s,a)$ とすると，$\alpha = \frac{1}{N(s,a)+1}$ である．

　時間差分学習に基づく行動価値関数の推定方法の 1 つでは，状態行動対 $(s,a)$ に続く即時報酬の実現値を $r$，次状態の実現値を $s'$ としたときに，

$$\widehat{q}^{\pi}(s,a) \leftarrow (1-\alpha)\widehat{q}^{\pi}(s,a) + \alpha(r + \gamma \mathbb{E}_{A' \sim \pi(\cdot|s')}\widehat{q}^{\pi}(s',A')) \tag{1.26}$$

と行動価値関数の推定量を更新していく．ここで $\alpha > 0$ は学習率と呼ばれる量で，アルゴリズムの更新回数に応じて小さくなるような値を用いる．累積報酬と $R + \gamma \mathbb{E}_{A' \sim \pi(\cdot|S')} q(S', A')$ は，どちらも同じ期待値を持つため，累積報酬を後者で置き換えることは自然な発想であろう．

　式 (1.26) の更新式にすることの利点の 1 つとして，エピソードの最後まで待たずとも行動価値関数の推定量を更新することができる点が挙げられる．実際，式 (1.26) の更新を行うために必要なのは，状態行動対 $(s, a)$ とそれに続く即時報酬 $r$ と次状態 $s'$ だけであることからもわかる．これを可能にしているのは，累積報酬の実現値を使う代わりにその推定値である行動価値関数の推定量を使う更新式にしたことにある．すなわち，行動価値関数の推定量 $\widehat{q}^\pi$ を更新するのに，同じ行動価値関数の推定量を用いるという計算手順にしたからである．このように，ある推定量をそれ自身の値を用いて更新することを，強化学習では**ブートストラップ**という．

### 1.3.3　Ｑ　学　習

　時間差分学習の枠組みで最適行動価値関数を求めるアルゴリズムとして**Ｑ学習**[2] がある．最適行動価値関数は

$$q^\star(s, a) = \mathbb{E}_{S' \sim \tau_a(\cdot|s)} \left[ r(s, a) + \gamma \max_{a' \in \mathcal{A}} q^\star(S', a') \right]$$

という方程式を満たしていることから，最適行動価値関数の推定量を $\widehat{q}^\star(s, a)$ として，上と同じように時間差分学習の考えを適用すると，状態，行動，報酬，次状態の 4 つ組♠12 $(s, a, r, s')$ に対して

$$\widehat{q}^\star(s, a) \leftarrow (1 - \alpha)\widehat{q}^\star(s, a) + \alpha \left[ r + \gamma \max_{a' \in \mathcal{A}} \widehat{q}^\star(s', a') \right] \tag{1.27}$$

という更新式が得られる．この更新式をもとに最適行動価値関数を推定するのがＱ学習である．

　Ｑ学習はアルゴリズム 1.5 のように書ける．アルゴリズム 1.5 では，環境と実際に相互作用する方策については明示しておらず，それに関しては任意性がある．一般的には，現在の行動価値関数に対する貪欲方策（式 (1.23)）を $\varepsilon$ 貪

---

♠12 この 4 つ組のことを**経験**と呼ぶ．

---

**アルゴリズム 1.5　Q 学習**

**入力**：更新幅 $\alpha \in (0, 1]$, $\varepsilon > 0$, 終了条件, 行動価値関数の初期値 $\widehat{q}^{\star}(s, a)$ （ただし停止状態 $s_{\perp} \in \mathcal{S}$ ではすべての $a \in \mathcal{A}$ に対して $\widehat{q}^{\star}(s_{\perp}, a) = 0$）
**出力**：最適行動価値関数の推定量 $\widehat{q}^{\star}(s, a)$

1: **while** True **do**
2: 　初期状態をサンプリング：$s_0 \sim \rho_0$
3: 　$t = 1$
4: 　**while** True **do**
5: 　　現在の行動価値関数をもとに行動 $a_t$ をサンプリング
6: 　　環境に行動 $a_t$ を施し, 報酬 $r_t$ と次状態 $s_{t+1}$ を得る
7: 　　式 (1.27) に従って $\widehat{q}^{\star}(s_t, a_t)$ の値を更新
8: 　　**if** $s_t = s_{\perp}$ **then**
9: 　　　Break
10: 　　$t \leftarrow t + 1$
11: 　**if** 終了条件が成立 **then**
12: 　　Break
13: **return** $\widehat{q}^{\star}$

---

欲方策に変換したものを用いることが多い. このように探索の余地を残しつつも現在の価値の推定を活用して行動を選択する方策を用いることで, 効率的に最適行動価値関数を求めることができると期待される.

### 1.3.4　深層 Q 学習

Q 学習では, 状態行動空間が離散であまり大きくないマルコフ決定過程を想定していたため, 計算機上では行動価値関数を $|\mathcal{S}| \times |\mathcal{A}|$ の行列で表しておけば十分であった. これを**表形式**の表現という.

しかし, 実応用を考えると状態行動空間が巨大であったり連続空間である場合もあり, その場合は表形式の表現を用いることはできない. このような場合は, パラメタ $\phi \in \mathbb{R}^D$ を持つ関数近似器 $q_{\phi} \colon \mathcal{S} \times \mathcal{A} \to \mathbb{R}$ を用いて行動価値関数を表現することが必要になる. 特に, 表現力が高いとされる深層ニューラルネットワークを用いて行動価値関数を表現する場合の工夫を施して得られるアルゴリズムを**深層 Q 学習**[3] と呼ぶ.

---

アルゴリズム 1.6  **深層 Q 学習**

---

**入力**：行動価値関数のパラメトリックモデル $\{q_\phi \mid \phi \in \Phi\}$ とパラメタの初期値
$\phi_1 \in \Phi$, $\varepsilon \in [0, 1)$, 終了条件
**出力**：最適行動価値関数の推定量 $\widehat{q}^\star(s, a)$

1: サイズ $N$ の再生メモリ $\mathcal{D}$ を初期化
2: **while** True **do**
3:    初期状態をサンプリング：$s_0 \sim \rho_0$
4:    $t = 1$
5:    **while** True **do**
6:       現在の行動価値関数 $q_{\phi_t}$ から得られる $\varepsilon$ 貪欲方策に従って行動 $a_t$ をサ
         ンプリング
7:       環境に行動 $a_t$ を施し，報酬 $r_t$ と次状態 $s_{t+1}$ を得る
8:       $\mathcal{D}$ に $(s_t, a_t, r_t, s_{t+1})$ を追加
9:       $\mathcal{D}$ から $(s, a, r, s')$ をサンプリング
10:      得られた経験を用いて $\ell(\phi; \phi_t)$ (式 (1.28)) を近似し，それを小さくす
         る方向へ $\phi$ を更新し $\phi_{t+1}$ を得る
11:      **if** $s_t = s_\perp$ **then**
12:         Break
13:      $t \leftarrow t + 1$
14:   **if** 終了条件が成立 **then**
15:      Break
16: **return**  $q$

---

まず式 (1.27) の更新式を用いて関数近似器のパラメタ $\phi$ を更新することは
できないため，パラメタ $\phi$ に関する更新式を導出するために式 (1.27) を次の
ように書き換える．

$$\widehat{q}^\star(s, a) \leftarrow \widehat{q}^\star(s, a) + \alpha \left[ r + \gamma \max_{a' \in \mathcal{A}} \widehat{q}^\star(s', a') - \widehat{q}^\star(s, a) \right]$$

これは，$y(s', r) := r + \gamma \max_{a' \in \mathcal{A}} \widehat{q}^\star(s', a')$ として

$$\frac{1}{2} \mathbb{E} \left( y(S', R) - q(S, A) \right)^2$$

という関数を，$q(s, a)$ に関して確率的勾配降下法を用いて最小化するときの 1

回の更新式と解釈できる．これは $y(s', r)$ を目的変数として，それを $q(s, a)$ で回帰する問題とも解釈できる．

したがって，現在のパラメタを $\overline{\phi}$ としたときに

$$\ell(\phi; \overline{\phi}) = \frac{1}{2} \mathbb{E} \left( R + \gamma \max_{a' \in \mathcal{A}} q_{\overline{\phi}}(S', a') - q_\phi(S, A) \right)^2 \tag{1.28}$$

という関数を，確率的勾配降下法を用いて $\phi$ について最小化することで，関数近似器を用いた Q 学習を導出できる．ここで，目的変数 $R + \gamma \max_{a' \in \mathcal{A}} q_{\overline{\phi}}(S', a')$ での行動価値関数のパラメタは，変数 $\phi$ とは異なり固定する必要がある．実装上は，ほとんどの場合は自動微分を用いて勾配を計算するが，その際に誤って $\overline{\phi}$ についても勾配を計算しないように注意したい．

経験に相当する確率変数 $(S, A, R, S')$ の従う確率分布については任意性があるが，深層 Q 学習では**経験再生**と呼ばれる方法で経験のサンプリングを行う．経験再生では，これまでエージェントが経験した，状態，行動，報酬，次状態で表される経験を再生メモリ（replay memory）$\mathcal{D} = \{(s_n, a_n, r_n, s'_n)\}_{n=1}^N$ に保持しておき，式 (1.28) を計算する際に再生メモリから経験をサンプリングして期待値を近似する．単純にエージェントの行動履歴の系列をそのまま用いて期待値を近似する場合と比べると，各事例の間の相関を小さくできるため，より正確に目的関数の値を見積もることができると期待される．最も単純な経験再生では，長さ $N$ のキューを用い，そこから一様ランダムに経験をサンプリングする．

以上をまとめるとアルゴリズム 1.6 が得られる．

## 1.4 方策勾配定理に基づく強化学習手法

ここまで説明してきた手法は，価値関数を求めることを通じて最適方策を求める手法であった．本節では，強化学習のもう 1 つのアプローチとして，方策を直接最適化することを通じて最適方策を求める手法を説明する．

具体的には，方策が $\boldsymbol{\theta} \in \mathbb{R}^D$ というパラメタを持つパラメトリックモデル $\pi_{\boldsymbol{\theta}}(a \mid s)$ であるとし

$$J(\boldsymbol{\theta}) := \mathbb{E}^{\pi_{\boldsymbol{\theta}}} \left[ \sum_{t=0}^{T-1} \gamma^t R_t \right] \tag{1.29}$$

という目的関数[♠13]を $\boldsymbol{\theta}$ について最大化することを考える．ここでは簡単のため，有限時間長の割引ありのマルコフ決定過程を用いて説明する．無限時間長の場合については文献 [4] を参照してほしい．

式 (1.29) の目的関数を $\boldsymbol{\theta}$ について最大化するために勾配法を用いることを考える．このとき，$J(\boldsymbol{\theta})$ の $\boldsymbol{\theta}$ に関する勾配

$$\nabla_{\boldsymbol{\theta}} J(\boldsymbol{\theta}) = \left[ \frac{\partial J(\boldsymbol{\theta})}{\partial \theta_1} \quad \cdots \quad \frac{\partial J(\boldsymbol{\theta})}{\partial \theta_D} \right]^{\top} \tag{1.30}$$

が計算できれば，学習率[♠14]を $\alpha > 0$ として

$$\boldsymbol{\theta} \leftarrow \boldsymbol{\theta} + \alpha \nabla_{\boldsymbol{\theta}} J(\boldsymbol{\theta})$$

とパラメタを更新し続けることで，$J(\boldsymbol{\theta})$ を（局所的に）最大化することができる．

本節ではまず式 (1.30) で定義される**方策勾配**を推定する最も簡単な方法として REINFORCE 法[5] を 1.4.1 項で説明する．その後，それを一般化する形で方策勾配定理[6] やアクタークリティック法を説明する．また，決定的な方策に対する方策勾配定理についても説明する．

### 1.4.1　**REINFORCE 法**

REINFORCE 法[5] は，方策勾配に基づく強化学習手法の中で最も基本的な手法として位置付けられる．目的関数の勾配式 (1.30) を計算するために，目的関数を軌跡 $\tau = (s_0, a_0, s_1, a_1, \ldots, s_{T-1}, a_{T-1})$ を用いて書き直す．

軌跡 $\tau$ に紐付く累積報酬を

$$R(\tau) := \sum_{t=0}^{T-1} \gamma^t R(s_t, a_t)$$

とおく．また，方策 $\pi_{\boldsymbol{\theta}}$ のもとで軌跡 $\tau$ が得られる確率を

---

[♠13]前節までの表記を用いると $J(\pi_{\boldsymbol{\theta}})$ と表記するのが正しいが，簡単のためにこれを代わりに $J(\boldsymbol{\theta})$ と表記する．

[♠14]実際には勾配法の繰返し回数に応じて学習率を変動させるが，表記の簡単のため学習率を定数として書く．

$$p^{\pi_\theta}(\tau) := \prod_{t=0}^{T-1} \tau_{a_{t-1}}(s_t \mid s_{t-1})\pi_\theta(a_t \mid s_t) \tag{1.31}$$

とおく．ここで便宜上 $\tau_{a_{-1}}(s_0 \mid s_{-1}) := \rho_0(s_0)$ とした．これらを用いると目的関数（式 (1.29)）は

$$J(\boldsymbol{\theta}) = \sum_\tau \mathbb{E}[R(\tau)p^{\pi_\theta}(\tau)] \tag{1.32}$$

と書ける．ここで期待値は報酬に関してとっている．

これを用いると，方策勾配は定理 1.6 のように書ける．

**定理 1.6（REINFORCE 法による方策勾配）** 式 (1.29) の $\boldsymbol{\theta}$ に関する勾配は

$$\nabla_{\boldsymbol{\theta}} J(\boldsymbol{\theta}) = \mathbb{E}^{\pi_\theta}\left[\sum_{t=0}^{T-1} R(\tau_{\geq t})\nabla_{\boldsymbol{\theta}} \log \pi_\theta(A_t \mid S_t)\right] \tag{1.33}$$

と書ける．ここで軌跡 $\tau = (S_0, A_0, \ldots, S_{T-1}, A_{T-1})$ に対し $\tau_{\geq t} := (S_t, A_t, \ldots, S_{T-1}, A_{T-1})$ とし，$R(\tau_{\geq t}) := \sum_{t'=t}^{T} \gamma^{t'} R_{t'}$ とする．

定理 1.6 を用いると，方策勾配の推定量で実際に計算可能なものを作ることができる．たとえば，方策 $\pi_\theta$ に従って行動した際のエピソードを $(s_0, a_0, r_0, s_1, a_1, r_1, \ldots, s_{T-1}, a_{T_1}, r_{T-1})$ とすると

$$\sum_{t=0}^{T-1}\left(\sum_{t'=t}^{T-1} \gamma^{t'} r_{t'}\right) \nabla_{\boldsymbol{\theta}} \log \pi_\theta(a_t \mid s_t) \tag{1.34}$$

は式 (1.33) の不偏推定量となる．同様に，複数のエピソードをサンプリングして上式を計算して，得られた値の平均をとったものも式 (1.33) の不偏推定量となる．これらはいずれも実際に計算することができる推定量であるため，これに基づいて推定した方策勾配を用いて方策のパラメタ $\boldsymbol{\theta}$ を更新していくことで，方策を改善できると期待できる．

定理 1.6 を証明するにあたって，次の補題を用いる．

**補題 1.3** $t' < t$ となる $(t, t')$ に対して

$$\mathbb{E}^{\pi_\theta}[\nabla_{\boldsymbol{\theta}} \log \pi_\theta(A_t \mid S_t) \mid \tau_{\leq t'}] = 0$$

が成り立つ.

**証明** $\nabla_{\boldsymbol{\theta}} \log \pi_{\boldsymbol{\theta}}(a \mid s) = \frac{\nabla_{\boldsymbol{\theta}} \pi_{\boldsymbol{\theta}}(a \mid s)}{\pi_{\boldsymbol{\theta}}(a \mid s)}$ を用いると

$$
\mathbb{E}^{\pi_{\boldsymbol{\theta}}}[\nabla_{\boldsymbol{\theta}} \log \pi_{\boldsymbol{\theta}}(A_t \mid S_t) \mid \tau_{\leq t'}]
$$
$$
= \mathbb{E}^{\pi_{\boldsymbol{\theta}}}\left[\sum_{a_t \in \mathcal{A}} \pi_{\boldsymbol{\theta}}(a_t \mid S_t) \nabla_{\boldsymbol{\theta}} \log \pi_{\boldsymbol{\theta}}(a_t \mid S_t) \,\middle|\, \tau_{\leq t'}\right]
$$
$$
= \mathbb{E}^{\pi_{\boldsymbol{\theta}}}\left[\sum_{a_t \in \mathcal{A}} \nabla_{\boldsymbol{\theta}} \pi_{\boldsymbol{\theta}}(a_t \mid S_t) \,\middle|\, \tau_{\leq t'}\right]
$$
$$
= \mathbb{E}^{\pi_{\boldsymbol{\theta}}}\left[\nabla_{\boldsymbol{\theta}} \sum_{a_t \in \mathcal{A}} \pi_{\boldsymbol{\theta}}(a_t \mid S_t) \,\middle|\, \tau_{\leq t'}\right] = 0
$$

となるため，これは示された. □

**定理 1.6 の証明** $\nabla_{\boldsymbol{\theta}} p^{\pi_{\boldsymbol{\theta}}}(\tau) = p^{\pi_{\boldsymbol{\theta}}}(\tau) \nabla_{\boldsymbol{\theta}} \log p^{\pi_{\boldsymbol{\theta}}}(\tau)$ という関係式を用いると，式 (1.32) は次のように書き換えられる.

$$
\nabla_{\boldsymbol{\theta}} J(\boldsymbol{\theta}) = \sum_{\tau} \mathbb{E}[R(\tau) \nabla_{\boldsymbol{\theta}} p^{\pi_{\boldsymbol{\theta}}}(\tau)]
$$
$$
= \sum_{\tau} \mathbb{E}[R(\tau) p^{\pi_{\boldsymbol{\theta}}}(\tau) \nabla_{\boldsymbol{\theta}} \log p^{\pi_{\boldsymbol{\theta}}}(\tau)]
$$
$$
= \mathbb{E}^{\pi_{\boldsymbol{\theta}}}[R(\tau) \nabla_{\boldsymbol{\theta}} \log p^{\pi_{\boldsymbol{\theta}}}(\tau)]
$$

また式 (1.31) より

$$
\nabla_{\boldsymbol{\theta}} \log p^{\pi_{\boldsymbol{\theta}}}(\tau) = \nabla_{\boldsymbol{\theta}} \log\left[\prod_{t=0}^{T-1} \tau_{a_{t-1}}(s_t \mid s_{t-1}) \pi_{\boldsymbol{\theta}}(a_t \mid s_t)\right]
$$
$$
= \sum_{t=0}^{T-1} \nabla_{\boldsymbol{\theta}} \log \pi_{\boldsymbol{\theta}}(a_t \mid s_t)
$$

と書けるため，方策勾配は

$$
\nabla_{\boldsymbol{\theta}} J(\boldsymbol{\theta}) = \mathbb{E}^{\pi_{\boldsymbol{\theta}}}\left[R(\tau) \sum_{t=0}^{T-1} \nabla_{\boldsymbol{\theta}} \log \pi_{\boldsymbol{\theta}}(A_t \mid S_t)\right]
$$

と書けることがわかる. ここで $R(\tau) = \sum_{t'=0}^{T-1} \gamma^{t'} R(S_{t'}, A_{t'})$ を代入すると，

$$\nabla_{\boldsymbol{\theta}} J(\boldsymbol{\theta}) = \sum_{t=0}^{T-1} \sum_{t'=0}^{T-1} \gamma^{t'} \mathbb{E}^{\pi_{\boldsymbol{\theta}}} [R_{t'} \nabla_{\boldsymbol{\theta}} \log \pi_{\boldsymbol{\theta}}(A_t \mid S_t)]$$

となるが, 補題 1.3 より, $t' < t$ となる $(t, t')$ に対して

$$\mathbb{E}^{\pi_{\boldsymbol{\theta}}} [R(S_{t'}, A_{t'}) \nabla_{\boldsymbol{\theta}} \log \pi_{\boldsymbol{\theta}}(A_t \mid S_t)]$$
$$= \mathbb{E}^{\pi_{\boldsymbol{\theta}}} [\mathbb{E}^{\pi_{\boldsymbol{\theta}}} [R(S_{t'}, A_{t'}) \nabla_{\boldsymbol{\theta}} \log \pi_{\boldsymbol{\theta}}(A_t \mid S_t) \mid \tau_{\leq t'}]]$$
$$= \mathbb{E}^{\pi_{\boldsymbol{\theta}}} [R(S_{t'}, A_{t'}) \mathbb{E}^{\pi_{\boldsymbol{\theta}}} [\nabla_{\boldsymbol{\theta}} \log \pi_{\boldsymbol{\theta}}(A_t \mid S_t) \mid \tau_{\leq t'}]] = 0$$

となるため

$$\nabla_{\boldsymbol{\theta}} J(\boldsymbol{\theta}) = \sum_{t=0}^{T-1} \sum_{t'=t}^{T-1} \gamma^{t'} \mathbb{E}^{\pi_{\boldsymbol{\theta}}} [R_{t'} \nabla_{\boldsymbol{\theta}} \log \pi_{\boldsymbol{\theta}}(A_t \mid S_t)]$$
$$= \sum_{t=0}^{T-1} \mathbb{E}^{\pi_{\boldsymbol{\theta}}} [R(\tau_{\geq t}) \nabla_{\boldsymbol{\theta}} \log \pi_{\boldsymbol{\theta}}(A_t \mid S_t)]$$

であることが示された. □

### 1.4.2 ベースライン関数の利用

式 (1.34) に基づく方策勾配の推定量は, 分散が大きいことが知られている. この課題への対処方法の 1 つとして, **ベースライン関数** $b \colon \mathcal{S} \to \mathbb{R}$ を導入し, 方策勾配を

$$\nabla_{\boldsymbol{\theta}} J(\boldsymbol{\theta}) = \sum_{t=0}^{T-1} \mathbb{E}^{\pi_{\boldsymbol{\theta}}} [(R(\tau_{\geq t}) - b(S_t)) \nabla_{\boldsymbol{\theta}} \log \pi_{\boldsymbol{\theta}}(A_t \mid S_t)]$$

という同値な式に書き換えた上で, REINFORCE 法と同様に方策勾配をモンテカルロ推定する方法がある. $R(\tau_{\geq t})$ を $R(\tau_{\geq t}) - b(S_t)$ と置き換えることで, 期待値をとる対象のノルムを小さくすることができ, その結果, 方策勾配の推定量の分散を小さくすることができる.

推定量の分散を最小にするようにベースライン関数を定めることは難しいため, 多くの場合は $R(\tau_{\geq t}) - b(S_t)$ のノルムを小さくするためにベースライン関数を状態価値関数 $v^{\pi_{\boldsymbol{\theta}}}(S_t)$ (実装上はその推定値) とする.

ベースライン関数を用いた方策勾配の書き換えの正当性は補題 1.4 からわかる.

**補題 1.4**　任意の関数 $b\colon \mathcal{S} \to \mathbb{R}$ に対して

$$\mathbb{E}^{\pi_{\boldsymbol{\theta}}}[b(S_t)\nabla_{\boldsymbol{\theta}} \log \pi_{\boldsymbol{\theta}}(A_t \mid S_t)] = 0$$

が成り立つ.

**証明**

$$\mathbb{E}^{\pi_{\boldsymbol{\theta}}}[b(S_t)\nabla_{\boldsymbol{\theta}} \log \pi_{\boldsymbol{\theta}}(A_t \mid S_t)]$$

$$= \mathbb{E}^{\pi_{\boldsymbol{\theta}}}\left[b(S_t)\sum_{a \in \mathcal{A}} \pi_{\boldsymbol{\theta}}(a \mid S_t)\nabla_{\boldsymbol{\theta}} \log \pi_{\boldsymbol{\theta}}(a \mid S_t)\right]$$

$$= \mathbb{E}^{\pi_{\boldsymbol{\theta}}}\left[b(S_t)\sum_{a \in \mathcal{A}} \nabla_{\boldsymbol{\theta}} \pi_{\boldsymbol{\theta}}(a \mid S_t)\right]$$

$$= \mathbb{E}^{\pi_{\boldsymbol{\theta}}}\left[b(S_t)\nabla_{\boldsymbol{\theta}} \sum_{a \in \mathcal{A}} \pi_{\boldsymbol{\theta}}(a \mid S_t)\right] = 0$$

より，これは示された. □

### 1.4.3　**方策勾配定理**

REINFORCE 法における方策勾配の式には，累積報酬が確率変数 $R(\tau_{\geq t})$ として登場しており，これが方策勾配の推定量の分散を大きくする他の要因となっていた.

価値関数は累積報酬の期待値をとったもので決定的な値を返すため，もし仮に累積報酬の代わりに価値関数を用いた方策勾配の式が導出できれば，その式に基づく推定量の分散は小さくなると期待できる. 実際にそのような式を導出したのが定理 1.7 に示す方策勾配定理[6] である.

**定理 1.7**（方策勾配定理）　式 (1.29) の $\boldsymbol{\theta}$ に関する勾配は

$$\nabla_{\boldsymbol{\theta}}J(\boldsymbol{\theta}) = \mathbb{E}^{\pi_{\boldsymbol{\theta}}}\left[\sum_{t=0}^{T-1} \gamma^t q^{\pi_{\boldsymbol{\theta}}}(S_t, A_t)\nabla_{\boldsymbol{\theta}} \log \pi_{\boldsymbol{\theta}}(A_t \mid S_t)\right] \tag{1.35}$$

と書ける.

**証明**　REINFORCE 法における方策勾配の式を変形すると

$$\mathbb{E}^{\pi_\theta}\left[R(\tau_{\geq t})\nabla_\theta \log \pi_\theta(A_t \mid S_t)\right]$$

$$= \sum_{(s,a)\in\mathcal{S}\times\mathcal{A}} p_t^{\pi_\theta}(s,a)\mathbb{E}^{\pi_\theta}\left[R(\tau_{\geq t})\nabla_\theta \log \pi_\theta(A_t \mid S_t) \mid S_t = s, A_t = a\right]$$

$$= \sum_{(s,a)\in\mathcal{S}\times\mathcal{A}} p_t^{\pi_\theta}(s,a)\left(\nabla_\theta \log \pi_\theta(a \mid s)\right)\mathbb{E}^{\pi_\theta}\left[R(\tau_{\geq t}) \mid S_t = s, A_t = a\right]$$

$$= \sum_{(s,a)\in\mathcal{S}\times\mathcal{A}} p_t^{\pi_\theta}(s,a)\left(\nabla_\theta \log \pi_\theta(a \mid s)\right)\mathbb{E}^{\pi_\theta}\left[\sum_{t'=t}^{T}\gamma^{t'} R_{t'} \mid S_t = s, A_t = a\right]$$

$$= \sum_{(s,a)\in\mathcal{S}\times\mathcal{A}} p_t^{\pi_\theta}(s,a)\left(\nabla_\theta \log \pi_\theta(a \mid s)\right)\gamma^t q^{\pi_\theta}(s,a)$$

$$= \mathbb{E}^{\pi_\theta}\left[\gamma^t q^{\pi_\theta}(S_t, A_t)\nabla_\theta \log \pi_\theta(A_t \mid S_t)\right]$$

であるから，これは示された. □

**注 1.5** 多くの論文や書籍では，割引付き状態行動占有確率

$$d^\pi(s,a) := \sum_{t=0}^{T-1}\gamma^t p_t^\pi(s,a)$$

を用いて方策勾配を

$$\nabla_\theta J(\theta) = \sum_{s,a\in\mathcal{S}\times\mathcal{A}} d^{\pi_\theta}(s,a)q^{\pi_\theta}(s,a)\nabla_\theta \log \pi_\theta(a \mid s) \tag{1.36}$$

と表している. 式 (1.35) と (1.36) が一致することは，次の式変形よりわかる.

$$\nabla_\theta J(\theta) = \mathbb{E}^{\pi_\theta}\left[\sum_{t=0}^{T-1}\gamma^t q^{\pi_\theta}(S_t, A_t)\nabla_\theta \log \pi_\theta(A_t \mid S_t)\right]$$

$$= \sum_{s,a\in\mathcal{S}\times\mathcal{A}}\sum_{t=0}^{T-1}\gamma^t p_t^{\pi_\theta}(s,a)q^{\pi_\theta}(s,a)\nabla_\theta \log \pi_\theta(a \mid s)$$

$$= \sum_{s,a\in\mathcal{S}\times\mathcal{A}} d^{\pi_\theta}(s,a)q^{\pi_\theta}(s,a)\nabla_\theta \log \pi_\theta(a \mid s)$$

### 1.4.4 アクタークリティック法

方策勾配定理（定理 1.7）によると，方策勾配は行動価値関数 $q^{\pi_\theta}$ を用いて推定できることがわかった．しかし，行動価値関数自体も環境と相互作用しながら推定する必要があるため，この方策勾配に基づいて方策を最適化する際には，方策勾配の推定だけではなく行動価値関数の推定も同時に行う必要があ

る．このように，方策勾配と価値関数の両者を同時に推定し，方策の学習に推定した価値関数を用いる手法を**アクタークリティック法**と総称する．方策に関数近似器を用いる場合，状態行動空間が大きいことがほとんどであるため，本項では行動価値関数にも関数近似器を用いた場合のアクタークリティック法の一例を示す．

まず，現在の方策に対する行動価値関数を関数近似器を用いて推定するためには，1.3.4 項で説明した深層 Q 学習と同様に「ベルマン方程式を満たしていない度合い」を定量化して，それが小さくなる方向にパラメタを更新することが考えられる．行動価値関数を $q_\phi(s,a)$ という関数近似器でモデル化し，経験 $(s,a,r,s',a')$ が得られたとすると

$$\phi \leftarrow \phi - \alpha_\phi \left(q_\phi(s,a) - r - \gamma q_\phi(s',a')\right) \nabla_\phi q_\phi(s,a)$$

とパラメタを更新すればよい．ここで $\alpha_\phi > 0$ を行動価値関数のモデルの学習率とした．

方策勾配は，式 (1.35) の行動価値関数に行動価値関数の推定値を代入することで推定できる．現在の方策に従って得られたエピソードを $(s_0, a_0, s_1, a_1, \ldots, s_{T-1}, a_{T-1})$ とすると

$$\widehat{\nabla_{\boldsymbol\theta} J(\boldsymbol\theta)} \approx \sum_{t=0}^{T-1} \gamma^t q_\phi(s_t, a_t) \nabla_{\boldsymbol\theta} \log \pi_{\boldsymbol\theta}(a_t \mid s_t)$$

と推定できる．これを用いて

$$\boldsymbol\theta \leftarrow \boldsymbol\theta + \alpha_{\boldsymbol\theta} \widehat{\nabla_{\boldsymbol\theta} J(\boldsymbol\theta)}$$

と更新すればよい．ここで $\alpha_{\boldsymbol\theta} > 0$ を方策のモデルの学習率とした．

### 1.4.5　アドバンテージ関数

方策勾配の推定量の分散を減らす方法を 1.4.2 項と 1.4.3 項で説明したが，これらを組み合わせることもできる．定理 1.7 の式 (1.35) に対して補題 1.4 を適用し，ベースライン関数として状態価値関数を用いると

$$\nabla_{\boldsymbol\theta} J(\boldsymbol\theta) = \mathbb{E}^{\pi_{\boldsymbol\theta}} \left[ \sum_{t=0}^{T-1} \gamma^t (q^{\pi_{\boldsymbol\theta}}(S_t, A_t) - v^{\pi_{\boldsymbol\theta}}(S_t)) \nabla_{\boldsymbol\theta} \log \pi_{\boldsymbol\theta}(A_t \mid S_t) \right]$$

という方策勾配の式が得られる.

ここで方策 $\pi$ の状態価値関数 $v^\pi$ と行動価値関数 $q^\pi$ に対して

$$a^\pi(s, a) := q^\pi(s, a) - v^\pi(s)$$

を**アドバンテージ関数**と定義する. この関数は, 状態 $s$ において行動 $a$ をとる良さを相対的に表す関数である.

アドバンテージ関数の推定には, 一般化アドバンテージ推定法 (generalized advantage estimation)[7] などが用いられる. 詳しくは文献 [7] を参照してほしい.

### 1.4.6 決定的方策勾配法

ここまででは確率的な方策を対象に方策勾配の式を導出してきた. 行動空間が連続でかつ状態遷移と報酬が行動について滑らかな場合は, 決定的な方策 $\pi_{\boldsymbol{\theta}}\colon \mathcal{S} \to \mathcal{A}$ に対しても方策勾配を計算する公式を導出できる[8].

**定理 1.8〔決定的方策勾配定理〕** 積分の順序交換や積分と微分の交換に関する適切な条件のもとで, 決定的な方策 $\pi_{\boldsymbol{\theta}}\colon \mathcal{S} \to \mathcal{A}$ に対する方策勾配は

$$\nabla_{\boldsymbol{\theta}} J(\boldsymbol{\theta}) = \mathbb{E}^{\pi_{\boldsymbol{\theta}}} \left[ \sum_{t=0}^{T-1} \gamma^t \, \nabla_a q^{\pi_{\boldsymbol{\theta}}}(S_t, a)|_{a = \pi_{\boldsymbol{\theta}}(S_t)} \, \nabla_{\boldsymbol{\theta}} \pi_{\boldsymbol{\theta}}(S_t) \right] \tag{1.37}$$

と書ける.

**証明** 方策 $\pi_{\boldsymbol{\theta}}$ の状態価値関数の, 方策のパラメタ $\boldsymbol{\theta}$ に関する勾配は次のように展開できる.

$$\nabla_{\boldsymbol{\theta}} v^{\pi_{\boldsymbol{\theta}}}(s) = \nabla_{\boldsymbol{\theta}} q^{\pi_{\boldsymbol{\theta}}}(s, \pi_{\boldsymbol{\theta}}(s))$$

$$= \nabla_{\boldsymbol{\theta}} \left[ r(s, \pi_{\boldsymbol{\theta}}(s)) + \gamma \int \tau_{\pi_{\boldsymbol{\theta}}(s)}(s' \mid s) v^{\pi_{\boldsymbol{\theta}}}(s') \mathrm{d}s' \right]$$

$$= (\nabla_{\boldsymbol{\theta}} \pi_{\boldsymbol{\theta}}(s))(\nabla_a r(s, a)|_{a = \pi_{\boldsymbol{\theta}}(s)})$$

$$\quad + \gamma (\nabla_{\boldsymbol{\theta}} \pi_{\boldsymbol{\theta}}(s)) \int (\nabla_a \tau_a(s' \mid s)|_{a = \pi_{\boldsymbol{\theta}}(s)}) v^{\pi_{\boldsymbol{\theta}}}(s') \mathrm{d}s'$$

$$\quad + \gamma \int \tau_{\pi_{\boldsymbol{\theta}}(s)}(s' \mid s) \nabla_{\boldsymbol{\theta}} v^{\pi_{\boldsymbol{\theta}}}(s') \mathrm{d}s'$$

$$= (\nabla_{\boldsymbol{\theta}}\pi_{\boldsymbol{\theta}}(s))\nabla_a \left( r(s,a)\big|_{a=\pi_{\boldsymbol{\theta}}(s)} + \gamma \int \tau_a(s' \mid s)\big|_{a=\pi_{\boldsymbol{\theta}}(s)} v^{\pi_{\boldsymbol{\theta}}}(s')\mathrm{d}s' \right)$$

$$+ \gamma \int \tau_{\pi_{\boldsymbol{\theta}}(s)}(s' \mid s)\nabla_{\boldsymbol{\theta}} v^{\pi_{\boldsymbol{\theta}}}(s')\mathrm{d}s'$$

$$= (\nabla_{\boldsymbol{\theta}}\pi_{\boldsymbol{\theta}}(s))\, \nabla_a q^{\pi_{\boldsymbol{\theta}}}(s,a)\big|_{a=\pi_{\boldsymbol{\theta}}(s)} + \gamma \int \tau_{\pi_{\boldsymbol{\theta}}(s)}(s' \mid s)\nabla_{\boldsymbol{\theta}} v^{\pi_{\boldsymbol{\theta}}}(s')\mathrm{d}s'$$

最後の式の $\nabla_{\boldsymbol{\theta}} v^{\pi_{\boldsymbol{\theta}}}(s')$ を同様に展開していくと

$$\nabla_{\boldsymbol{\theta}} v^{\pi_{\boldsymbol{\theta}}}(s) = \sum_{t=0}^{T-1} \gamma^t \int p_t^{\pi_{\boldsymbol{\theta}}}(s' \mid S_0 = s)(\nabla_{\boldsymbol{\theta}}\pi_{\boldsymbol{\theta}}(s'))\, \nabla_a q^{\pi_{\boldsymbol{\theta}}}(s',a)\big|_{a=\pi_{\boldsymbol{\theta}}(s')} \mathrm{d}s'$$

が得られる.

よって方策勾配は

$$\nabla_{\boldsymbol{\theta}} J(\boldsymbol{\theta}) = \nabla_{\boldsymbol{\theta}} \int v^{\pi_{\boldsymbol{\theta}}}(s)\rho_0(s)\mathrm{d}s$$

$$= \sum_{t=0}^{T-1} \gamma^t \int p_t^{\pi_{\boldsymbol{\theta}}}(s)(\nabla_{\boldsymbol{\theta}}\pi_{\boldsymbol{\theta}}(s))\, \nabla_a q^{\pi_{\boldsymbol{\theta}}}(s,a)\big|_{a=\pi_{\boldsymbol{\theta}}(s)} \mathrm{d}s$$

$$= \mathbb{E}^{\pi_{\boldsymbol{\theta}}}\left[ \sum_{t=0}^{T-1} \gamma^t (\nabla_{\boldsymbol{\theta}}\pi_{\boldsymbol{\theta}}(S_t))(\nabla_a q^{\pi_{\boldsymbol{\theta}}}(S_t,a)\big|_{a=\pi_{\boldsymbol{\theta}}(S_t)}) \right]$$

と書ける. □

## 1.5 環境モデルを推定する強化学習手法

　ここまで説明してきた手法では，環境と相互作用しながら価値関数や最適方策を直接推定していた．一方，環境との相互作用のデータからまず環境を推定し，推定した環境を活用しながら最適方策を求める手法も考えられる．このような手法を**モデルベース**の強化学習手法と呼ぶ15.

　最も単純なモデルベースの手法は，環境の初期状態分布 $\tau_0$，状態遷移分布 $\tau_a(s' \mid s)$，報酬分布 $\rho_a(r \mid s)$ をデータから推定して $\hat{\tau}_0$, $\hat{\tau}_a(s' \mid s)$, $\hat{\rho}_a(r \mid s)$ を得た上で，これらによって作られるマルコフ決定過程 $\widehat{\mathcal{M}} = (\mathcal{S}, \mathcal{A}, \hat{\tau}_0, \hat{\tau}, \hat{\rho})$ に対してプランニングの手法を適用して最適方策を求める手法であろう．たと

---

♠15ここまで説明してきた，環境を直接推定しない手法を**モデルフリー**の強化学習手法と呼ぶ.

えば価値反復法（1.2.4 項）や方策反復法（1.2.5 項）を適用して最適方策を求めたり，各時点で木探索を用いて最適な行動を選んで行動することが考えられる．

この方針の手法の 1 つとして，1.5.1 項で Dyna[9] を説明する．Dyna は環境と相互作用しながら，環境モデルの学習と最適行動価値関数の推定を同時に行う手法である．

一方，モデルベース型の手法で得られる方策の善し悪しが環境モデルの推定精度に依存するという問題がある．真の環境と環境モデルとが乖離していると，環境モデル上で最適方策を求められたとしても，その方策が真の環境で最適であるとは限らない．

この課題に対しては，推定誤差を考慮した上で最適方策を求めることが考えられる．その一例として，1.5.2 項で PILCO[10] を取り上げる．PILCO では，環境モデルの推定誤差を見積もるためにガウス過程と呼ばれる確率モデルを用いて状態遷移をモデル化する．推定誤差を考慮した上で最適方策を求めることで，より良い方策が得られることが期待できる．

### 1.5.1 **Dyna**

Dyna[9] は真の環境との相互作用と環境モデルとの相互作用とを併用して最適方策を求める手法である．Dyna のアルゴリズムにおいて，最適方策を求めるアルゴリズムは任意性があるため，それに応じて様々なアルゴリズムが考えられる．ここでは 1.3.3 項で説明した Q 学習を用いた Dyna-Q を紹介する．

Dyna-Q のアルゴリズムの大枠は Q 学習と共通している．つまり，各時刻 $t = 0, 1, 2, \ldots$ において，現在の最適行動価値関数の推定値に基づいて状態 $s_t$ での行動 $a_t$ を決定し，環境に行動を適用して次状態 $s_{t+1}$ と報酬 $r_t$ を得る．また，こうして得られた経験 $(s_t, a_t, s_{t+1}, r_t)$ を用いて，Q 学習の更新式（式 (1.27)）に従って行動価値関数の値を更新することを繰り返す．

Dyna-Q に特有な手順として，真の環境と相互作用させる中で蓄積される経験 $(s, a, s', r)$ を用いて環境モデルを推定することが挙げられる．さらに，その環境モデルに対しても相互作用をすることで，仮想的な経験 $(\bar{s}, \bar{a}, \bar{s}', \bar{r})$ を得て，その仮想的な経験を用いて Q 学習の更新式に従って最適行動価値関数の推定値を更新することが Dyna-Q の特長である．

---

**アルゴリズム 1.7 Dyna-Q**

---

**入力**：環境モデル $\widehat{\mathcal{M}}$，行動価値関数の初期値 $q(s, a) = 0$ $(s \times a \in \mathcal{S} \times \mathcal{A})$，エ
ピソード数 $K \in \mathbb{N}$，繰返し回数 $N \in \mathbb{N}$

**出力**：最適行動価値関数 $q^\star : \mathcal{S} \times \mathcal{A} \to \mathbb{R}$

1: **for** $k = 1, 2, \ldots, K$ **do**
2:     初期状態を $s_0 \sim \rho_0$ とサンプリングし，$t \leftarrow 0$ と初期化
3:     **while** $s_t \neq s_\perp$ **do**
4:         $\varepsilon$ 貪欲方策に基づいて $a_t \sim \pi_\varepsilon(s_t; Q)$ と行動を選択
5:         環境 $\mathcal{M}$ に行動 $a_t$ を施し，報酬 $r_t$ と次状態 $s_{t+1}$ を得る
6:         $(s_t, a_t, s_{t+1}, r_t)$ を用いて式 (1.27) に従って $q(s_t, a_t)$ の値を更新
7:         $(s_t, a_t, s_{t+1}, r_t)$ を用いて環境モデル $\widehat{\mathcal{M}}$ を更新
8:         **for** $n = 1, 2, \ldots, N$ **do**
9:             これまで観測した状態の中からランダムに状態を選び $\bar{s}$ とする
10:           これまで状態 $s$ で選択した行動の中からランダムに行動を選び $\bar{a}$ と
             する
11:           環境モデル $\widehat{\mathcal{M}}$ に状態行動対 $(\bar{s}, \bar{a})$ を入力し，次状態と報酬 $(\bar{s}', \bar{r})$ を
             得る
12:           $(\bar{s}, \bar{a}, \bar{s}', \bar{r})$ を用いて式 (1.27) に従って $q(\bar{s}, \bar{a})$ の値を更新
13:         $t \leftarrow t + 1$
14: **return** $\pi^\star, v$

---

　真の環境と比べると，環境モデルとの相互作用は低コストで実現できる上，
任意の状態行動対に対する経験を生成することができるため，Q 学習と比べて
低コストで最適行動価値関数を推定できることが期待される．

　以上をまとめるとアルゴリズム 1.7 が得られる．ここで $N = 0$ とすると Q
学習と一致することからも Q 学習との関係がわかる．

### 1.5.2 PILCO

　モデルベース型強化学習では，推定した環境モデルの推定誤差を考慮した上
で，そのモデルをうまく使っていく必要がある．ここでは，推定誤差を考慮で
きる予測モデルとして知られるガウス過程を用いたモデルベース型強化学習手
法である PILCO（Probabilistic Inference for Learning Control，確率的推
測に基づく制御学習）[10] を説明する．

**環境に対する仮定**

まず，PILCO が真の環境に対して要請する仮定を説明する．

PILCO では，状態空間と行動空間が連続空間であることを仮定している．時刻 $t$ の状態と行動に対応する確率変数をそれぞれ $S_t \in \mathbb{R}^D$，$A_t \in \mathbb{R}^F$ として，状態遷移が

$$S_{t+1} = f(S_t, A_t) + \varepsilon \tag{1.38}$$

と書けると仮定する．ここで $f \colon \mathcal{S} \times \mathcal{A} \to \mathcal{S}$ は状態遷移を表す関数で，$\varepsilon \sim \mathcal{N}(\mathbf{0}, \Sigma_\varepsilon)$ $(\Sigma_\varepsilon = \mathrm{diag}(\sigma_{\varepsilon,1}^2, \ldots, \sigma_{\varepsilon,D}^2))$ で表されるノイズが加算されて次状態に遷移すると仮定する．

ここで状態の差分に相当する確率変数を

$$\Delta_t := S_t - S_{t-1}$$

とおき，その実現値を $\delta_t$ と書くことにする．PILCO では，式 (1.38) で表される状態遷移関数 $f$ の代わりに，状態行動対 $(s_t, a_t)$ を入力して状態の差分 $\delta_{t+1}$ を出力する関数を推定する．

また，報酬は状態にのみ依存するとする．したがって，目的関数である期待累積報酬は

$$J(\theta) = \sum_{t=0}^{T} \mathbb{E}^{\pi_\theta}[r(S_t)]$$

と書ける．

また方策は決定的な方策のみを考えるとする．特に，ここではパラメタを $\theta = \{A \in \mathbb{R}^{F \times D}, b \in \mathbb{R}^F\}$ として

$$\pi_\theta(\mathbf{s}) = As + b \tag{1.39}$$

という方策を考える．

**ガウス過程を用いた状態遷移モデル**

次に，**ガウス過程**を用いて状態行動対 $(s_t, a_t)$ を入力して状態の差分 $\delta_{t+1}$ を出力する関数を推測する方法を説明する．

ガウス過程を用いると，多次元ベクトルを入力してスカラー値を返す関数を

表現できるが，ベクトル値を返す関数は表現できないため，出力 $\delta_{t+1}$ の各次元の値 $\{\delta_{t+1,d}\}_{d=1}^{D}$ を予測する $D$ 個のガウス過程を用いる．

　状態遷移モデルを推定するための訓練データとして，状態，行動，次状態の 3 つ組 $\{(s_n, a_n, s'_n)\}_{n=1}^{N}$ が存在すると仮定する．また，状態行動対を並べたベクトルを

$$x_n := \begin{bmatrix} s_n^\top & a_n^\top \end{bmatrix}^\top \tag{1.40}$$

とする．$d$ 次元目のガウス過程を推定するためのデータセットを

$$\mathcal{D}_d = (X, y_d), \quad X = \begin{bmatrix} x_1^\top \\ \vdots \\ x_N^\top \end{bmatrix}, \quad y_d = \begin{bmatrix} \delta'_{1,d} \\ \vdots \\ \delta'_{N,d} \end{bmatrix}$$

とすると，ガウス過程回帰の手続きに従って，任意の状態行動対 $x \in \mathbb{R}^{D+F}$ に対する $\delta_d$ の事後分布を

$$p(\delta_d \mid X, y_d, x) = \mathcal{N}(m_d(x), \sigma_d^2(x))$$
$$m_d(x) = k_d(x, X)(k_d(X, X) + \sigma_{\varepsilon,d}^2 I_N)^{-1} y_d$$
$$\sigma_d^2(x) = k_d(x, x) - k_d(x, X)(k_d(X, X) + \sigma_{\varepsilon,d}^2 I_N)^{-1} k_d(X, x)$$

と導出できる．ここで，$k_d: \mathbb{R}^{D+F} \times \mathbb{R}^{D+F} \to \mathbb{R}$ を任意のカーネル関数とする．

　カーネル関数は，2 つのベクトルを受け取る関数であるが，表記の単純化のため，それぞれの引数に行列を入力してもよいことにする．つまり

$$U = \begin{bmatrix} u_1^\top \\ \vdots \\ u_{N_u}^\top \end{bmatrix} \in \mathbb{R}^{N_u \times (D+F)}, \quad V = \begin{bmatrix} v_1^\top \\ \vdots \\ v_{N_u}^\top \end{bmatrix} \in \mathbb{R}^{N_v \times (D+F)}$$

に対して，$k_d(U, V)$ を $N_u \times N_v$ 行列で，その $(i, j)$ 成分が $k_d(u_i, v_j)$ となるものであるとする．

　PILCO では特に

$$k_d(u, v) = \alpha_d^2 \exp\left(-\frac{1}{2}(u - v)^\top \Lambda_d^{-1}(u - v)\right) \tag{1.41}$$

というカーネル関数を用いる. $\alpha_d \in \mathbb{R}$ と $\Lambda_d = \text{diag}(\ell_{d,1}^2, \ldots \ell_{d,D+F}^2) \in \mathbb{R}^{(D+F) \times (D+F)}$ をハイパーパラメタとするが, 訓練データから推定することもできる. 以降, この事後分布を繰り返し適用して状態の時間発展を推測する.

### 状態の時間発展の推測

報酬は状態にのみ依存するため, 目的関数の値, つまり方策 $\pi_\theta$ の価値を見積もるためには, データセット $\mathcal{D} = \{\mathcal{D}_d\}_{d=1}^D$ が与えられたもとでの各時刻 $t$ における状態の分布 $p_t^{\pi_\theta}(s_t \mid \mathcal{D})$ がわかれば十分である.

ここでは, 時刻 $t-1$ における状態の分布 $p_{t-1}^{\pi_\theta}(s_{t-1} \mid \mathcal{D})$ が得られていると仮定した上で, 時刻 $t$ における状態の分布 $p_t^{\pi_\theta}(s_t \mid \mathcal{D})$ を推測する手順を説明する. $p_t^{\pi_\theta}(s_t \mid \mathcal{D})$ は, 一般には複雑な確率分布となりうるが, PILCO ではそれらを正規分布で近似して推測する. 以下, $p_{t-1}^{\pi_\theta}(s_{t-1} \mid \mathcal{D})$ が正規分布だと仮定した上で, $p_t^{\pi_\theta}(s_t \mid \mathcal{D})$ を求める手順を説明する.

現在の状態を $s_{t-1}$ としたとき, 行動 $a_{t-1}$ は方策 $\pi_\theta$ によって決まるため, $p_{t-1}^{\pi_\theta}(s_{t-1} \mid \mathcal{D})$ と $\pi_\theta(s)$ とを組み合わせることで, $S_{t-1}$ と $A_{t-1}$ の同時分布 $p_{t-1}^{\pi_\theta}(s_{t-1}, a_{t-1} \mid \mathcal{D})$ を求めることができる. 式 (1.39) の方策を用いると, この同時分布は次の正規分布になることがわかる.

$$
\mathcal{N}\left( \begin{bmatrix} \mu_{t-1} \\ A\mu_{t-1} + b \end{bmatrix}, \begin{bmatrix} \Sigma_{t-1} & \Sigma_{t-1}A^\top \\ A\Sigma_{t-1} & A\Sigma_{t-1}A^\top \end{bmatrix} \right)
$$

方策のモデルによってはこの同時分布は正規分布になるとは限らないが, その場合は今後の計算の都合上正規分布で近似することとする.

次に, 同時分布 $p_{t-1}^{\pi_\theta}(s_{t-1}, a_{t-1} \mid \mathcal{D})$ が得られた下で, 状態遷移に関する事後分布を用いて $\Delta_t$ の従う確率分布を計算する. 以下, 時刻 $t$ における状態行動対を $x_t = \begin{bmatrix} s_t^\top & a_t^\top \end{bmatrix}^\top$ と表記する.

$$
p^{\pi_\theta}(\delta_t \mid \mathcal{D}) = \int p_{t-1}^{\pi_\theta}(x_{t-1} \mid \mathcal{D}) p(\delta_t \mid \mathcal{D}, x_{t-1}) \mathrm{d}x_{t-1} \tag{1.42}
$$

ただし式 (1.42) を解析的に計算することは難しいため, $p^{\pi_\theta}(\delta_t \mid \mathcal{D})$ を正規分布で近似することを考える. 特に, $p^{\pi_\theta}(\delta_t \mid \mathcal{D})$ の平均 $\mu_t$ と分散共分散行列 $\Sigma_t$ を計算して, それらのパラメタを持つ正規分布で近似するというモーメントマッチングを採用する.

**$p^{\pi_\theta}(\boldsymbol{\delta}_t \mid \mathcal{D})$ の平均**

まず平均 $\boldsymbol{\mu}_t$ の $d$ 次元目である $\mu_{t,d}$ は次のように計算できる.

$$
\begin{aligned}
\mu_{t,d} &= \int \delta_{t,d} p^{\pi_\theta}(\boldsymbol{\delta}_t \mid \mathcal{D}) \mathrm{d}\boldsymbol{\delta}_t \\
&= \int \delta_{t,d} p^{\pi_\theta}_{t-1}(\boldsymbol{x}_{t-1} \mid \mathcal{D}) p(\boldsymbol{\delta}_t \mid \mathcal{D}, \boldsymbol{x}_{t-1}) \mathrm{d}\boldsymbol{x}_{t-1} \mathrm{d}\boldsymbol{\delta}_t \\
&= \int m_d(\boldsymbol{x}_{t-1}) p^{\pi_\theta}_{t-1}(\boldsymbol{x}_{t-1} \mid \mathcal{D}) \mathrm{d}\boldsymbol{x}_{t-1} \\
&= \int k_d(\boldsymbol{x}_{t-1}, X)(k_d(X, X) + \sigma_{\varepsilon,d}^2 I_N)^{-1} \boldsymbol{y}_d p^{\pi_\theta}_{t-1}(\boldsymbol{x}_{t-1} \mid \mathcal{D}) \mathrm{d}\boldsymbol{x}_{t-1} \\
&= \boldsymbol{q}_d^\top \boldsymbol{\beta}_d
\end{aligned}
$$

ここで

$$
\boldsymbol{q}_d := \int k_d(X, \boldsymbol{x}_{t-1}) p^{\pi_\theta}_{t-1}(\boldsymbol{x}_{t-1} \mid \mathcal{D}) \mathrm{d}\boldsymbol{x}_{t-1}
$$

$$
\boldsymbol{\beta}_d := (k_d(X, X) + \sigma_{\varepsilon,d}^2 I_N)^{-1} \boldsymbol{y}_d
$$

とした. これは式 (1.41) のカーネル関数を使う場合には解析的に計算できる.

**$p^{\pi_\theta}(\boldsymbol{\delta}_t \mid \mathcal{D})$ の分散共分散行列**

次に分散共分散行列 $\Sigma_t$ を計算する. まず分散共分散行列の対角成分（$d$ 次元目を $\sigma_{t,d}^2$ と表記する）は, 分散の定義より

$$
\sigma_{t,d}^2 = \int \delta_{t,d}^2 p^{\pi_\theta}(\boldsymbol{\delta}_t \mid \mathcal{D}) \mathrm{d}\boldsymbol{\delta}_t - \mu_{t,d}^2
$$

と書けるため, 第 1 項を計算すればよい. まず $\boldsymbol{\delta}_t$ に関する積分を先に計算すると

$$
\begin{aligned}
&\int \delta_{t,d}^2 p^{\pi_\theta}(\boldsymbol{\delta}_t \mid \mathcal{D}) \mathrm{d}\boldsymbol{\delta}_t \\
&= \int (\delta_{t,d} - m_d(\boldsymbol{x}_{t-1}) + m_d(\boldsymbol{x}_{t-1}))^2 p^{\pi_\theta}_{t-1}(\boldsymbol{x}_{t-1} \mid \mathcal{D}) p(\boldsymbol{\delta}_t \mid \mathcal{D}, \boldsymbol{x}_{t-1}) \mathrm{d}\boldsymbol{x}_{t-1} \mathrm{d}\boldsymbol{\delta}_t \\
&= \int \sigma_d^2(\boldsymbol{x}_{t-1}) p^{\pi_\theta}_{t-1}(\boldsymbol{x}_{t-1}) \mathrm{d}\boldsymbol{x}_{t-1} + \int m_d^2(\boldsymbol{x}_{t-1}) p^{\pi_\theta}_{t-1}(\boldsymbol{x}_{t-1}) \mathrm{d}\boldsymbol{x}_{t-1}
\end{aligned}
$$

が得られる. 上式の第 2 項は

$$
\int m_d^2(\boldsymbol{x}_{t-1}) p^{\pi_\theta}_{t-1}(\boldsymbol{x}_{t-1} \mid \mathcal{D}) \mathrm{d}\boldsymbol{x}_{t-1}
$$

$$= \int (k_d(\boldsymbol{x}_{t-1}, X)(k_d(X, X) + \sigma_{\varepsilon,d}^2 I_N)^{-1} \boldsymbol{y}_d)^2 p_{t-1}^{\pi_\theta}(\boldsymbol{x}_{t-1} \mid \mathcal{D}) \mathrm{d}\boldsymbol{x}_{t-1}$$

$$= \boldsymbol{\beta}_d^\top Q_{d,d} \boldsymbol{\beta}_d$$

と書ける. ここで $d, d' = 1, 2, \ldots, D$ に対して

$$Q_{d,d'} = \int k_d(X, \boldsymbol{x}_{t-1}) k_{d'}(\boldsymbol{x}_{t-1}, X_{d'}) p_{t-1}^{\pi_\theta}(\boldsymbol{x}_{t-1} \mid \mathcal{D}) \mathrm{d}\boldsymbol{x}_{t-1}$$

とおいた. これは式 (1.41) のカーネル関数に対しては解析的に計算できる.
また第 1 項は

$$\int \sigma_d^2(\boldsymbol{x}_{t-1}) p_{t-1}^{\pi_\theta}(\boldsymbol{x}_{t-1} \mid \mathcal{D}) \mathrm{d}\boldsymbol{x}_{t-1}$$

$$= \int (k_d(\boldsymbol{x}_{t-1}, \boldsymbol{x}_{t-1}) - k_d(\boldsymbol{x}_{t-1}, X)(k_d(X, X) + \sigma_{\varepsilon,d}^2 I_N)^{-1} k_d(X, \boldsymbol{x}_{t-1}))$$

$$\times p_{t-1}^{\pi_\theta}(\boldsymbol{x}_{t-1} \mid \mathcal{D}) \mathrm{d}\boldsymbol{x}_{t-1}$$

$$= \int k_d(\boldsymbol{x}_{t-1}, \boldsymbol{x}_{t-1}) p_{t-1}^{\pi_\theta}(\boldsymbol{x}_{t-1} \mid \mathcal{D}) \mathrm{d}\boldsymbol{x}_{t-1} - \mathrm{tr}\big((k_d(X, X) + \sigma_{\varepsilon,d}^2 I_N)^{-1} Q_{d,d}\big)$$

$$= \alpha_d^2 - \mathrm{tr}\big((k_d(X, X) + \sigma_{\varepsilon,d}^2 I_N)^{-1} Q_{d,d}\big)$$

と計算できる. これらを合わせると, 分散共分散行列の対角成分は

$$\sigma_{t,d}^2 = \boldsymbol{\beta}_d^\top Q_{d,d} \boldsymbol{\beta}_d + \alpha_d^2 - \mathrm{tr}\left((k_d(X, X) + \sigma_{\varepsilon,d}^2 I_N)^{-1} Q_{d,d}\right) - \mu_{t,d}^2$$

であることがわかる.

また, 分散共分散行列の非対角成分は

$$\sigma_{t,d,d'}^2 = \int (\delta_{t,d} - \mu_{t,d})(\delta_{t,d'} - \mu_{t,d'}) p^{\pi_\theta}(\boldsymbol{\delta}_t \mid \mathcal{D}) \mathrm{d}\boldsymbol{\delta}_t$$

$$= \int (\delta_{t,d} - \mu_{t,d})(\delta_{t,d'} - \mu_{t,d'}) p_{t-1}^{\pi_\theta}(\boldsymbol{x}_{t-1} \mid \mathcal{D}) p(\boldsymbol{\delta}_t \mid \mathcal{D}, \boldsymbol{x}_{t-1}) \mathrm{d}\boldsymbol{x}_{t-1} \mathrm{d}\boldsymbol{\delta}_t$$

$$= \int (m_d(\boldsymbol{x}_{t-1}) - \mu_{t,d})(m_{d'}(\boldsymbol{x}_{t-1}) - \mu_{t,d'}) p_{t-1}^{\pi_\theta}(\boldsymbol{x}_{t-1} \mid \mathcal{D}) \mathrm{d}\boldsymbol{x}_{t-1}$$

$$= \int m_d(\boldsymbol{x}_{t-1}) m_{d'}(\boldsymbol{x}_{t-1}) p_{t-1}^{\pi_\theta}(\boldsymbol{x}_{t-1} \mid \mathcal{D}) \mathrm{d}\boldsymbol{x}_{t-1} - \mu_{t,d} \mu_{t,d'}$$

$$= \boldsymbol{\beta}_d^\top Q_{d,d'} \boldsymbol{\beta}_{d'} - \boldsymbol{q}_d^\top \boldsymbol{\beta}_d \boldsymbol{\beta}_{d'}^\top \boldsymbol{q}_{d'}$$

と書ける.

以上をまとめると $p_t^{\pi_\theta}(\boldsymbol{\delta}_t \mid \mathcal{D})$ を近似する正規分布 $\mathcal{N}(\boldsymbol{\mu}_t, \Sigma_t)$ を計算できる. また, これを用いると, $p_t^{\pi_\theta}(\boldsymbol{s}_t \mid \mathcal{D})$ の平均 $\boldsymbol{\mu}_t^{(\mathrm{s})}$ と共分散行列 $\Sigma_t^{(\mathrm{s})}$ は

$$\boldsymbol{\mu}_t^{(\mathrm{s})} = \mathbb{E}[\boldsymbol{S}_{t-1} + \boldsymbol{\Delta}_t] = \boldsymbol{\mu}_{t-1}^{(\mathrm{s})} + \boldsymbol{\mu}_t$$

$$\Sigma_t^{(\mathrm{s})} = \mathbb{E}[(\boldsymbol{S}_{t-1} + \boldsymbol{\Delta}_t - \boldsymbol{\mu}_t^{(\mathrm{s})})(\boldsymbol{S}_{t-1} + \boldsymbol{\Delta}_t - \boldsymbol{\mu}_t^{(\mathrm{s})})^\top]$$

$$= \Sigma_{t-1}^{(\mathrm{s})} + \Sigma_t$$

$$+ \mathbb{E}[(\boldsymbol{S}_{t-1} - \boldsymbol{\mu}_{t-1}^{(\mathrm{s})})(\boldsymbol{\Delta}_t - \boldsymbol{\mu}_t)^\top] + \mathbb{E}[(\boldsymbol{\Delta}_t - \boldsymbol{\mu}_t)(\boldsymbol{S}_{t-1} - \boldsymbol{\mu}_{t-1}^{(\mathrm{s})})^\top]$$

と計算できる. 共分散行列の計算に必要な $\mathbb{E}[(\boldsymbol{S}_{t-1} - \boldsymbol{\mu}_{t-1}^{(\mathrm{s})})(\boldsymbol{\Delta}_t - \boldsymbol{\mu}_t)^\top]$ については, 解析的に計算できる例が文献 [11] で解説されている.

### 価 値 の 推 測

ここまでで各時刻 $t = 0, 1, \ldots, T$ における状態の従う分布 $p^{\pi_\theta}(\boldsymbol{s}_t \mid \mathcal{D})$ を得ることができた. これらを用いると, 方策 $\pi_\theta$ の価値は

$$J(\boldsymbol{\theta}) = \sum_{t=0}^{T} \int r(\boldsymbol{s}_t) p^{\pi_\theta}(\boldsymbol{s}_t \mid \mathcal{D}) \mathrm{d}\boldsymbol{s}_t \tag{1.43}$$

と推測できる. $p^{\pi_\theta}(\boldsymbol{s}_t \mid \mathcal{D})$ は正規分布であるから, 報酬関数の形によっては解析的に計算できる. たとえば目標とする状態 $\boldsymbol{s}^\star \in \mathcal{S}$ があるとして, 報酬を

$$r(\mathbf{s}) = \exp\left(-\|\boldsymbol{s} - \boldsymbol{s}^\star\|^2\right)$$

と定めたとすると, 式 (1.43) の積分は解析的に計算できる.

### 方 策 改 善

方策改善を行うには, 方策のパラメタ $\boldsymbol{\theta}$ に関する価値の勾配 $\nabla_{\boldsymbol{\theta}} J(\boldsymbol{\theta})$ を計算して, 勾配法に基づいてパラメタを更新すればよい. 式 (1.43) で得られた価値が解析的に計算できるとすると

$$\int r(\boldsymbol{s}_t) p^{\pi_\theta}(\boldsymbol{s}_t \mid \mathcal{D}) \mathrm{d}\boldsymbol{s}_t$$

は, 時刻 $t$ における状態の事後分布 $p^{\pi_\theta}(\boldsymbol{s}_t \mid \mathcal{D})$ の平均 $\boldsymbol{\mu}_t^{(\mathrm{s})}$ と分散共分散行列 $\Sigma_t^{(\mathrm{s})}$ の関数となる. また $\boldsymbol{\mu}_t^{(\mathrm{s})}$ と $\Sigma_t^{(\mathrm{s})}$ は $\boldsymbol{\theta}$ の関数であるから, これらの $\boldsymbol{\theta}$ に関する勾配は自動微分を用いて計算できる. よって, 自動微分を用いると方策勾配を計算でき, それを用いてパラメタを更新することで方策改善が可能になる.

# 1.6 発展的な強化学習手法

発展的な強化学習手法の中でよく使われるものをいくつか説明する。いずれも有限時間長の設定で導出する。

まず信頼領域勾配最適化（TRPO）と近接方策最適化（PPO）を説明する。これらは，1.4.4 項で説明したアクタークリティック法を改良したものである。アクタークリティック法を含む方策勾配法では，方策のパラメタの更新を通常の勾配法に基づいて実施しているため，パラメタ空間内で近い範囲での更新であった。しかしパラメタ空間内で近い範囲であっても，方策の振舞いが大きく変わってしまうことがあり，そのため突然性能が低下してしまうという課題があった。TRPO や PPO は，方策の振舞いが大きく変わらない範囲内でパラメタを更新することで，より安定して性能を改善できることを目指す。

次に深層決定的方策勾配法（DDPG）と 2 重遅延型深層決定的方策勾配法（TD3）を説明する。これらの手法は，1.4.3 項で説明した決定的方策勾配法を拡張し，深層学習と組み合わせた手法である。

### 1.6.1 信頼領域方策最適化（TRPO）

**信頼領域方策最適化**（Trust Region Policy Optimization, **TRPO**）[12] は，方策勾配法を発展させてより安定的に方策改善できるようにした手法として理解できる。まず TRPO における方策パラメタの更新方法について説明した後，その更新式を導出する。

方策のパラメタの更新に際しては，代理アドバンテージ関数と呼ばれる関数を用いる。これは，方策のパラメタ $\boldsymbol{\theta}, \overline{\boldsymbol{\theta}} \in \Theta$ に対して

$$L_{\overline{\boldsymbol{\theta}}}(\boldsymbol{\theta}) := \mathbb{E}^{\pi_{\overline{\boldsymbol{\theta}}}} \left[ \sum_{t=0}^{T-1} \gamma^t \frac{\pi_{\boldsymbol{\theta}}(A_t \mid S_t)}{\pi_{\overline{\boldsymbol{\theta}}}(A_t \mid S_t)} a^{\pi_{\overline{\boldsymbol{\theta}}}}(S_t, A_t) \right]$$

と定義される。TRPO では，この代理アドバンテージ関数を目的関数とした次の最適化問題を解くことでパラメタを更新する。

$$\boldsymbol{\theta}_{k+1} = \underset{\boldsymbol{\theta}}{\operatorname{argmax}} \, L_{\boldsymbol{\theta}_k}(\boldsymbol{\theta})$$

$$\text{subject to} \quad \mathbb{E}^{\pi_{\boldsymbol{\theta}_k}} \left[ \sum_{t=0}^{T-1} \gamma^t \mathrm{KL}(\pi_{\boldsymbol{\theta}_k}(\cdot \mid S_t) \parallel \pi_{\boldsymbol{\theta}}(\cdot \mid S_t)) \right] \le \delta \tag{1.44}$$

直観的には，$L_{\theta_k}(\theta)$ は方策 $\pi_{\theta_k}$ の期待累積報酬と方策 $\pi_\theta$ の期待累積報酬の差に相当しており，また制約はこれらの方策同士の近さを表している．この制約のもとで目的関数を $\theta$ について最大化すると，方策としては大きく変わらない範囲でその価値を改善できる．

　まず，TRPO の更新式（式 (1.44)）の導出を簡単に説明し，次に，更新式（式 (1.44)）を近似的に計算する方法を説明する．

### 導　出

　TRPO の更新式の導出にあたって，定理 1.9 に示す関係式[13] を用いる．

**定理 1.9**　方策 $\pi$，$\overline{\pi}$ の期待累積報酬 $J(\pi)$，$J(\overline{\pi})$ に対して

$$J(\pi) = J(\overline{\pi}) + \mathbb{E}^\pi \left[ \sum_{t=0}^{T-1} \gamma^t a^{\overline{\pi}}(S_t, A_t) \right] \tag{1.45}$$

という関係式が成り立つ．

**証明**　方策 $\pi$，$\overline{\pi}$ の期待累積報酬の差を次のように展開する．

$$
\begin{aligned}
&J(\pi) - J(\overline{\pi}) \\
&= \mathbb{E}^\pi \left[ \sum_{t=0}^{T-1} \gamma^t R(S_t, A_t) \right] - \mathbb{E}_{S_0 \sim \rho_0(\cdot)} v^{\overline{\pi}}(S_0) \\
&= \mathbb{E}^\pi \left[ \sum_{t=0}^{T-1} \gamma^t R(S_t, A_t) - v^{\overline{\pi}}(S_0) \right] \tag{1.46} \\
&= \mathbb{E}^\pi \left[ \sum_{t=0}^{T-1} \gamma^t R(S_t, A_t) - \sum_{t=0}^{T-1} \left( \gamma^t v^{\overline{\pi}}(S_t) - \gamma^{t+1} v^{\overline{\pi}}(S_{t+1}) \right) \right] \tag{1.47} \\
&= \mathbb{E}^\pi \left[ \sum_{t=0}^{T-1} \gamma^t \left( R(S_t, A_t) + \gamma v^{\overline{\pi}}(S_{t+1}) - v^{\overline{\pi}}(S_t) \right) \right] \tag{1.48} \\
&= \mathbb{E}^\pi \left[ \sum_{t=0}^{T-1} \gamma^t a^{\overline{\pi}}(S_t, A_t) \right] \tag{1.49}
\end{aligned}
$$

以上より，定理 1.9 が示された．ここで，式 (1.46) から式 (1.47) の式変形では $v^{\overline{\pi}}(S_T) = 0$ を用いた．また式 (1.48) から式 (1.49) の式変形では

$$\mathbb{E}_{S_{t+1} \sim \rho_{a_t}(\cdot \mid s_t)} \left[ R(s_t, a_t) + \gamma v^{\overline{\pi}}(S_{t+1}) - v^{\overline{\pi}}(s_t) \right]$$

$$= q^{\overline{\pi}}(s_t, a_t) - v^{\overline{\pi}}(s_t) = a^{\overline{\pi}}(s_t, a_t)$$

という関係式を用いた. □

定理 1.9 において, $\overline{\pi}$ を現在手もとに持っている方策とすると, 式 (1.45) の左辺を $\pi$ に関して最大化する代わりに, 右辺の

$$\mathbb{E}^{\pi} \left[ \sum_{t=0}^{T-1} \gamma^t a^{\overline{\pi}}(S_t, A_t) \right] \tag{1.50}$$

を $\pi$ に関して最大化することが正当化される. ただし, $\pi$ に従う軌跡に関する期待値を計算する必要があるため, 式 (1.50) の最大化は簡単ではない.

式 (1.50) の時刻 $t$ の項を取り出してみると

$$\mathbb{E}^{\pi} \left[ \gamma^t a^{\overline{\pi}}(S_t, A_t) \right] = \gamma^t \sum_{(s,a) \in \mathcal{S} \times \mathcal{A}} p_t^{\pi}(s) \pi(a \mid s) a^{\overline{\pi}}(s, a)$$

が成り立つが, もし仮に $p_t^{\pi}(s)$ を $p_t^{\overline{\pi}}(s)$ で置き換えられたとすると

$$\gamma^t \sum_{(s,a) \in \mathcal{S} \times \mathcal{A}} p_t^{\overline{\pi}}(s) \pi(a \mid s) a^{\overline{\pi}}(s, a) = \gamma^t \mathbb{E}^{\overline{\pi}} \left[ \frac{\pi(A_t \mid S_t)}{\overline{\pi}(A_t \mid S_t)} a^{\overline{\pi}}(S_t, A_t) \right]$$

となり, $\pi$ に関してより最適化しやすくなることがわかる. この置換えをすべての時刻 $t = 0, 1, \ldots, T-1$ の項に対して行うことで, 代理アドバンテージ関数を導出することができる.

次に $p_t^{\pi}(s)$ を $p_t^{\overline{\pi}}(s)$ で置き換えることの正当性について説明する. この置換えは, $\pi$ と $\overline{\pi}$ が近ければ正当化されると期待できる. 実際, 定理 1.10 に示すように, $\pi$ と $\overline{\pi}$ が KL 情報量の意味で近ければ, $L_{\overline{\pi}}(\pi)$ を $\pi$ について最大化することで $J(\pi)$ を改善することができる.

定理 1.10 方策 $\pi$, $\overline{\pi}$ に対して

$$J(\pi) - J(\overline{\pi}) \geq L_{\overline{\pi}}(\pi) - 4\varepsilon \frac{\gamma(1 - \gamma^T)}{(1 - \gamma)^2} \left( \max_{s \in \mathcal{S}} \mathrm{TV}(\overline{\pi}(\cdot \mid s), \pi(\cdot \mid s)) \right)^2$$

$$\geq L_{\overline{\pi}}(\pi) - 4\varepsilon \frac{\gamma(1 - \gamma^T)}{(1 - \gamma)^2} \max_{s \in \mathcal{S}} \mathrm{KL}(\overline{\pi}(\cdot \mid s), \pi(\cdot \mid s))$$

が成り立つ.

定理 1.10 より

$$\pi_{k+1} = \operatorname*{argmax}_{\pi} \left( L_{\pi_k}(\pi) - C \max_{s \in \mathcal{S}} \mathrm{KL}(\pi_k(\cdot \mid s) \parallel \pi(\cdot \mid s)) \right) \qquad (1.51)$$

と方策を更新することで,方策 $\pi_k$ の価値よりも高い価値を持つ方策 $\pi_{k+1}$ が得られることが期待できる.これが TRPO の理論的な背景である.

ただし,式 (1.51) の更新式は実用上いくつか問題があるため,実際にはこれを近似した更新式がよく用いられる.まず状態空間における KL 情報量の最大値を求める必要があり,状態空間が巨大な場合は目的関数の計算が困難であるという問題がある.この問題に対しては,近似計算がしやすい期待値演算を最大値演算の代わりに用いることで対応する.たとえば

$$\pi_{k+1} = \operatorname*{argmax}_{\pi} L_{\pi_k}(\pi) - C\mathbb{E}^{\pi_k} \left[ \sum_{t=0}^{T-1} \gamma^t \mathrm{KL}(\pi_k(\cdot \mid S_t) \parallel \pi(\cdot \mid S_t)) \right]$$

という更新式を用いる.

また,KL 情報量の係数に登場する $C$ の理論値は大きすぎることが多く,その場合,ほとんど方策が更新されなくなってしまうため,この値をハイパーパラメタとして調整する.著者らによると,この係数の値を調整することは難しく,次の制約付き最適化問題に変換して $\delta$ をハイパーパラメタとしたほうがハイパーパラメタの調整がやりやすいことが多い.したがって,TRPO では,次に示す制約付き最適化問題を解くことで方策を更新する.

$$\boldsymbol{\theta}_{k+1} = \operatorname*{argmax}_{\boldsymbol{\theta}} L_{\boldsymbol{\theta}_k}(\boldsymbol{\theta})$$

$$\text{subject to} \quad \mathbb{E}^{\pi_{\boldsymbol{\theta}_k}} \left[ \sum_{t=0}^{T-1} \gamma^t \mathrm{KL}(\pi_{\boldsymbol{\theta}_k}(\cdot \mid S_t) \parallel \pi_{\boldsymbol{\theta}}(\cdot \mid S_t)) \right] \leq \delta \qquad (1.52)$$

**定理 1.10 の証明** 任意の集合 $\mathcal{X}$ 上に定義された 2 つの確率分布 $p(x)$, $\overline{p}(x) \in \Delta(\mathcal{X})$ の間の全変動距離を

$$\mathrm{TV}(p(\cdot), \overline{p}(\cdot)) := \max_{x \in \mathcal{X}} |p(x) - \overline{p}(x)|$$

として,2 つの方策 $\pi$, $\overline{\pi}$ の間の距離を

$$\alpha := \max_{s \in \mathcal{S}} \mathrm{TV}(\pi(\cdot \mid s), \overline{\pi}(\cdot \mid s))$$

とする．このような距離関係にある 2 つの方策 $\pi$, $\overline{\pi}$ に対して，次の性質を持つ同時分布 $p(a, \overline{a} \mid s)$ が存在することが知られている[14]．すなわち，状態 $s$ で条件付けられたもとでの確率変数 $A$, $\overline{A}$ の同時分布 $p(a, \overline{a} \mid s)$ で，任意の状態 $s \in \mathcal{S}$ について

$$\sum_{a \in \mathcal{A}} p(a, \overline{a} \mid s) = \overline{\pi}(\overline{a} \mid s),$$

$$\sum_{\overline{a} \in \mathcal{A}} p(a, \overline{a} \mid s) = \pi(a \mid s),$$

$$\mathbb{P}\left[A \neq \overline{A} \mid s\right] \leq \alpha \tag{1.53}$$

を満たす条件付き同時分布が存在する．これは，周辺分布が $\pi$ と $\overline{\pi}$ に一致し，$A$ と $\overline{A}$ が相関する確率分布である．

この条件付き同時分布に従って毎時刻で行動選択を繰り返すとし，時刻 $t$ の行動に相当する確率変数をそれぞれ $A_t$, $\overline{A}_t$ とする．時刻 $t$ になった時点でそれぞれの行動系列がすべての時刻で全く同じである事象を $E_t$ とおき，その余事象を $\overline{E_t}$ とおく．すると式 (1.53) より

$$\mathbb{P}[E_t] \geq (1 - \alpha)^t, \quad \mathbb{P}[\overline{E_t}] \leq 1 - (1 - \alpha)^t$$

が成り立つ．このうち $\overline{E_t}$ の確率を

$$p_t := \mathbb{P}[\overline{E_t}](\leq 1 - (1 - \alpha)^t)$$

とおく．直観的には $p_t$ の大きさと，方策 $\pi$ と $\overline{\pi}$ との距離が対応している．

これを用いると

$$
\begin{aligned}
J(\pi) - J(\overline{\pi}) &= \mathbb{E}^{\pi}\left[\sum_{t=0}^{T-1} \gamma^t a^{\overline{\pi}}(S_t, A_t)\right] \\
&= \mathbb{E}^{\pi}\left[\sum_{t=0}^{T-1} \gamma^t \sum_{a \in \mathcal{A}} \pi(a \mid S_t) a^{\overline{\pi}}(S_t, a)\right] \\
&= \sum_{t=0}^{T-1} \gamma^t \left(\mathbb{P}[E_t]\mathbb{E}^{\pi}\left[\sum_{a \in \mathcal{A}} \pi(a \mid S_t) a^{\overline{\pi}}(S_t, a) \,\middle|\, E_t\right]\right.
\end{aligned}
$$

$$+ \mathbb{P}[\overline{E_t}]\mathbb{E}^\pi \left[ \sum_{a \in \mathcal{A}} \pi(a \mid S_t)a^{\overline{\pi}}(S_t, a) \;\middle|\; \overline{E_t} \right] \Bigg)$$

と書ける．ここで第 1 項は $E_t$ で条件付けているため，$A_t = \overline{A}_t$ $(t = 0, 1, \ldots, T - 1)$ が成り立つ．よって，方策 $\pi$ の軌跡に関する期待値を方策 $\overline{\pi}$ の軌跡に関する期待値で置き換えることができる．したがって

$$\sum_{t=0}^{T-1} \gamma^t \mathbb{P}[E_t]\mathbb{E}^\pi \left[ \sum_{a \in \mathcal{A}} \pi(a \mid S_t)a^{\overline{\pi}}(S_t, a) \;\middle|\; E_t \right]$$

$$= \sum_{t=0}^{T-1} \gamma^t (1 - p_t)\mathbb{E}^{\overline{\pi}} \left[ \sum_{a \in \mathcal{A}} \pi(a \mid S_t)a^{\overline{\pi}}(S_t, a) \right]$$

$$= \sum_{t=0}^{T-1} \gamma^t (1 - p_t)\mathbb{E}^{\overline{\pi}} \left[ \frac{\pi(A_t \mid S_t)}{\overline{\pi}(A_t \mid S_t)}a^{\overline{\pi}}(S_t, A_t) \right]$$

$$= L_{\overline{\pi}}(\pi) - \sum_{t=0}^{T-1} \gamma^t p_t \mathbb{E}^{\overline{\pi}} \left[ \frac{\pi(A_t \mid S_t)}{\overline{\pi}(A_t \mid S_t)}a^{\overline{\pi}}(S_t, A_t) \right]$$

$$\geq L_{\overline{\pi}}(\pi) - \sum_{t=0}^{T-1} \gamma^t p_t \max_{s \in \mathcal{S}} \left( \sum_{a \in \mathcal{A}} \pi(a \mid s)a^{\overline{\pi}}(s, a) \right)$$

と下から抑えられる．第 2 項は

$$\sum_{t=0}^{T-1} \gamma^t \mathbb{P}[\overline{E_t}]\mathbb{E}^\pi \left[ \sum_{a \in \mathcal{A}} \pi(a \mid S_t)a^{\overline{\pi}}(S_t, a) \;\middle|\; \overline{E_t} \right]$$

$$\geq -\sum_{t=0}^{T-1} \gamma^t p_t \max_{s \in \mathcal{S}} \left[ \sum_{a \in \mathcal{A}} \pi(a \mid s)a^{\overline{\pi}}(s, a) \right]$$

と下から抑えられるため，これらをまとめると

$$J(\pi) - J(\overline{\pi}) \geq L_{\overline{\pi}}(\pi) - 2\sum_{t=0}^{T-1} \gamma^t p_t \max_{s \in \mathcal{S}} \left[ \sum_{a \in \mathcal{A}} \pi(a \mid s)a^{\overline{\pi}}(s, a) \right]$$

が得られる．方策 $\pi$ と $\overline{\pi}$ が近いほど $p_t$ は小さくなり，上式の右辺が $L_{\overline{\pi}}(\pi)$ に近づくため，代理アドバンテージ関数は価値の差 $J(\pi) - J(\overline{\pi})$ をより良く近似できるようになる．

　ここで，$\varepsilon = \max_{s \in \mathcal{S}, a \in \mathcal{A}} |a^{\overline{\pi}}(s, a)|$ とおくと

$$\max_{s\in\mathcal{S}}\left[\sum_{a\in\mathcal{A}}\pi(a\mid s)a^{\overline{\pi}}(s,a)\right]=\max_{s\in\mathcal{S}}\left[\sum_{a\in\mathcal{A}}(\pi(a\mid s)-\overline{\pi}(a\mid s))a^{\overline{\pi}}(s,a)\right]$$

$$\leq\alpha\max_{s\in\mathcal{S}}\max_{a,\overline{a}}|a^{\overline{\pi}}(s,a)-a^{\overline{\pi}}(s,\overline{a})|\leq 2\alpha\max_{s\in\mathcal{S}}\max_{a\in\mathcal{A}}|a^{\overline{\pi}}(s,a)|=2\alpha\varepsilon$$

が成り立つことと

$$\sum_{t=0}^{T-1}\gamma^t p_t \leq \sum_{t=0}^{T-1}\gamma^t\left(1-(1-\alpha)^t\right)$$

$$=\frac{1-\gamma^T}{1-\gamma}-\frac{1-\gamma^T(1-\alpha)^T}{1-\gamma(1-\alpha)}$$

$$=\frac{(1-\gamma^T)(1-\gamma(1-\alpha))-(1-\gamma)(1-\gamma^T(1-\alpha)^T)}{(1-\gamma)(1-\gamma(1-\alpha))}$$

$$=\frac{\gamma\alpha-\gamma^T+\gamma^{T+1}(1-\alpha)+\gamma^T(1-\alpha)^T-\gamma^{T+1}(1-\alpha)^T}{(1-\gamma)(1-\gamma(1-\alpha))}$$

$$\leq\frac{\gamma(1-\gamma^T)}{(1-\gamma)(1-\gamma(1-\alpha))}\alpha\leq\frac{\gamma(1-\gamma^T)}{(1-\gamma)^2}\alpha$$

が成り立つことを用いると

$$J(\pi)-J(\overline{\pi})\geq L_{\overline{\pi}}(\pi)-4\alpha^2\frac{\gamma(1-\gamma^T)}{(1-\gamma)^2}\varepsilon$$

$$=L_{\overline{\pi}}(\pi)-4\varepsilon\frac{\gamma(1-\gamma^T)}{(1-\gamma)^2}\left(\max_{s\in\mathcal{S}}\mathrm{TV}(\overline{\pi}(\cdot\mid s),\pi(\cdot\mid s))\right)^2$$

が成り立つことが示された.

また Pinsker の不等式より

$$\mathrm{TV}(\overline{\pi}(\cdot\mid s),\pi(\cdot\mid s))^2\leq\frac{1}{2}\mathrm{KL}(\overline{\pi}(\cdot\mid s)\parallel\pi(\cdot\mid s))$$

が成り立つため

$$J(\pi)-J(\overline{\pi})$$

$$\geq L_{\overline{\pi}}(\pi)-2\varepsilon\frac{\gamma(1-\gamma^T)}{(1-\gamma)^2}\left(\max_{s\in\mathcal{S}}\mathrm{KL}(\overline{\pi}(\cdot\mid s)\parallel\pi(\cdot\mid s))\right)$$

が成り立つことが示された. □

## 近 似 計 算

TRPO の更新式に従って方策のパラメタを更新するためには制約付き最適化問題（式 (1.52)）を解く必要がある．本項では，その制約付き最適化問題を近似的にではあるが効率的に解くアルゴリズムを説明する．

基本的なアイデアは

(1) 目的関数を線形近似，制約式を 2 次式で近似した最適化問題を解くことでパラメタの更新方向を決める

(2) 直線探索を行い，制約を満たしつつ目的関数が改善されるようにパラメタを更新する

という 2 ステップで方策のパラメタを更新することである．以下，具体的な更新式を導出する．

まず目的関数を $\boldsymbol{\theta}_k$ の周りでテイラー展開し

$$L_{\boldsymbol{\theta}_k}(\boldsymbol{\theta}) \approx L_{\boldsymbol{\theta}_k}(\boldsymbol{\theta}_k) + \boldsymbol{g}^\top (\boldsymbol{\theta} - \boldsymbol{\theta}_k)$$

と近似する．ここで $\boldsymbol{g} = \nabla_{\boldsymbol{\theta}} L_{\boldsymbol{\theta}_k}(\boldsymbol{\theta})|_{\boldsymbol{\theta}=\boldsymbol{\theta}_k}$ とする．また制約式も $\boldsymbol{\theta}_k$ の周りでテイラー展開し，それぞれの KL 情報量を

$$\mathrm{KL}(\pi_{\boldsymbol{\theta}_k}(\cdot \mid S_t) \parallel \pi_{\boldsymbol{\theta}}(\cdot \mid S_t)) \approx \frac{1}{2}(\boldsymbol{\theta} - \boldsymbol{\theta}_k)^\top H (\boldsymbol{\theta} - \boldsymbol{\theta}_k)$$

と近似する．ここで $H$ は KL 情報量のヘッセ行列とする．

このようにして得られる制約付き最適化問題は解析的に解くことができ，

$$\boldsymbol{\theta}^\star = \boldsymbol{\theta}_k + \sqrt{\frac{2\delta}{\boldsymbol{g}^\top H^{-1} \boldsymbol{g}}} H^{-1} \boldsymbol{g} \tag{1.54}$$

が最適解であることがわかる．ただし，この $\boldsymbol{\theta}^\star$ がもとの最適化問題（式 (1.52)）の目的関数の値を改善するか，そして制約を満たすかはわからないため，パラメタ $\boldsymbol{\theta}_k$ を $H^{-1} \boldsymbol{g}$ の方向に更新しつつ，その更新幅は直線探索で決める．

式 (1.54) の更新式にはヘッセ行列の逆行列が含まれるが，パラメタ数が多いモデルに対してこれを計算することは時間・空間計算量の観点から現実的ではないという問題もある．これに対して

$$H \boldsymbol{x} = \boldsymbol{g}$$

という線形方程式を共役勾配法（CG 法）を用いて解くことで，$H^{-1}g$ を求める手法が提案されている．共役勾配法は，あるベクトル $v$ に対して $Hv$ を計算する関数があれば実行でき，またそのような関数を $H$ を陽に構成しなくても計算する方法が存在するため，空間計算量の課題を解決することができる．

### 1.6.2　近接方策最適化（PPO）

前項で説明した TRPO は実装が複雑になる上，計算量の課題もあった．**近接方策最適化**（Proximal Policy Optimization, **PPO**）[15] は，TRPO の考え方を継承しつつも，それをさらに使いやすく簡略化した手法である．

TRPO は，$\pi_{\boldsymbol{\theta}}$ が $\pi_{\boldsymbol{\theta}_k}$ から離れすぎない範囲内で

$$L_{\boldsymbol{\theta}_k}(\boldsymbol{\theta}) = \mathbb{E}^{\pi_{\boldsymbol{\theta}_k}}\left[\sum_{t=0}^{T-1} \gamma^t \frac{\pi_{\boldsymbol{\theta}}(A_t \mid S_t)}{\pi_{\boldsymbol{\theta}_k}(A_t \mid S_t)} a^{\pi_{\boldsymbol{\theta}_k}}(S_t, A_t)\right]$$

を $\boldsymbol{\theta}$ に関して最大化してパラメタを更新するという手法だった．この「$\pi_{\boldsymbol{\theta}}$ が $\pi_{\boldsymbol{\theta}_k}$ から離れすぎない」という制約は，「$\frac{\pi_{\boldsymbol{\theta}}(a\mid s)}{\pi_{\boldsymbol{\theta}_k}(a\mid s)}$ が 1 から離れすぎない」という制約に言い換えることができる．この言い換えを用いると

$$\ell_\varepsilon(\pi_{\boldsymbol{\theta}}, \pi_{\boldsymbol{\theta}_k}, a^{\pi_{\boldsymbol{\theta}_k}}, s, a)$$
$$= \min\left(\frac{\pi_{\boldsymbol{\theta}}(a \mid s)}{\pi_{\boldsymbol{\theta}_k}(a \mid s)} a^{\pi_{\boldsymbol{\theta}_k}}(s, a), \operatorname{clip}\left(\frac{\pi_{\boldsymbol{\theta}}(a \mid s)}{\pi_{\boldsymbol{\theta}_k}(a \mid s)}, 1 - \varepsilon, 1 + \varepsilon\right) a^{\pi_{\boldsymbol{\theta}_k}}(s, a)\right) \tag{1.55}$$

とおいた上で

$$\widetilde{L}_{\boldsymbol{\theta}_k}(\boldsymbol{\theta}) := \mathbb{E}^{\pi_{\boldsymbol{\theta}_k}}\left[\sum_{t=0}^{T-1} \gamma^t \ell_\varepsilon(\pi_{\boldsymbol{\theta}}, \pi_{\boldsymbol{\theta}_k}, a^{\pi_{\boldsymbol{\theta}_k}}, S_t, A_t)\right] \tag{1.56}$$

を最大化すればよいことになる．ここで，$x_\perp < x_\top$ となる実数 $x_\perp$, $x_\top$ に対して，$\operatorname{clip}(x, x_\perp, x_\top)$ は，$x$ の値を $[x_\perp, x_\top]$ の範囲に制限する関数で

$$\operatorname{clip}(x, x_\perp, x_\top) = \begin{cases} x_\perp & (x < x_\perp) \\ x & (x_\perp \le x \le x_\top) \\ x_\top & (x > x_\top) \end{cases} \tag{1.57}$$

と定義される．PPO は，式 (1.56) を $\boldsymbol{\theta}$ に関して最大化することを繰り返す．

式 (1.55) の直観的な説明をする．アドバンテージ関数の値 $a^{\pi_{\theta_k}}(s,a)$ が正のとき

$$\ell_\varepsilon(\pi_{\boldsymbol{\theta}}, \pi_{\boldsymbol{\theta}_k}, a^{\pi_{\theta_k}}, s, a) = \min\left(\frac{\pi_{\boldsymbol{\theta}}(a \mid s)}{\pi_{\boldsymbol{\theta}_k}(a \mid s)}, (1+\varepsilon)\right) a^{\pi_{\theta_k}}(s,a)$$

となる．このとき $\frac{\pi_{\boldsymbol{\theta}}(a|s)}{\pi_{\boldsymbol{\theta}_k}(a|s)}$ を大きくする方向にパラメタを更新するようになるが，クリッピングを施しているため，この比が $1+\varepsilon$ を超えないようにする機構が働く．よって $\pi_{\boldsymbol{\theta}_k}$ と $\pi_{\boldsymbol{\theta}}$ が離れすぎない範囲でパラメタを更新できる．

またアドバンテージ関数の値 $a^{\pi_{\theta_k}}(s,a)$ が負のとき

$$\ell_\varepsilon(\pi_{\boldsymbol{\theta}}, \pi_{\boldsymbol{\theta}_k}, a^{\pi_{\theta_k}}, s, a) = \max\left(\frac{\pi_{\boldsymbol{\theta}}(a \mid s)}{\pi_{\boldsymbol{\theta}_k}(a \mid s)}, (1-\varepsilon)\right) a^{\pi_{\theta_k}}(s,a)$$

となる．このとき $\frac{\pi_{\boldsymbol{\theta}}(a|s)}{\pi_{\boldsymbol{\theta}_k}(a|s)}$ を小さくする方向にパラメタを更新するようになるが，先と同様にクリッピングにより，この比が $1-\varepsilon$ より小さくならないようにする機構が働く．よって，この場合も同様に $\pi_{\boldsymbol{\theta}_k}$ と $\pi_{\boldsymbol{\theta}}$ が離れすぎない範囲でパラメタを更新できる．

以上より，いずれの場合であっても $\pi_{\boldsymbol{\theta}_k}$ と $\pi_{\boldsymbol{\theta}}$ が離れすぎない範囲で代理アドバンテージ関数を最大化することができることがわかった．また，TRPO の更新式と比較すると，式 (1.56) を最適化する際にはヘッセ行列の計算も不要で，一般的な確率的勾配上昇法を用いて最適化できるため，計算量や実装の容易さの観点からも優れているといえる．

### 1.6.3　深層決定的方策勾配法（DDPG）

深層ニューラルネットワークを用いて決定的方策勾配法（1.4.6 項）を実行する手法の 1 つに**深層決定的方策勾配法**（Deep Deterministic Policy Gradient, **DDPG**）[16] がある．決定的方策勾配法では行動価値関数を推定する必要があったが，深層ニューラルネットワークを用いて行動価値関数を推定する際には 1.3.4 項と同様の工夫をする必要がある．DDPG は，そのような工夫を組み合わせた決定的方策勾配法である．

行動価値関数のモデルを $q_{\boldsymbol{\phi}} \colon \mathcal{S} \times \mathcal{A} \to \mathbb{R}$ とし，決定的な方策のモデルを $\pi_{\boldsymbol{\theta}} \colon \mathcal{S} \to \mathcal{A}$ とする．DDPG のアルゴリズムの大枠は決定的方策勾配法と同様で，決定的方策に対する方策勾配の公式（式 (1.37)）に行動価値関数のモデルと方策のモデルを代入して

$$\nabla_{\boldsymbol{\theta}} J(\boldsymbol{\theta}) \approx \mathbb{E}^{\pi_{\boldsymbol{\theta}}} \left[ \sum_{t=0}^{T-1} \gamma^t \left. \nabla_a q_{\boldsymbol{\phi}}(S_t, a) \right|_{a=\pi_{\boldsymbol{\theta}}(S_t)} \nabla_{\boldsymbol{\theta}} \pi_{\boldsymbol{\theta}}(S_t) \right]$$

と方策勾配を推定して,勾配法に従って方策のパラメタを更新するという手続きを繰り返せばよい.

DDPG の特徴は,行動価値関数の推定に深層 Q 学習と似た工夫を施す点にある.まず深層 Q 学習と同様に,オンラインに相互作用して得た経験をそのまま学習に用いるのではなく,経験再生の仕組みを用いて経験間の相関を取り除いて用いる.再生メモリから得た経験のミニバッチを $\mathcal{D} = \{(s_n, a_n, s'_n, r_n)\}_{n=1}^{N}$ と書く.また,行動価値関数と方策のモデル $q_{\boldsymbol{\phi}}$, $\pi_{\boldsymbol{\theta}}$ に対して,目標行動価値関数と目標方策 $q_{\boldsymbol{\phi}_{\mathrm{target}}}$, $\pi_{\boldsymbol{\theta}_{\mathrm{target}}}$ を用意して

$$\ell(\phi; \mathcal{D}) = \frac{1}{2N} \sum_{(s,a,s',r) \in \mathcal{D}} \left( r + \gamma q_{\boldsymbol{\phi}_{\mathrm{target}}}(s', \pi_{\boldsymbol{\theta}_{\mathrm{target}}}(s')) - q_{\boldsymbol{\phi}}(s, a) \right)^2$$

を小さくする方向に $\phi$ を更新して行動価値関数を推定する.目標行動価値関数や目標方策のパラメタは,小さい更新幅 $\rho \ll 1$ を用いて

$$\phi_{\mathrm{target}} \leftarrow \rho\phi + (1 - \rho)\phi_{\mathrm{target}},$$

$$\boldsymbol{\theta}_{\mathrm{target}} \leftarrow \rho\boldsymbol{\theta} + (1 - \rho)\boldsymbol{\theta}_{\mathrm{target}}$$

と更新する.深層 Q 学習では目標行動価値関数や目標方策のパラメタを,行動価値関数や方策のパラメタで直接書き換えていた(上の更新式では $\rho = 1$ に相当する)が,上の更新式を用いることでより安定してこれらのパラメタを学習できるとされている.

以上の工夫をまとめると,DDPG のアルゴリズムはアルゴリズム 1.8 のように与えられる.

### 1.6.4 2 重遅延型深層決定的方策勾配法(TD3)

**2 重遅延型深層決定的方策勾配法**(Twin Delayed DDPG, **TD3**)[17] は,DDPG の課題を解決した手法である.上述のように,DDPG はアクタークリティック法に基づく手法で,方策と行動価値関数の両者を並行して推定していく必要がある.このうち,行動価値関数の推定を誤ると,それをもとに推定される方策もうまく推定できなくなるため,行動価値関数の推定が重要である.

---

**アルゴリズム 1.8**　**深層決定的方策勾配法（DDPG）**

**入力**：行動価値関数の推定器のパラメタ $\phi$ と方策のパラメタ $\theta$，行動の探索度 $\sigma > 0$，再生メモリのサイズ $N$，ミニバッチサイズ $M$，学習率 $\alpha$，目標更新幅 $\tau \in (0, 1)$

**出力**：方策

1: サイズ $N$ の再生メモリ $\mathcal{D}$ を初期化
2: $\phi_{\text{target}} \leftarrow \phi$, $\theta_{\text{target}} \leftarrow \theta$
3: **for** $k = 1, 2, \ldots, K$ **do**
4: 　初期状態 $s_0$ をサンプリングし，$t = 0$ と初期化
5: 　**while** $s_t \neq s_\perp$ **do**
6: 　　$a_t = \pi_\theta(s_t) + \varepsilon$ $(\varepsilon \sim \mathcal{N}(0, \sigma^2))$
7: 　　環境に行動 $a_t$ を施し，報酬 $r_t$ と次状態 $s_{t+1}$ を得る
8: 　　再生メモリ $\mathcal{D}$ に $(s_t, a_t, r_t, s_{t+1})$ を追加
9: 　　再生メモリ $\mathcal{D}$ からサイズ $M$ の経験のミニバッチ $\overline{\mathcal{D}}$ を取得
10: 　　$y(s', r) = r + \gamma q_{\phi_{\text{target}}}(s', \pi_{\theta_{\text{target}}}(s'))$
11: 　　$\phi \leftarrow \text{argmin}_\phi \mathbb{E}_{(S,A,S',R) \sim \overline{\mathcal{D}}}(y(S', R) - q_\phi(S, A))^2$
12: 　　$\theta \leftarrow \theta + \alpha \mathbb{E}_{(S,A,S',R) \sim \overline{\mathcal{D}}}[\nabla_a q_\phi(S, a)|_{a = \pi_\theta(S)} \nabla_\theta \pi_\theta(S)]$
13: 　　$\phi_{\text{target}} \leftarrow \tau \phi + (1 - \tau) \phi_{\text{target}}$
14: 　　$\theta_{\text{target}} \leftarrow \tau \theta + (1 - \tau) \theta_{\text{target}}$
15: 　　$t \leftarrow t + 1$
16: **return** $\pi_\theta$

---

TD3 は，DDPG の行動価値関数の推定が失敗する状況をいくつかに分類し，それぞれに対して推定がうまくいくように改良を加えた手法である．以下，それぞれについて説明したのち，アルゴリズムの全体像を示す．

**過大評価バイアス**

　まず DDPG の課題として，行動価値関数が方策の価値を過剰に見積もる問題がある．これは Q 学習でも生じる問題であるが，一般的に予測モデルで推定した価値を良くするような行動は，実際には推定値ほどは良くない価値であることが多く，そのため学習アルゴリズムで方策が改善されているように見えても，得られた方策の実際の価値は高くないということになる．たとえば Q 学習では

$$\widehat{q}^{\star}(s,a) \leftarrow (1-\alpha)\widehat{q}^{\star}(s,a) + \alpha \left[ r + \gamma \max_{a' \in \mathcal{A}} \widehat{q}^{\star}(s',a') \right] \tag{1.58}$$

と最適行動価値関数の推定値を更新するが，$\max_{a' \in \mathcal{A}} \widehat{q}^{\star}(s',a')$ は実際の最良行動の価値よりも高く見積もられることが多い．これは，推定された最適行動価値関数を最大にする行動

$$a^{\star} = \operatorname*{argmax}_{a' \in \mathcal{A}} \widehat{q}^{\star}(s',a')$$

の価値を，同じ関数を用いて $\widehat{q}^{\star}(s',a^{\star})$ と評価することに起因する[16]．これを過大評価バイアスと呼ぶ．

Q 学習に対してこの過大評価バイアスを解決するための方法として，2 重 Q 学習[18] が知られている．過大評価の原因は，最適な行動 $a^{\star}$ を求めるために使う行動価値関数と，その行動の価値を評価するために使う行動価値関数が同じであることであるから，それぞれに用いる行動価値関数を分けることでこの問題を解決できると期待できる．2 重 Q 学習ではこれを実現するために，最適行動価値関数の推定量として $\widehat{q}_1, \widehat{q}_2$ の 2 つを用意し

$$a_1^{\star} = \operatorname*{argmax}_{a' \in \mathcal{A}} \widehat{q}_1^{\star}(s',a'),$$

$$a_2^{\star} = \operatorname*{argmax}_{a' \in \mathcal{A}} \widehat{q}_2^{\star}(s',a'),$$

$$\widehat{q}_1^{\star}(s,a) \leftarrow (1-\alpha)\widehat{q}_1^{\star}(s,a) + \alpha \left[ r + \gamma \widehat{q}_1^{\star}(s',a_2^{\star}) \right],$$

$$\widehat{q}_2^{\star}(s,a) \leftarrow (1-\alpha)\widehat{q}_2^{\star}(s,a) + \alpha \left[ r + \gamma \widehat{q}_2^{\star}(s',a_1^{\star}) \right]$$

と更新する．このように，最適行動を求める価値関数と，その行動の価値を評価する価値関数を分けることで，過大評価バイアスを小さくすることができる．

2 重 Q 学習を DDPG に適用する際には，1 つの目標方策 $\pi_{\boldsymbol{\theta}_{\text{target}}}$ と，2 つの行動価値関数 $q_{\boldsymbol{\phi}^{(1)}}, q_{\boldsymbol{\phi}^{(2)}}$，2 つの目標行動価値関数 $q_{\boldsymbol{\phi}_{\text{target}}^{(1)}}, q_{\boldsymbol{\phi}_{\text{target}}^{(2)}}$ を用意することになる．これらの行動価値関数を更新する際に

$$y(s',r) = r + \gamma \min_{i=1,2} q_{\boldsymbol{\phi}_{\text{target}}^{(i)}}(s', \pi_{\boldsymbol{\theta}_{\text{target}}}(s')) \tag{1.59}$$

---

[16]これは教師あり学習で，訓練データを使って推定した予測器の性能を，同じ訓練データを使い回して推定することと本質的に同じである．

と目的値を定めた上で，経験のミニバッチ $\mathcal{D}$ に対して

$$\frac{1}{2}\mathbb{E}_{(s,a,s',r)\sim\mathcal{D}}(y(S',R) - q_{\phi_1}(S,A))^2,$$

$$\frac{1}{2}\mathbb{E}_{(s,a,s',r)\sim\mathcal{D}}(y(S',R) - q_{\phi_2}(S,A))^2$$

を小さくする方向に $\phi_1$ と $\phi_2$ を更新する．目標値を計算する際に，2 つの行動価値関数の最小値をとった値を用いることで，過大評価を起こしにくくする効果が期待できる．

### 目標方策・目標行動価値関数の更新頻度

DDPG では，行動価値関数の学習を安定化させるために，目標行動価値関数や目標方策のパラメタを小さい更新幅を用いて更新していたが，TD3 ではそれをさらに推し進めて，$d \in \mathbb{N}$ というパラメタを導入し，目標行動価値関数や目標方策だけでなく，方策自体のパラメタの更新も $d$ 回に 1 回にすることを提案している．このように更新頻度を落とすことで，行動価値関数の推定誤差をより小さくすることができ，その結果より安定した学習ができると期待できる．

### 目標方策の平滑化

行動価値関数の更新のための目標値を計算するときに決定的方策を用いると，行動価値関数がたまたま大きい値をとるような行動をとった場合，必要以上に大きい目標値になってしまい価値の推定に失敗することがありえる．TD3 ではこの問題を解決するために，目標方策の行動にノイズを載せて平滑化することを提案している．つまり目標値を計算するときに式 (1.59) のように目標方策から得られる行動をそのまま使うのではなく，$\sigma > 0$，$c > 0$ として

$$\varepsilon \sim \mathcal{N}(0, \sigma^2),$$

$$\overline{a}' = \pi_{\boldsymbol{\theta}_{\text{target}}}(s') + \text{clip}(\varepsilon, -c, c),$$

$$y(s', r) = r + \gamma \min_{i=1,2} q_{\phi^{(i)}_{\text{target}}}(s', \overline{a}')$$

と目標値を計算することで．上記の問題を解決することを狙う．ここで $\text{clip}(x, a, b)$ は，$x$ の値を $[a, b]$ の範囲に制限する関数で，式 (1.57) のように定義される．

## アルゴリズム

以上をまとめると，TD3 のアルゴリズムとしてアルゴリズム 1.9 が得られる．

---

**アルゴリズム 1.9　2 重遅延型深層決定的方策勾配法（TD3）**

**入力**：行動価値関数の推定器のパラメタ $\phi^{(1)}$, $\phi^{(2)}$ と方策のパラメタ $\boldsymbol{\theta}$，行動の探索度 $\sigma > 0$，目的方策の平滑度 $\overline{\sigma} > 0$，目標方策の制限範囲 $c > 0$，再生メモリのサイズ $N$，ミニバッチサイズ $M$，更新頻度 $d \in \mathbb{N}$，学習率 $\alpha$，目標更新幅 $\tau \in (0,1)$

**出力**：方策

1: サイズ $N$ の再生メモリ $\mathcal{D}$ を初期化
2: $\phi^{(1)}_{\text{target}} \leftarrow \phi^{(1)}$, $\phi^{(2)}_{\text{target}} \leftarrow \phi^{(2)}$, $\boldsymbol{\theta}_{\text{target}} \leftarrow \boldsymbol{\theta}$
3: **for** $k = 1, 2, \ldots, K$ **do**
4: 　　初期状態 $s_0$ をサンプリングし，$t = 0$ と初期化
5: 　　**while** $s_t \neq s_\perp$ **do**
6: 　　　　$a_t = \pi_{\boldsymbol{\theta}}(s_t) + \varepsilon$ $(\varepsilon \sim \mathcal{N}(0, \sigma^2))$
7: 　　　　環境に行動 $a_t$ を施し，報酬 $r_t$ と次状態 $s_{t+1}$ を得る
8: 　　　　再生メモリ $\mathcal{D}$ に $(s_t, a_t, r_t, s_{t+1})$ を追加
9: 　　　　再生メモリ $\mathcal{D}$ からサイズ $M$ の経験のミニバッチ $\overline{\mathcal{D}}$ を取得
10: 　　　　$\overline{a}' = \pi_{\boldsymbol{\theta}_{\text{target}}}(s') + \text{clip}(\varepsilon, -c, c)$ $(\varepsilon \sim \mathcal{N}(0, \overline{\sigma}^2))$
11: 　　　　$y(s', r) = r + \gamma \min_{i=1,2} q_{\phi^{(i)}_{\text{target}}}(s', \overline{a}')$
12: 　　　　$\phi^{(i)} \leftarrow \text{argmin}_{\phi} \mathbb{E}_{(S,A,S',R) \sim \overline{\mathcal{D}}}(y(S', R) - q_{\phi^{(i)}}(S, A))^2$ $(i = 1, 2)$
13: 　　　　**if** $t \mod d = 0$ **then**
14: 　　　　　　$\boldsymbol{\theta} \leftarrow \boldsymbol{\theta} + \alpha \mathbb{E}_{(S,A,S',R) \sim \overline{\mathcal{D}}}[\nabla_a q_{\phi^{(1)}}(S, a)|_{a=\pi_{\boldsymbol{\theta}}(S)} \nabla_{\boldsymbol{\theta}} \pi_{\boldsymbol{\theta}}(S))]$
15: 　　　　　　$\phi^{(i)}_{\text{target}} \leftarrow \tau \phi^{(i)} + (1 - \tau)\phi^{(i)}_{\text{target}}$ $(i = 1, 2)$
16: 　　　　　　$\boldsymbol{\theta}_{\text{target}} \leftarrow \tau \boldsymbol{\theta} + (1 - \tau)\boldsymbol{\theta}_{\text{target}}$
17: 　　　　$t \leftarrow t + 1$
18: **return** $\pi_{\boldsymbol{\theta}}$

---

# オフライン強化学習と資源割当問題への応用 2

　本章では環境のやりとりではなくオフラインデータから最適な方策を学習する方法論について紹介する．まず 2.1 節ではオフライン強化学習の動機と困難を俯瞰的に議論する．次に 2.2 節でオフライン強化学習の問題設定を導入し，2.3 節では 2 つのオフライン強化学習固有の難しさの数理的なメカニズムを説明する．その後続く 5 つの節では，それらの困難に対処するための代表的な方法を紹介する．特に 2.4，2.5，2.6 節では，3 つのオフライン方策評価の戦略を紹介し，2.7，2.8 節では，2 つのオフライン方策正則化の戦略を紹介する．最後に 2.9 節でオフライン強化学習の実応用例について紹介する．

## 2.1　オフライン強化学習の動機と困難

　本節では，簡単な例を交えながらオフライン強化学習の動機と困難，またその対策の大まかな方向性を述べる．

### 2.1.1　従来の強化学習の問題点

　従来の強化学習ではエージェントは環境とのやりとりをしながら最適な方策を学習するのであった．このような学習の枠組みをオンライン強化学習という（図 2.1 (a)）．

　環境とのやりとりを前提にしたオンライン強化学習をそのまま実課題に適用するにはいくつか困難な点がある．徴税資源分配問題（図 2.2）を例にとって考えてみよう．たとえば 2009 年頃のニューヨーク市では数億ドルの税金が徴税局によって直接徴収されたが，そのような行政機関における徴税プロセスの管理は，税収の確保や課税システムの公平性を確保するための重要な仕事である．このとき徴税局の目的は，限りある人員の中で各納税者に対して通知や差押といった行動を効果的に割り当てることで，法令の許す範囲内で税収を最大化することである．また特に滞納者に対しては繰り返し通知を行ったり差押の

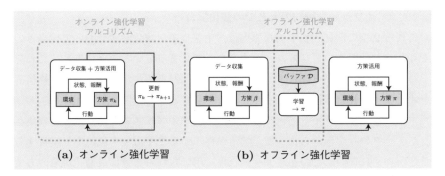

図 2.1 オンライン強化学習とオフライン強化学習の比較

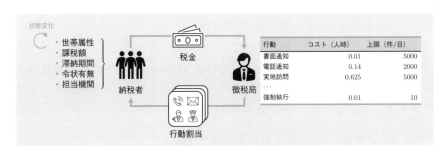

図 2.2 徴税行動割当問題

ための手続きをとったりと，納税者の状態に応じて継続的に行動割当を管理する必要がある．したがって各納税者の属性や納税状況を状態，徴税のための人員の割当てを行動，その結果得られる税金の額を報酬と見なすことで，このような徴税問題は MDP として定式化可能である．一方，オンライン強化学習は実際の環境での試行錯誤を前提とするため，このように金額の大きさや公平性の観点から慎重な行動を要求される問題設定では適用が難しい．すなわち非最適な行動のリスクが問題となる．また仮にそれが解決したとしても，オンライン強化学習ではエージェント自身が直接環境とのやりとりを通じてデータを集めるため，そのままでは過去の徴税局の行動割当および税収の実績などのデータを利用することが難しく，満足な水準の方策を得るまでに必要以上に時間がかかってしまう恐れがある．すなわち非最適な行動のリスクに加えてデータの再利用が問題となる．

### 2.1.2　**オフライン制約のもとでの強化学習**

これら 2 つの問題の根本的な原因は，オンライン強化学習において環境との
やりとりが学習アルゴリズムと一体となってしまっていることにある．これを
学習アルゴリズムから分離することで上記の問題を解決する強化学習の枠組み
を**オフライン強化学習**もしくはバッチ強化学習と呼ぶ（図 2.1 (b)）．

すなわち，オフライン強化学習では，学習アルゴリズムとは無関係に収集さ
れたデータのみが与えられ，また学習が終了するまで方策を環境中で実行する
ことが許されない．このときデータ収集に用いられる方策は最適化対象の方策
（$\pi$）と区別して**行動方策**（$\beta$）と呼ばれ，集められたデータは**オフラインデー
タ**（$\mathcal{D}$）と呼ばれる．またこのように学習アルゴリズムに対して環境との直接
のやりとりを禁じる制約を**オフライン制約**という．

実際，オフライン制約を満たす手法を用いる限りは学習途上の方策と環境の
やりとりによって非最適な行動をとってしまうリスクはないし，事前に集めら
れた環境に関するデータを再利用することができるようになるため，先に挙げ
たオンライン強化学習の問題点は解消される．

### 2.1.3　**オフライン制約がもたらす困難と対策**

このようにオフライン制約は実課題への応用という観点で有用であるが，そ
の分オンライン強化学習にはなかった困難をもたらすため，アルゴリズム側で
それ相応の対策が必要となる．このことを図 2.3 に沿って説明しよう．

まず大枠として，環境とのやりとりが禁止されると方策 $\pi$ を実際に実行する
ことができないため，方策を評価する際に「仮に $\pi$ を実行したとしたら何が起
きるか」という反実仮想の問題を解く必要がある（図 2.3 上段）．このような
問題を解くには環境に対してそれ相応の仮定が必要であり，特に従来のモデル
フリー強化学習手法を形式的にオフライン強化学習に適用してもうまくいかな
いことがある．つまりオフライン制約のもとでは方策価値の評価それ自体が非
自明かつ重要な問題であり，これに対して様々な**オフライン方策評価**（Offline
Policy Evaluation，OPE）の手法が開発されている．

オフライン制約がもたらすもう 1 つの困難として，行動方策 $\beta$ と異なる方策
$\pi$ ほど上に述べた反実仮想が難しく，推定誤差が方策によって不均一になって
しまう問題がある（図 2.3 下段）．このとき誤差の大きさは方策を実行した場合

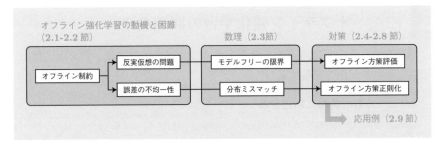

図 2.3 本章の大まかな流れ

| 評価戦略 | | | | 正則化戦略 | | |
|---|---|---|---|---|---|---|
| | | | | なし | 行動模倣 | 悲観的罰則 |
| | モデルベース | | | | DT | MOPO |
| | モデルフリー | 直接法 | | FQI, FQE, MQL | TD3＋BC | CQL |
| | | 重点サンプリング法 | | IS, MIS, MWL | | |
| | | 2重ロバスト法 | | DR, DRL | PRO-RL | |

オフライン方策評価<br>（2.4-2.6 節）　　　　　　オフライン方策正則化<br>（2.7-2.8 節）

図 2.4 オフライン強化学習手法の分類

に訪れるであろう状態や行動の確率分布のずれの大きさ，すなわち<u>分布ミスマッチ</u>を用いて特徴付けられ，分布ミスマッチの大きな方策の価値を正確に推定することは原理的に困難である．そのような方策を避けて最適化するために，オフライン強化学習では様々な**オフライン方策正則化**の方法が開発されている．

　このようにオフライン制約のもたらす困難を2つに分け，それに対する対策（方策評価と方策正則化）の観点からオフライン強化学習を捉えることで，各手法を系統的に分類し議論することができる（図2.4）．以降本章では，この枠組みに基づきオフライン強化学習の2つの困難の数理的メカニズム（2.3節），オフライン方策評価の手法（2.4, 2.5, 2.6節）そしてオフライン方策正則化の手法（2.7, 2.8節）について順を追って説明していくことにする．

**2.2　オフライン強化学習の問題設定**

本節では，ここまでの議論を踏まえ改めてオフライン強化学習を定式化し，必要な記号や記法を定義する.

### 2.2.1　方策の軌跡と周辺分布

標準的な強化学習の定式化に倣って，環境は MDP$\mathcal{M} = (\mathcal{S}, \mathcal{A}, p_0, R, T, H, \gamma)$ でモデル化されるとする．ただし $\mathcal{S}$ と $\mathcal{A}$ はそれぞれ状態と行動の集合，$p_0(s)$ は初期状態の分布，$R(r|s, a)$ と $T(s'|s, a)$ はそれぞれ状態遷移時の報酬と次状態の確率分布，$1 \leq H \leq \infty$ は時間ホライゾン，$0 < \gamma < 1$ は割引率を表す．簡単のため，$\mathcal{S}, \mathcal{A}$ は有限集合とする．また報酬 $r \sim R(s, a)$ には適当な上界 $R_{\max} < \infty$ が存在し，確率 1 で $|r| \leq R_{\max}$ を満たすとする．方策は状態で条件付けられた行動空間上の確率分布 $\pi(a|s)$ で表し，特に方策が決定的であるときには状態から行動への関数 $\pi : \mathcal{S} \to \mathcal{A}$ と同一視して $a = \pi(s)$ などとも表記する.

このとき，環境中でエージェントが行動した結果得られる状態，行動，報酬の組の系列を**軌跡**（trajectory）と呼び，次のように表す.

$$\tau := [(s_t, a_t, r_t)]_{t=0}^{H-1}$$

特にエージェントが方策 $\pi$ に従って行動を選択するとき $\tau \sim \pi$ と書き，その確率分布は以下で表される.

$$p_{\mathrm{traj}}(\tau|\pi) := p_0(s_0) \left( \prod_{t=0}^{H-1} \pi(a_t|s_t)\, R(r_t|s_t, a_t) \right) \left( \prod_{t=1}^{H-1} T(s_t|s_{t-1}, a_{t-1}) \right)$$

このとき任意の状態 $s \in \mathcal{S}$ に対して時刻 $t$ ごとの状態の周辺分布を

$$p_t^\pi(s_t) := \sum_{\substack{s_k \in \mathcal{S}, a_k \in \mathcal{A} \\ (\forall k \in \{1, \dots, t-1\})}} p_0(s_0) \left( \prod_{t=0}^{t-1} \pi(a_k|s_k)\, T(s_{k+1}|s_k, a_k) \right) \quad (s_t \in \mathcal{S})$$

またその $\gamma$-割引時間平均を

$$d_\gamma^\pi(s) := \begin{cases} \dfrac{\sum_{t=0}^{H-1} \gamma^t p_t^\pi(s)}{\sum_{t=0}^{H-1} \gamma^t} & (H < \infty) \\[2ex] \lim_{H' \to \infty} \dfrac{\sum_{t=0}^{H'-1} \gamma^t p_t^\pi(s)}{\sum_{t=0}^{H'-1} \gamma^t} & (H = \infty) \end{cases} \tag{2.1}$$

とおき，方策 $\pi$ の（時間平均された）周辺分布と呼ぶ．記法を簡単にするため，行動 $a$，報酬 $r$，次状態 $s'$ まで含めた各時刻 $t$ の周辺分布とその時間平均をそれぞれ $p_t^\pi(s,a,r,s') := p_t^\pi(s)\pi(a|s)R(r|s,a)T(s'|s,a)$ および $d_\gamma^\pi(s,a,r,s') := d_\gamma^\pi(s)\pi(a|s)R(r|s,a)T(s'|s,a)$ と書くことにする．

### 2.2.2 オフライン強化学習の定式化

オフラインデータ $\mathcal{D}$ の分布の設定には様々な流儀があるが，最も素朴には未知の行動方策 $\beta$ の軌跡の i.i.d. サンプリング

$$p\left(\mathcal{D} = \{\tau_n\}_{n=1}^{N_\tau}\right) = \prod_{n=1}^{N_\tau} p_{\text{traj}}(\tau_n|\beta) \tag{2.2}$$

もしくはその時刻に関する周辺化

$$p\left(\mathcal{D} = \{(s_n,a_n,r_n,s'_n)\}_{n=1}^{N}\right) = \prod_{n=1}^{N} d_1^\beta(s_n,a_n,r_n,s'_n) \tag{2.3}$$

が仮定される♠1．ここで $N_\tau$ および $N$ はそれぞれデータに含まれる軌跡および状態遷移の総数を表す．また特に断りのない場合，データの周辺分布は状態行動空間全体を覆う，すなわち

$$\forall s \in \mathcal{S}, \quad \forall a \in \mathcal{A}, \quad d_1^\beta(s,a) > 0 \tag{2.4}$$

と仮定する．ただし，$d_1^\beta(s,a)$ は $d_1^\beta(s,a,r,s')$ の $r$, $s'$ に関する周辺化を表す．

このとき，オフライン強化学習の目的は，オフラインデータ $\mathcal{D}$ に基づいて割引付き累積期待報酬に基づく方策価値

$$J(\pi) = \mathop{\mathbb{E}}_{\tau \sim \pi}\left[\sum_{t=0}^{H-1} \gamma^t r_t\right] \tag{2.5}$$

を最大化することである．

**問題 2.1（オフライン方策最適化，OPO）** オフラインデータ $\mathcal{D}$ および方策候補集合 $\Pi$ が与えられたとき，最適方策 $\pi^* \in \text{argmax}_{\pi \in \Pi} J(\pi)$ を推定せよ．

---

♠1方策価値 $J(\pi)$ の割引率 $\gamma$ が 1 未満の場合でも，オフラインデータの周辺分布に関しては割引をしないことに注意する．

また 2.1.3 項で述べたように，オフライン強化学習では方策の評価それ自体が興味深い問題である．

**問題 2.2（オフライン方策評価，OPE）** オフラインデータ $\mathcal{D}$ および方策 $\pi$ が与えられたとき，$J(\pi)$ を推定せよ．

最も素朴なオフライン強化学習では OPO を解くだけで十分であるが，得られた方策の評価やハイパーパラメタチューニングといった実応用上重要な周辺の問題まで考慮すると OPE を直接解くことが有用である．また逆に OPE を解くことができれば，その推定結果 $\widehat{J}(\pi)$ を真の価値 $J(\pi)$ の代わりに最大化することで OPO を解くことができる．したがって，オフライン強化学習では OPO と OPE の両方もしくは片方のみを考えることがしばしばある．

以降，簡潔性のため任意の軌跡 $\tau$ の関数 $f(\tau)$ に関する軌跡サンプリング (2.2) のもとでの経験平均を

$$\widehat{\mathbb{E}}_{\tau \sim \mathcal{D}}[f(\tau)] := \frac{1}{N_\tau} \sum_{\tau \in \mathcal{D}} f(\tau)$$

と書き表し，任意の 4 つ組 $(s, a, r, s')$ の関数 $g(s, a, r, s')$ に関する軌跡サンプリング (2.2) もしくは状態遷移サンプリング (2.3) のもとでの経験平均を

$$\widehat{\mathbb{E}}_{(s,a,r,s') \sim \mathcal{D}}\big[g(s, a, r, s')\big]$$
$$:= \begin{cases} \frac{1}{H N_\tau} \sum_{\tau \in \mathcal{D}} \sum_{t=0}^{H-1} g(s_t, a_t, r_t, s_{t+1}) & ((2.2) \text{ の場合}) \\ \frac{1}{N} \sum_{(s,a,r,s') \in \mathcal{D}} g(s, a, r, s') & ((2.3) \text{ の場合}) \end{cases}$$

と書くことにする．ただし $s_H = \perp \in \mathcal{S}$ は便宜上の終了状態を表す．$\widehat{\mathbb{E}}_{s \sim \mathcal{D}}[\cdot]$，$\widehat{\mathbb{E}}_{(s,a) \sim \mathcal{D}}[\cdot]$，$\widehat{\mathbb{E}}_{(s,a,r) \sim \mathcal{D}}[\cdot]$，$\widehat{\mathbb{E}}_{(s,a,s') \sim \mathcal{D}}[\cdot]$ などについても同様に定義する．また軌跡 $\tau \in \tau$ ごとに初期状態 $s_0$ だけを集めた集合を $\mathcal{D}_0 := \{s_0^{(n)}\}_{n=1}^{N_0}$ とおき，任意の状態 $s$ の関数 $v(s)$ に関して $\mathcal{D}_0$ のもとでの経験平均を

$$\widehat{\mathbb{E}}_{s_0 \sim \mathcal{D}_0}[v(s)] := \frac{1}{N_0} \sum_{s_0 \in \mathcal{D}_0} v(s_0)$$

と書くことにする．

### 2.2.3 価値関数と密度比関数

オンライン強化学習の場合と同様に，オフライン強化学習でも価値関数の推

定が重要である．本章では，任意の状態 $s \in \mathcal{S}$ と行動 $a \in \mathcal{A}$ に対して方策 $\pi$ の時間ホライゾン $H$ に対する行動価値関数を

$$q_H^\pi(s,a) := \mathop{\mathbb{E}}_{\tau \sim \pi} \left[ \sum_{t=0}^{H-1} \gamma^t r_t \,\middle|\, s_0 = s, a_0 = a \right]$$

とおく．さらに $H = \infty$ かつ文脈からそのことが明らかである場合，$q_\infty^\pi = q^\pi$ と書く．最適方策 $\pi^*$ の行動価値関数については $q_H^{\pi^*} = q_H^*$，$q^{\pi^*} = q^*$ などと略記する．

一方，オフライン強化学習特有の行動方策と最適化方策が異なるという事情により，2 つの方策の違いを定量化する密度比関数の推定も重要となる．任意の軌跡 $\tau$ に対して，最適化方策 $\pi$ と $\beta$ の時刻 $t$ で打ち切られた密度比関数を

$$\rho_t^\pi(\tau) := \frac{p_{\mathrm{traj}}(\tau_{\le t}|\pi)}{p_{\mathrm{traj}}(\tau_{\le t}|\beta)} = \prod_{t'=0}^{t} \frac{\pi(a_{t'}|s_{t'})}{\beta(a_{t'}|s_{t'})} \tag{2.6}$$

とおく．ただし，$\tau_{\le t} := \{(s_{t'}, r_{t'}, r_{t'})\}_{t'=0}^{t}$ は時刻 $t$ で打ち切られた軌跡を表す．また打ち切りなしの密度比関数を $\rho^\pi(\tau) := \rho_H^\pi(\tau)$ と略記する．同様に，任意の状態行動ペア $(s,a) \in \mathcal{S} \times \mathcal{A}$ に対して，時刻 $t$ ごとに周辺化された周辺分布の密度比を

$$\mu_t^\pi(s,a) := \frac{p_t^\pi(s,a)}{p_t^\beta(s,a)} \tag{2.7}$$

とおき，時間に関して平均化された方策 $\pi$ の周辺分布とデータの周辺分布の密度比を

$$w^\pi(s,a) := \frac{d_\gamma^\pi(s,a)}{d_1^\beta(s,a)} \tag{2.8}$$

とおく．

 ## 2.3 オフライン強化学習の困難とその数理

本節では，オフライン制約のもたらす困難とその数理的仕組みを分布ミスマッチ（2.3.1 項）とモデルフリー強化学習の限界（2.3.2 項）という 2 つの側面から解説する．ただし簡単のため，時間ホライゾン $H$ は無限とし，データ

$\mathcal{D}$ が周辺分布 $d_1^\beta$ からサンプリングされる設定 (2.3) に従うとする.

### 2.3.1　分布ミスマッチ

オフライン強化学習では,行動方策 $\beta$ が最適化方策 $\pi$ と独立に与えられるため,行動方策 $\beta$ の与えられ方次第では学習に必要な情報がデータ $\mathcal{D}$ にほとんど含まれないという事態が起こりうる.特に,データの周辺分布 $d_1^\beta$ と最適化方策の周辺分布 $d_\gamma^\pi$ の間に生じるずれは**分布ミスマッチ**(distribution mismatch)と呼ばれ,オフライン強化学習の難しさを特徴付ける重要な概念となっている.

分布ミスマッチが引き起こす困難を数理的に理解するための道具として,**有効性下界**(Efficiency Bound, EB)[19] を導入しよう.適当な仮説集合 $\mathcal{H}$ が存在して,その要素 $h \in \mathcal{H}$ ごとにデータ分布 $p(x; h)$ および推定したい量 $\theta = \theta(h) \in \mathbb{R}$ が与えられているとする.またサイズ $N$ の i.i.d. データ $x^N$ に基づく $\theta(h)$ の適当な推定量を $\widehat{\theta} = \widehat{\theta}(x^N) \in \mathbb{R}$ とおき,その良し悪しを平均 2 乗誤差(MSE)

$$\mathrm{MSE}_N(\widehat{\theta}; \theta) := \mathop{\mathbb{E}}_{x^N \sim p^N(\cdot; h)} \left| \widehat{\theta}(x^N) - \theta(h) \right|^2$$

を用いて測るとする.このとき有効性下界(EB)と呼ばれる量 $\mathrm{EB}(\theta) \in \mathbb{R}$ が存在して,適当な正則条件を満たす任意の推定量 $\widehat{\theta}$ について[♠2]

$$\lim_{N \to \infty} N \, \mathrm{MSE}_N(\widehat{\theta}; \theta) \geq \mathrm{EB}(\theta) \tag{2.9}$$

を満たす.

不等式 (2.9) より,正則な推定量の MSE は漸近的に $\frac{\mathrm{EB}(\theta)}{N}$ より小さくすることはできない.また逆に正則な推定量の MSE を $\varepsilon^2 \ll 1$ 以下にするためには最低でも大きさ $N \gtrsim \frac{\mathrm{EB}(\theta)}{\varepsilon^2}$ のサンプルが必要となる.したがって,$\mathrm{EB}(\theta)$ がどのような要因で変化するかを把握しておくことは問題の難しさを理解するために役立つ.

オフライン方策評価(OPE)をこのような統計的推定の枠組みに当てはめると,各仮説は環境の未知要素 $R$, $T$ と未知の行動方策 $\beta$ の組 $h = (R, T, \beta)$ か

---

[♠2]直観的には,$\widehat{\theta}$ が特定の仮説 $h^* \in \mathcal{H}$ のみを真と決め打つような推定量でないときに正則であるという.厳密な定義は文献 [19] を参照のこと.

らなり，推定したい量は方策価値 $J(\pi)$ に対応する．いま自然な仮説集合

$$\mathcal{H}_0 := \{(R, T, \beta) \mid R : \mathcal{S} \times \mathcal{A} \to \mathcal{P}(\mathbb{R}),\, T : \mathcal{S} \times \mathcal{A} \to \mathcal{P}(\mathcal{S}),\, \beta : \mathcal{S} \to \mathcal{P}(\mathcal{A})\} \tag{2.10}$$

を考えよう．ここで $\mathcal{P}(\mathcal{X})$ は集合 $\mathcal{X}$ 上の確率分布全体を表す．仮説集合 $\mathcal{H}_0$ に対する OPE の有効性下界は次の定理によって与えられる．

**定理 2.1（OPE の有効性下界[20]）** 仮説集合 $\mathcal{H}_0$ が (2.10) で与えられ，データ $\mathcal{D}$ が周辺分布 $d_1^\beta$ からの i.i.d. サンプリングによって与えられるとする．このとき，$J(\pi)$ の推定に関する有効性下界は

$$\mathrm{EB}(\pi) := \mathrm{EB}(J(\pi)) = \frac{\mathbb{E}_{(s,a) \sim d_1^\beta}\left[\sigma_\pi(s,a)\, w^\pi(s,a)\right]^2}{(1-\gamma)^2} \tag{2.11}$$

と与えられる．ただし $w^\pi(s,a)$ は式 (2.8) で定義される周辺分布の密度比関数であり，$\sigma_\pi^2(s,a)$ は各点 $(s,a) \in \mathcal{S} \times \mathcal{A}$ におけるベルマン評価作用素の分散 $\sigma_\pi^2(s,a) := \mathbb{V}_{r \sim R(s,a),\, s' \sim T(s,a)}\left[r + \gamma q^\pi(s', \pi(s'))\right]$ を表す．

いま，報酬の絶対値が $R_{\max}$ で抑えられることより，$\sigma_\pi^2(s,a) \le R_{\max}^2(1-\gamma)^{-2}$ であるから，カイ 2 乗ダイバージェンス

$$D_{\chi^2}(d, d') := \mathbb{E}_{(s,a) \sim d'}\left[\frac{d(s,a)}{d'(s,a)} - 1\right]^2 \qquad (d, d' \in \mathcal{P}(\mathcal{S} \times \mathcal{A}))$$

を用いて次のように EB を上から抑えることができる．

$$\mathrm{EB}(\pi) \le \frac{R_{\max}^2}{(1-\gamma)^4}\left\{1 + D_{\chi^2}(d_\gamma^\pi, d_1^\beta)\right\} \tag{2.12}$$

逆に分散 $\sigma_\pi^2(\cdot, \cdot)$ が正の定数 $\sigma_{\min}^2 > 0$ で下から抑えられる場合[♠3]，EB は下から

$$\mathrm{EB}(\pi) \ge \frac{\sigma_{\min}^2}{(1-\gamma)^2}\left\{1 + D_{\chi^2}(d_\gamma^\pi, d_1^\beta)\right\} \tag{2.13}$$

と抑えられる．したがって，OPE の有効性下界はカイ 2 乗ダイバージェンス $D_{\chi^2}(d_\gamma^\pi, d_1^\beta)$ で測った分布ミスマッチの大きさによって支配されることがわ

---

♠3たとえば報酬 $r \sim R(s,a)$ が常に一定以上の分散を持つ場合はこの条件が満たされる．

かる.

　すなわち,オフライン制約下で方策 $\pi$ を正確に評価するためには対応する分布ミスマッチ $D_{\chi^2}(d_\gamma^\pi, d_1^\beta)$ が小さいことが必要である.そのため,オフライン強化学習の理論保証では分布ミスマッチを抑えるために特別な仮定をおくことが一般的である.なかでも次のような条件が典型的である.

**仮定 2.1**(カバレッジ条件, coverage condition[♠4])　確率分布 $d \in \mathcal{P}(\mathcal{S} \times \mathcal{A})$ が許容的(admissible)であるとは,適当な時刻 $t \geq 0$ と方策の列 $\pi_0, \pi_1, \ldots, \pi_t$ が存在して各時刻 $0 \leq t' \leq t$ で方策 $\pi_{t'}$ に従って行動を選択するとき,時刻 $t$ における状態 $s_t$ と行動 $a_t$ の同時分布が $d(s_t, a_t)$ に等しいことをいう.このとき任意の許容的な分布 $d$ に対して,とある定数 $C_{\mathrm{cov}} < \infty$ が存在して以下が成り立つ.

$$\sup_{s \in \mathcal{S}, a \in \mathcal{A}} \frac{d(s,a)}{d_1^\beta(s,a)} \leq C_{\mathrm{cov}}$$

　つまり,カバレッジ条件は環境 $\mathcal{M}$ において到達可能なすべての状態と行動の分布(=許容的な分布)$d(s,a)$ がデータの周辺分布 $d_1^\beta$ によって満遍なく覆われることを要請する.実際,このとき任意の方策 $\pi$ に対して分布ミスマッチの大きさは $D_{\chi^2}(d_\gamma^\pi, d_1^\beta) \leq (C_{\mathrm{cov}} - 1)^2$ と定数以下に抑えることができるため,有効性下界 (2.11) は有限の定数 $\frac{R_{\max}^2(C_{\mathrm{cov}}-1)^2}{(1-\gamma)^4}$ で上から抑えられる.

　とはいえ,カバレッジ条件のようなデータの分布に課される条件は,実用上満たすことが難しかったり,満たされているかどうかを判定することすらも困難である場合も少なくない.このとき,正則化によって最適化の範囲を分布ミスマッチが一定以下の方策に限定するアプローチが有効である.そのような正則化の方法を 2 つ挙げよう.

　1 つ目は分布ミスマッチを直接抑えることによる方策の正則化である.すなわち,方策の周辺分布 $d_\gamma^\pi$ とデータの周辺分布 $d_1^\beta$ のずれを適当に定量化し,正則化項として本来の目的関数に加えることで,最適化の範囲を分布ミスマッチが大きくならないような方策 $\pi$ に限定する.結果として学習済み方策 $\hat{\pi}$ を行動方策 $\beta$ に近づけるようなアルゴリズムが得られることから,これは特に行動

---

[♠4]文献によっては concentrability 条件とも呼ばれる.

模倣（behavior cloning）に基づくオフライン強化学習と呼ばれる．このアプローチについては 2.7 節で詳しく紹介する．

2つ目は方策価値 $J(\pi)$ の不確実性を用いた方策の正則化である．すなわち，方策価値を点 $\widehat{J}(\pi) \in \mathbb{R}$ ではなく区間 $[\widehat{J}_-(\pi), \widehat{J}_+(\pi)] \subset \mathbb{R}$ によって推定し，最悪価値 $\widehat{J}_-(\pi)$ を最大化する方策 $\widehat{\pi}$ を推定することで，分布ミスマッチが大きいために最適性の見積もりが難しいような方策を回避する．結果として価値を悲観的に見積もりつつ方策を学習するアルゴリズムが得られることから，これは特に悲観的（pessimistic）強化学習と呼ばれる．このアプローチについては 2.8 節で詳しく紹介する．

### 2.3.2 モデルフリー強化学習の限界

モデルフリー強化学習とは，環境 $\mathcal{M}$ の未知要素のうち，解を求めるのに十分な一部の要素のみを推定することで効率的に強化学習を行う枠組みと考えることができる．たとえば，最適方策 $\pi^*$ を求めるには最適行動価値関数 $q^*$ が特定できれば十分であることから，$q^*$ を直接推定する手法として価値反復法がある．ところが次の定理によれば，オフライン制約下において，他の要素に関して一切仮定をおかずに $q^*$ や $\pi^*$ のみを正確に推定することは理論的に困難である．

**定理 2.2**（モデルフリー強化学習の限界[21]）　$\gamma > \frac{1}{2}$ とする．任意のサンプルサイズ $N < \infty$ に対して，とある環境の集合 $\mathfrak{M}$，最適行動価値関数の仮説集合 $\mathcal{Q}$ ($|\mathcal{Q}| = 2$)，データ分布 $d_1^\beta$ が存在して以下が成り立つ．

(1) 任意の $\mathcal{M} \in \mathfrak{M}$ で $q_* \in \mathcal{Q}$ かつ $C_{\mathrm{cov}} \leq 16$ が成り立つ．

(2) 任意の OPO アルゴリズムの出力 $\widehat{\pi}$ はどれか1つの $\mathcal{M} \in \mathfrak{M}$ において $J(\pi^*) - \mathbb{E}[J(\widehat{\pi})] > \frac{c}{1-\gamma}$ を満たす．ただし $c > 0$ は絶対定数である．

いま方策価値 $J(\pi)$ の絶対値は高々 $\frac{R_{\max}}{1-\gamma}$ であることから

$$\mathbb{E}[J(\pi^*) - J(\widehat{\pi})] \leq \frac{2R_{\max}}{1-\gamma} \mathbb{P}\left\{\pi^* \neq \widehat{\pi}\right\}$$

が成り立つので，定理 2.2 の設定のもとではどんな推定量 $\widehat{\pi}$ を用いようとも確率 $\mathbb{P}\{\pi^* \neq \widehat{\pi}\} > \frac{c}{2R_{\max}}$ で最適方策 $\pi^*$ を外してしまうことがわかる．また $q^*$ を当てられるならば $\pi^*$ を当てられることから，同じ確率で最適価値関数 $q^*$

についても外してしまう．つまり定理 2.2 によれば，分布ミスマッチを抑えてサンプルサイズ $N$ を任意に大きくとったとしても最適価値関数 $q^*$ や最適方策 $\pi^*$ の 2 択問題を間違える確率を一定以下にできない状況が存在する．したがって，価値関数や方策のみを直接学習すればよいという従来のモデルフリー強化学習の枠組みはこの場合通用しないことがわかる．

一方，環境と直接やりとりすることのできるオンライン強化学習の設定においては同様の問題は発生しない．なぜなら，最適方策の候補 $\pi$ ごとに方策価値 $\widehat{J}(\pi)$ をモンテカルロロールアウトによって見積もればそのサンプルサイズに応じた任意の精度で $J(\pi)$ を評価でき，したがってサンプルサイズが十分大きく最適方策の候補集合が十分コンパクトであれば任意の精度で正しい最適方策 $\pi^*$ を推定することができるためである．

このような困難が生じる直観的な原因は，価値関数 $q^*$ や方策 $\pi^*$ を絞り込むだけでは環境 $\mathcal{M}$ に関して部分的な情報しか得られず，精度良く方策を評価するために必要とされる水準まで環境 $\mathcal{M}$ の未知要素を絞り込むことができない，という事情にある♠5．より一般的には，以下に示す仮定がそれ単体とカバレッジ条件だけでは弱すぎるということが原因である．

**仮定 2.2**（価値関数の近似可能性）　適当な仮説集合 $\mathcal{Q}$ および小さな定数 $\varepsilon_{\mathcal{Q}} < \infty$ が存在して次を満たす♠6．

$$\inf_{q \in \mathcal{Q}} \|q - q^\pi\|_\infty \le \varepsilon_{\mathcal{Q}}$$

以下では，非漸近的な誤差保証を得ることのできる，仮定 2.2 に替わる仮定の代表例を，対応する強化学習の枠組みと併せて 3 つ紹介する．

まず，従来のモデルフリー強化学習の延長線上で非漸近的な誤差保証を得るための条件としてベルマン完備性がある．

**仮定 2.3**（ベルマン完備性, Bellman completeness）　小さな定数 $\widetilde{\varepsilon}_{\mathcal{Q}} < \infty$ が存在して以下が成り立つ．

$$\inf_{q \in \mathcal{Q}} \sup_{q' \in \mathcal{Q}} \|q - \mathcal{B}_\pi q'\|_\infty \le \widetilde{\varepsilon}_{\mathcal{Q}}$$

---

♠5 証明は文献 [21] を参照のこと．

♠6 $\pi$ は OPE では所与の方策，OPO では最適方策とする．

ただし，$\mathcal{B}_\pi$ は後に 2.4.2 項で定義されるベルマン評価作用素である．

ベルマン完備性は価値関数の近似可能性（仮定 2.2）よりも強い仮定である．すなわち，適当な $q \in \mathcal{Q}$ に対して

$$
\begin{aligned}
\left\| q - q^\pi \right\|_\infty &\leq \left\| q - \mathcal{B}_\pi q' \right\|_\infty + \left\| \mathcal{B}_\pi q' - \mathcal{B}_\pi q^\pi \right\|_\infty && (\forall q' \in \mathcal{Q}) \\
&\leq \widetilde{\varepsilon}_{\mathcal{Q}} + \gamma \left\| q' - q^\pi \right\|_\infty && (\because \mathcal{B}_\pi \ \text{は} \ \gamma\text{-縮小}) \\
&\leq (1 + \gamma + \gamma^2 + \cdots) \widetilde{\varepsilon}_{\mathcal{Q}} && (\because \text{繰返し}) \\
&= \frac{\widetilde{\varepsilon}_{\mathcal{Q}}}{1 - \gamma}
\end{aligned}
$$

となるため，ベルマン完備性が成り立つならば価値関数の近似可能性が成り立つ．結果として，ベルマン完備性とカバレッジ条件を仮定すると FQI（2.4.1 項）および FQE（2.4.2 項）といった標準的な価値関数の推定に基づくアルゴリズムの誤差保証を得ることができる[22], [23]．

ただし，関数近似誤差 $\varepsilon_{\mathcal{Q}}$ は仮説集合 $\mathcal{Q}$ の拡大に対して単調（減少）であるのに対してベルマン完備性誤差 $\widetilde{\varepsilon}_{\mathcal{Q}}$ は単調ではないため，実用上の扱いやすさには問題が残る．特に，単調な仮定を満たそうとする場合には $\mathcal{Q}$ としてニューラルネットワークなど表現力豊かな関数近似器を採用するという方針が立つが，ベルマン完備性のように単調でない仮定を満たそうとする場合にはどのように $\mathcal{Q}$ を設計すればよいかはそれほど自明でない．

次に，環境に対して最も強い部類の仮定をおくアプローチとしてモデルベース強化学習がある．モデルベース強化学習では，環境の未知パラメタである状態遷移確率分布 $T(s'|s, a)$ と期待即時報酬関数 $r(s, a)$，すなわち環境 $\mathcal{M}$ のほぼすべての未知要素を直接モデル化・学習し，得られた環境モデル $\widehat{\mathcal{M}}$ を真と見なしたもとでの最適方策 $\widehat{\pi}$ や方策価値 $\widehat{J}(\pi)$ を求めるのであった．このとき，標準的には次のよう仮定がおかれる．

**仮定 2.4**（環境モデルの近似可能性）　適当な大きさの仮説集合 $\mathfrak{M}$ と小さな定数 $\varepsilon_{\mathfrak{M}}$ が存在して以下を満たす．

$$
\inf_{\widehat{\mathcal{M}} \in \mathfrak{M}} \left\| \mathcal{M} - \widehat{\mathcal{M}} \right\| \leq \varepsilon_{\mathfrak{M}}
$$

ただし，$\left\| \mathcal{M} - \widehat{\mathcal{M}} \right\|$ は $\widehat{\mathcal{M}}$ の $\mathcal{M}$ に対する適当な近似誤差を表す．

　仮定 2.4 とカバレッジ条件が成り立つとき，モデルベース強化学習に基づく
アルゴリズムによって非漸近的な誤差保証を得ることができる[24]．また，ベル
マン完備性と異なり仮定 2.4 は単調である．このような仮定に基づく手法とし
ては Decision Transformer（2.7.2 項）や MOPO（2.8.2 項）等がある．

　最後に，従来のモデルフリー強化学習の対象であった価値関数 $q^\pi$ に加えて
周辺密度比関数 $w^\pi$ を学習対象に含める枠組みとして，ミニマックス学習[23]
が知られる．このとき，価値関数 $q^\pi$ の関数近似可能性（仮定 2.2）に加えて密
度比関数 $w^\pi$ (2.8) の関数近似可能性も仮定する．

**仮定 2.5**（周辺密度比関数の近似可能性）　適当な大きさの仮説集合 $\mathcal{W}$ と小さ
な定数 $\varepsilon_{\mathcal{W}} < \infty$ が存在して以下を満たす．

$$\inf_{w \in \mathcal{W}} \|w - w^\pi\|_\infty \le \varepsilon_{\mathcal{W}}$$

　ミニマックス学習は，環境の未知要素すべてを特定する必要がないという
モデルフリー強化学習の強みを持ちながら，オフライン制約下でも単調な仮
定（仮定 2.2 および仮定 2.5）のみに基づいて非漸近的な誤差保証が得られ
るという点で優れている．代表的なミニマックス学習の手法としては，MQL
（2.4.3 項）や MWL（2.5.3 項），またこれら 2 つを組み合わせた 2 重強化学習
（2.6.3 項）などがある．

##  2.4　直接法に基づく方策評価

　本節では，最適行動価値関数 $q^*(s, a)$ や方策行動価値関数 $q^\pi(s, a)$ のオフラ
イン推定に基づいて方策価値 $J(\pi)$ を最適化・評価するオフライン強化学習手
法を紹介する．このような手法はオフライン方策評価の文脈で直接法（Direct
Method, DM）とも呼ばれる．

### 2.4.1　適合 Q 反復法（FQI）

時間ホライゾン $0 \le H < \infty$ の最適行動価値関数 $q_H^*(s, a)$ は任意の状態
$s \in \mathcal{S}$，行動 $a \in \mathcal{A}$ に対して**ベルマン最適漸化式**

$$q_H^*(s, a) = \begin{cases} 0 & (H = 0) \\ (\mathcal{B}_* q_{H-1}^*)(s, a) & (H \ge 1) \end{cases} \tag{2.14}$$

を満たすのであった. ただし $\mathcal{B}_*$ は任意の関数 $f : \mathcal{S} \times \mathcal{A} \to \mathbb{R}$ に対して次のように定義される**ベルマン最適作用素**である.

$$(\mathcal{B}_* f)(s, a) = \mathop{\mathbb{E}}_{\substack{r \sim R(s,a) \\ s' \sim T(s,a)}} \left[ r + \gamma \max_{a' \in \mathcal{A}} f(s', a') \right]$$

したがって, ベルマン最適作用素 $\mathcal{B}_*$ をデータから推定できれば, 漸化式 (2.14) に基づく $H$ 回の繰り返しによって最適行動価値関数 $q_H^*$, さらには最適方策

$$\pi^*(s) = \underset{a \in \mathcal{A}}{\mathrm{argmax}}\, q_H^*(s, a)$$

を推定することができる.

そのような方法の 1 つが**適合 Q 反復法** (Fitted Q Iteration, FQI)[25] である. 任意の関数 $f : \mathcal{S} \times \mathcal{A} \to \mathbb{R}$ に対して, 近似ベルマン最適作用素 $\widehat{\mathcal{B}}_*$ を

$$\widehat{\mathcal{B}}_* f := \underset{q \in \mathcal{Q}}{\mathrm{argmin}} \mathop{\widehat{\mathbb{E}}}_{(s,a,r,s') \sim \mathcal{D}} \left[ r + \gamma \max_{a' \in \mathcal{A}} f(s', a') - q(s, a) \right]^2 \tag{2.15}$$

で定義する. ただし $\mathcal{Q}$ は適当な関数近似器である. 特にサンプル数 $N$ が十分大きく大数の法則が十分な精度で成り立つ場合, 式 (2.15) の目的関数は

$$\mathop{\widehat{\mathbb{E}}}_{(s,a,r,s') \sim \mathcal{D}} \left[ r + \gamma \max_{a' \in \mathcal{A}} f(s', a') - q(s, a) \right]^2$$

$$\approx \mathop{\mathbb{E}}_{(s,a,r,s') \sim d_1^\beta} \left[ r + \gamma \max_{a' \in \mathcal{A}} f(s', a') - q(s, a) \right]^2$$

$$= \mathop{\mathbb{E}}_{(s,a) \sim d_1^\beta} [(\mathcal{B}_* f)(s, a) - q(s, a)]^2 + \mathop{\mathbb{E}}_{(s,a) \sim d_1^\beta} \left[ \sigma_{f,*}^2(s, a) \right]$$

と評価され, 最右辺は $q = \mathcal{B}_* f$ のとき最小値をとるため, $\widehat{\mathcal{B}}_*$ が $\mathcal{B}_*$ の近似として妥当であることがわかる. ただし $\sigma_{f,*}^2(s, a) := \mathbb{V}_{r \sim R(s,a), s' \sim T(s,a)} \left[ r + \gamma \max_{a' \in \mathcal{A}} f(s', a') \right]$ は関数 $f$ に対するベルマン最適作用素の分散を表し, $q$ とは独立な量である. アルゴリズム 2.1 に示すように, FQI ではこのような作用素 $\widehat{\mathcal{B}}_*$ を繰り返し適用することで最適方策を推定する.

### 2.4.2 適合 Q 評価法 (FQE)

同様の考え方を方策行動価値関数に適用することで OPE を解く手法は**適合 Q 評価法** (Fitted Q Evaluation, FQE)[26] と呼ばれる. 時間ホライゾン

アルゴリズム 2.1　**適合 Q 反復法（FQI）**

1: **Input:** データ $\mathcal{D}$, 関数近似器 $\mathcal{Q}$, 時間ホライゾン $H$
2: $\widehat{q}_0^* \leftarrow 0$
3: **for** $h = 1, \ldots, H$ **do**
4: 　$\widehat{q}_h^* \leftarrow \widehat{\mathcal{B}}_* \widehat{q}_{h-1}^*$ {式 (2.15) に基づく}
5: $\widehat{\pi} \leftarrow \left(s \mapsto \mathrm{argmax}_{a \in \mathcal{A}} \, \widehat{q}_H^*(s, a)\right)$
6: **Return:** $\widehat{\pi}$

$0 \leq H < \infty$ の最適行動価値関数 $q_H^\pi(s, a)$ は任意の状態 $s \in \mathcal{S}$, 行動 $a \in \mathcal{A}$ に対して**ベルマン評価漸化式**

$$q_H^\pi(s, a) = \begin{cases} 0 & (H = 0) \\ (\mathcal{B}_\pi q_{H-1}^\pi)(s, a) & (H \geq 1) \end{cases} \tag{2.16}$$

を満たすのであった. ただし $\mathcal{B}_\pi$ は任意の関数 $f : \mathcal{S} \times \mathcal{A} \to \mathbb{R}$ に対して次のように定義される**ベルマン評価作用素**である.

$$(\mathcal{B}_\pi f)(s, a) = \mathop{\mathbb{E}}_{\substack{r \sim R(s,a) \\ s' \sim T(s,a)}} \left[ r + \gamma f(s', \pi(s')) \right]$$

したがって, ベルマン作用素 $\mathcal{B}_\pi$ をデータから推定できれば, 漸化式 (2.16) に基づく $H$ 回の繰返しによって方策行動価値関数 $q_H^\pi$, ひいては方策価値

$$J(\pi) = \mathbb{E}_{s_0 \sim p_0} \left[ q_H^\pi(s_0, \pi(s_0)) \right]$$

を推定することができる. 任意の関数 $f : \mathcal{S} \times \mathcal{A} \to \mathbb{R}$ と適当な関数近似器 $\mathcal{Q}$ に対して, 近似ベルマン評価作用素 $\widehat{\mathcal{B}}_\pi$ を

$$\widehat{\mathcal{B}}_\pi f := \mathop{\mathrm{argmin}}_{q \in \mathcal{Q}} \, \mathop{\widehat{\mathbb{E}}}_{(s,a,r,s') \sim \mathcal{D}} \left\{ r + \gamma f(s', \pi(s')) - q(s, a) \right\}^2 \tag{2.17}$$

で定義する. 特にサンプル数 $N$ が十分大きく大数の法則が十分な精度で成り立つ場合, 式 (2.17) の目的関数は

$$\mathop{\widehat{\mathbb{E}}}_{(s,a,r,s') \sim \mathcal{D}} \left[ r + \gamma f(s', \pi(s')) - q(s, a) \right]^2$$

$$\approx \mathop{\mathbb{E}}_{(s,a,r,s') \sim d_1^\beta} \left[ r + \gamma f(s', \pi(s')) - q(s, a) \right]^2$$

---

アルゴリズム 2.2　**適合 Q 評価法（FQE）**

1: **Input:** データ $\mathcal{D}$, 方策 $\pi$, 関数近似器 $\mathcal{Q}$, 時間ホライゾン $H$
2: $\widehat{q}_0^\pi \leftarrow 0$
3: **for** $t = 1, \ldots, H$ **do**
4: 　$\widehat{q}_t^\pi \leftarrow \widehat{\mathcal{B}}_\pi \widehat{q}_{t-1}^\pi$ {式 (2.17) に基づく}
5: $\widehat{J}(\pi) \leftarrow \widehat{\mathbb{E}}_{s_0 \sim \mathcal{D}_0} [\widehat{q}_H^\pi(s_0, \pi(s_0))]$
6: **Return:** $\widehat{J}(\pi)$

---

$$= \mathop{\mathbb{E}}_{(s,a) \sim d_1^\beta} [(\mathcal{B}_\pi f)(s,a) - q(s,a)]^2 + \mathop{\mathbb{E}}_{(s,a) \sim d_1^\beta} [\sigma_{f,\pi}^2(s,a)]$$

と評価され，最右辺は $q = \mathcal{B}_\pi f$ のとき最小値をとるため，$\widehat{\mathcal{B}}_\pi$ が $\mathcal{B}_\pi$ の近似として妥当であることがわかる．ただし $\sigma_{f,\pi}^2(s,a) :=$ $\mathbb{V}_{r \sim R(s,a), s' \sim T(s,a)} [r + \gamma f(s', \pi(s'))]$ は関数 $f$ に対するベルマン評価作用素の分散を表し，$q$ とは独立な量である．以上をまとめるとアルゴリズム 2.2 に示す FQE のアルゴリズムが得られる．

### 2.4.3　ミニマックス Q 学習（MQL）

時間ホライゾン $H$ が無限であるとき，方策行動価値関数 $q^\pi(s,a)$ は**ベルマン評価方程式**

$$q^\pi = \mathcal{B}_\pi q^\pi \tag{2.18}$$

を満たす唯一の解である．したがってラグランジュの未定乗数法によれば，$q^\pi$ は次のミニマックス問題の解でもある．

$$\min_q \max_d \sum_{s \in \mathcal{S}, a \in \mathcal{A}} d(s,a) \{(\mathcal{B}_\pi q)(s,a) - q(s,a)\} \quad \text{s.t.} \quad q, d : \mathcal{S} \times \mathcal{A} \to \mathbb{R}$$

$$\tag{2.19}$$

いま適当な関数 $g : \mathcal{S} \times \mathcal{A} \to \mathbb{R}$ をとることで $d(s,a) = d_1^\beta(s,a)g(s,a)$ と書けるとすると，ミニマックス問題 (2.19) の目的関数は次のように行動方策の周辺分布 $d_1^\beta$ の期待値を用いて表すことができる．

$$L_{\mathrm{MQL}}(q,g) := \mathbb{E}_{(s,a) \sim d_1^\beta} [g(s,a) \{(\mathcal{B}_\pi q)(s,a) - q(s,a)\}] \tag{2.20}$$

---

**アルゴリズム 2.3　ミニマックス Q 学習（MQL）**

1: **Input:** データ $\mathcal{D}$, 方策 $\pi$, 関数近似器 $\mathcal{Q}, \mathcal{W}$
2: $\widehat{q}^\pi \leftarrow \mathrm{argmin}_{q \in \mathcal{Q}} \max_{g \in \mathcal{W}} \widehat{L}_{\mathrm{MQL}}(q, g)$
3: $\widehat{J}(\pi) \leftarrow \widehat{\mathbb{E}}_{s_0 \sim \mathcal{D}_0}[\widehat{q}^\pi(s_0, \pi(s_0))]$
4: **Return:** $\widehat{J}(\pi)$

---

さらに $d_1^\beta$ のもとでの期待値および $\mathcal{B}_\pi$ 内部の状態遷移や報酬に関する期待値を $\mathcal{D}$ に基づく経験平均に置き換えると，次のような目的関数の近似が得られる．

$$\widehat{L}_{\mathrm{MQL}}(q, g) := \mathop{\widehat{\mathbb{E}}}_{(s,a,r,s') \sim \mathcal{D}} \left[ g(s,a) \left\{ r + \gamma q(s', \pi(s')) - q(s,a) \right\} \right] \quad (2.21)$$

**ミニマックス Q 学習**（Minimax Q Learning, MQL）[27] は，このような経験近似 $\widehat{L}_{\mathrm{MQL}}(q, g)$ のミニマックス解を近似的に求めることで OPE を解く手法である．具体的な手続きをアルゴリズム 2.3 にまとめる．

 ## 2.5　重点サンプリング法に基づく方策評価

オフライン制約のもとでは，方策価値 $J(\pi)$ を評価するために何らかの方法で反実仮想を行わなければならない．本節では，軌跡データを生成する方策が $\beta$ なのに対して，評価したい量は $\pi$ に従う軌跡に関する期待値 (2.5) であることに着目し，これら 2 つの方策から導かれる軌跡の分布の差を密度比によって吸収することで反実仮想を行う方法を紹介する．

### 2.5.1　重点サンプリング（IS）法

時間ホライゾン $H$ が有限のとき，軌跡の密度比関数 $\rho^\pi(\tau)$ を用いると，方策価値 $J(\pi)$ は以下のように書き換えられる．

$$J(\pi) = \mathop{\mathbb{E}}_{\tau \sim \pi} \left[ \sum_{t=0}^{H-1} \gamma^t r_t \right] = \mathop{\mathbb{E}}_{\tau \sim \beta} \left[ \rho^\pi(\tau) \sum_{t=0}^{H-1} \gamma^t r_t \right]$$

この最右辺を利用した方策価値推定量[28]

$$\widehat{J}_{\mathrm{IS}}(\pi) := \mathop{\widehat{\mathbb{E}}}_{\tau \sim \mathcal{D}} \left[ \widehat{\rho}^\pi(\tau) \sum_{t=0}^{H-1} \gamma^t r_t \right] \quad (2.22)$$

は重点サンプリング（Importance Sampling, IS）推定量と呼ばれる．ここで
重み関数 $\widehat{\rho}^{\pi}(\tau)$ は密度比関数 $\rho^{\pi}(\tau)$ の適当な推定量であり，一般に行動方策
の推定量 $\widehat{\beta}$ を用いて

$$\widehat{\rho}^{\pi}(\tau) := \prod_{t=0}^{H-1} \frac{\pi(a_t|s_t)}{\widehat{\beta}(a_t|s_t)} \tag{2.23}$$

と計算される．$\widehat{\beta}$ については，たとえばデータのカウントに基づく推定量

$$\widehat{\beta}(a|s) := \frac{\sum_{\tau \in \mathcal{D}} \sum_{t=0}^{H-1} 1\{s_t = s, a_t = a\}}{\sum_{\tau \in \mathcal{D}} \sum_{t=0}^{H-1} 1\{s_t = s\}} \qquad (s \in \mathcal{S},\ a \in \mathcal{A}) \tag{2.24}$$

が用いられる．

　IS 推定量の問題点として，重み関数 $\widehat{\rho}^{\pi}(\tau)$ が $H$ 個の掛け算からなるため
$H$ が大きいときに $\widehat{J}_{\mathrm{IS}}(\pi)$ の分散が指数的に大きくなってしまうという，**時間**
**ホライゾンの呪い**（curse of time horizon）の問題が知られる．このような
分散の爆発を緩和するための方法として時刻 $t$ ごとに打ち切られた重み関数
$\widehat{\rho}_t^{\pi}(\tau) := \prod_{t'=0}^{t} \frac{\pi(a_{t'}|s_{t'})}{\widehat{\beta}(a_{t'}|s_{t'})}$ を使うステップ IS 推定量

$$\widehat{J}_{\mathrm{step\text{-}IS}}(\pi) := \mathop{\widehat{\mathbb{E}}}_{\tau \sim \mathcal{D}} \left[ \sum_{t=0}^{H-1} \gamma^t r_t \widehat{\rho}_t^{\pi}(\tau) \right] \tag{2.25}$$

や，さらに重み関数を自己正規化 $\widehat{\rho}_t^{\pi}(\tau) \leftarrow \frac{\widehat{\rho}_t^{\pi}(\tau)}{N_{\tau}^{-1} \sum_{\tau' \in \mathcal{D}} \widehat{\rho}_t^{\pi}(\tau')}$ する重み付け重
点サンプリング（Weighted IS, WIS）推定量[29] が知られている．アルゴリ
ズム 2.4 に IS 推定量とその変種に基づくオフライン方策評価アルゴリズムを
示す．

### 2.5.2　周辺化重点サンプリング（MIS）法

　2.5.1 項で導入した従来の重点サンプリング法とその変種では，方策 $\pi$ の累
積報酬 $\sum_{t=0}^{H-1} \gamma^t r_t$ を確率的な軌跡 $\tau \sim \pi$ の関数と見なし，その期待値を密
度比で補正した経験期待値 $\widehat{\mathbb{E}}_{\tau \sim \mathcal{D}}[\rho^{\pi}(\tau) \sum_{t=0}^{H-1} \gamma^t r_t]$ によって推定していた．
このとき密度比 $\rho^{\pi}(\tau)$ が軌跡の長さ $H$ に対して指数的に大きくなってしまう
という時間ホライゾンの呪いが問題となる．一方，累積報酬を時刻ごとの要素
$\gamma^t r_t$ に分解すればそれらは軌跡 $\tau$ 全体よりもはるかに少ない変数の関数と見
なすことができるので，時刻ごとの要素それぞれの期待値に対して重点サンプ

---

**アルゴリズム 2.4　重点サンプリング (IS) 法とその変種**

1: **Input:** データ $\mathcal{D} = \{\tau_n\}_{n=1}^{N_\tau}$, 方策 $\pi$

2: **if (step-IS) then**

3:　$\widehat{\rho}_t^\pi(\tau) \leftarrow \prod_{t'=0}^{t} \frac{\pi(a_{t'}|s_{t'})}{\widehat{\beta}(a_{t'}|s_{t'})}, \ \tau \in \mathcal{D}$

4: **else**

5:　$\widehat{\rho}_t^\pi(\tau) \leftarrow \prod_{t'=0}^{H-1} \frac{\pi(a_{t'}|s_{t'})}{\widehat{\beta}(a_{t'}|s_{t'})}, \ \tau \in \mathcal{D}$

6: **if (WIS) then**

7:　$\widehat{\rho}_t^\pi(\tau) \leftarrow \frac{\widehat{\rho}_t^\pi(\tau)}{\widehat{\mathbb{E}}_{\tau' \sim \mathcal{D}}[\widehat{\rho}_t^\pi(\tau')]}, \ \tau \in \mathcal{D}$

8:　$\widehat{J}(\pi) \leftarrow \widehat{\mathbb{E}}_{\tau \sim \mathcal{D}} \left[ \sum_{t=0}^{H-1} \gamma^t r_t \, \widehat{\rho}_t^\pi(\tau) \right]$

9: **Return:** $\widehat{J}(\pi)$

---

リング法を適用すればこのような問題は生じないはずである.

すなわち, 時刻 $t$ ごとに周辺化された状態行動ペアの密度比関数 $\mu_t^\pi(s,a)$ を用いると, 方策価値 $J(\pi)$ は以下のように書き換えられる.

$$
\begin{aligned}
J(\pi) &= \mathop{\mathbb{E}}_{\tau \sim \pi} \left[ \sum_{t=0}^{H-1} \gamma^t r_t \right] \\
&= \sum_{t=0}^{H-1} \gamma^t \mathop{\mathbb{E}}_{\tau \sim \pi} [r_t] = \sum_{t=0}^{H-1} \gamma^t \mathop{\mathbb{E}}_{(s,a,r) \sim p_t^\pi} [r] \\
&= \sum_{t=0}^{H-1} \gamma^t \mathop{\mathbb{E}}_{(s,a,r) \sim p_t^\beta} [r \, \mu_t^\pi(s,a)] = \sum_{t=0}^{H-1} \gamma^t \mathop{\mathbb{E}}_{\tau \sim \beta} [r_t \, \mu_t^\pi(s_t,a_t)] \\
&= \mathop{\mathbb{E}}_{\tau \sim \beta} \left[ \sum_{t=0}^{H-1} \gamma^t r_t \, \mu_t^\pi(s_t,a_t) \right]
\end{aligned}
$$

したがって, 周辺密度比 $\mu_t^\pi(s,a)$ の適当な推定量 $\widehat{\mu}_t^\pi(s,a)$ を用いると,

$$
\widehat{J}_{\mathrm{MIS}}(\pi) := \mathop{\widehat{\mathbb{E}}}_{\tau \sim \mathcal{D}} \left[ \sum_{t=0}^{H-1} \gamma^t r_t \, \widehat{\mu}_t^\pi(s_t,a_t) \right] \tag{2.26}
$$

によって $J(\pi)$ を推定することができる. これを**周辺化重点サンプリング** (Marginalized IS, MIS) **推定量**[30] と呼ぶ. $H$ 個の確率変数の積で定義され

---

**アルゴリズム 2.5　周辺化重点サンプリング（MIS）法**

1: **Input:** データ $\mathcal{D} = \{\tau_n\}_{n=1}^{N_\tau}$, 方策 $\pi$
2: $\widehat{\beta} \leftarrow (2.24)$
3: **for** $t = 0, \ldots, H - 1$ **do**
4: $\quad \widehat{d}_t^\beta \leftarrow$ 式 (2.28)
5: $\quad \widehat{d}_t^\pi \leftarrow$ 式 (2.29)
6: $\quad \widehat{J}(\pi) \leftarrow \frac{1}{N_\tau} \sum_{\tau \in \mathcal{D}} \sum_{t=0}^{H-1} \gamma^t r_t \frac{\widehat{d}_t^\pi(s_t)\,\pi(a_t|s_t)}{\widehat{d}_t^\beta(s_t)\,\widehat{\beta}(a_t|s_t)}$
7: **Return:** $\widehat{J}(\pi)$

---

る $\rho^\pi(\tau)$ と違って，MIS 推定量は時間ホライゾン $H$ や時刻 $t$ に対して指数的に発散する項を含まないため，時間ホライゾン $H$ が大きい場合に IS 推定量よりも適した手法であるといえる．

周辺密度関数 $\mu_t^\pi$ の推定に関しては分解式

$$\mu_t^\pi(s, a) = \frac{p_t^\pi(s)\pi(a|s)}{p_t^\beta(s)\beta(a|s)} \qquad (s \in \mathcal{S},\ a \in \mathcal{A}) \tag{2.27}$$

に基づくプラグイン推定が利用できる．このとき $\beta$ については IS 推定と同様に推定すればよい．$p_t^\beta(s)$ については直接のカウントに基づく近似

$$\widehat{p}_t^\beta(s) := \frac{1}{N_\tau} \sum_{\tau \in \mathcal{D}} 1\{s_t = s\} \tag{2.28}$$

によって推定し，$p_t^\pi(s)$ については漸化式

$$\widehat{p}_t^\pi(s) := \begin{cases} \widehat{p}_0^\beta(s) & (t = 0) \\ \sum_{s' \in \mathcal{S}, a' \in \mathcal{A}} \widehat{p}_{t-1}^\pi(s')\,\pi(a'|s')\widehat{T}(s|s', a') & (1 \le t \le H - 1) \end{cases} \tag{2.29}$$

によって推定することができる．ただし，$\widehat{T}(s'|s, a)$ は状態遷移確率 $T(s'|s, a)$ の適当なサンプル近似であり，たとえば任意の $(s, a, s') \in \mathcal{S} \times \mathcal{A} \times \mathcal{S}$ に対して次のように与えられる．

$$\widehat{T}(s'|s, a) := \frac{\sum_{\tau \in \mathcal{D}} \sum_{t=0}^{H-1} 1\{s_t = s, a_t = a, s_{t+1} = s'\}}{\sum_{\tau \in \mathcal{D}} \sum_{t=0}^{H-1} 1\{s_t = s, a_t = a\}}$$

### 2.5.3　ミニマックス重み学習（MWL）

2.5.2 項で導入した MIS 推定量は時刻 $t$ ごとに周辺化密度関数を推定するので，無限時間ホライゾンの場合には直接適用できないという問題がある．これを解決するには時刻に依存しない周辺密度比関数 $w^\pi(s, a)$ を用いればよい．すなわち $H = \infty$ のとき，方策価値 $J(\pi)$ は

$$J(\pi) = \frac{1}{1 - \gamma} \mathop{\mathbb{E}}_{(s,a,r) \sim d_\gamma^\pi} [r] = \frac{1}{1 - \gamma} \mathop{\mathbb{E}}_{(s,a,r) \sim d_1^\beta} [r \, w^\pi(s, a)]$$

と書き換えられるので，周辺密度比 $w^\pi(s, a)$ の適当な推定量 $\widehat{w}^\pi(s, a)$ を用いると，無限時間ホライゾンの MIS 推定量[27], [31]

$$\widehat{J}_{\mathrm{MIS}}(\pi) := \frac{1}{1 - \gamma} \mathop{\widehat{\mathbb{E}}}_{(s,a,r) \sim \mathcal{D}} [r \, \widehat{w}^\pi(s, a)] \tag{2.30}$$

が得られる．このとき有限時間ホライゾンの MIS 推定量とは異なり，時間方向の再帰計算 (2.29) に頼ることなく直接重み関数 $\widehat{w}^\pi(s, a)$ を学習することが可能である．そのために**随伴ベルマン評価方程式**[23]

$$d = \mathcal{B}_\pi^\dagger d \tag{2.31}$$

を考えよう．ここで $\mathcal{B}_\pi^\dagger$ は任意の分布 $d : \mathcal{S} \times \mathcal{A} \to \mathbb{R}$，状態 $s$，行動 $a$ に対して

$$(\mathcal{B}_\pi^\dagger d)(s, a) := \pi(a|s) \left\{ (1 - \gamma)p_0(s) + \gamma \sum_{s' \in \mathcal{S}, a' \in \mathcal{A}} T(s|s', a')d(s', a') \right\} \tag{2.32}$$

で定義される**随伴ベルマン作用素**である．いま $\mathcal{B}_\pi^\dagger$ はその定義から全変動距離 $D_{\mathrm{TV}}(d, d') := \sum_{s \in \mathcal{S}, a \in \mathcal{A}} |d(s, a) - d'(s, a)|$ の意味で $\gamma$-縮小写像であり，また周辺分布 $d_\gamma^\pi$ の定義式 (2.1) より任意の状態 $s$，行動 $a$ に対して

$$(\mathcal{B}_\pi^\dagger d_\gamma^\pi)(s, a) = (1 - \gamma) \left\{ p_0(s)\pi(a|s) + \sum_{t=0}^{\infty} \gamma^{t+1} p_{t+1}^\pi(s, a) \right\}$$

$$= (1 - \gamma) \left\{ d_0^\pi(s, a) + \sum_{t=1}^{\infty} \gamma^t p_t^\pi(s, a) \right\} = d_\gamma^\pi(s, a)$$

が成り立つので，$d_\gamma^\pi$ は随伴ベルマン方程式 (2.31) の唯一解である．

したがってラグランジュの未定乗数法より，$d_\gamma^\pi$ は以下のミニマックス問題の唯一解でもある．

$$\min_d \max_f \sum_{s \in \mathcal{S}, a \in \mathcal{A}} f(s,a) \left\{ (\mathcal{B}_\pi^\dagger d)(s,a) - d(s,a) \right\} \quad \text{s.t.} \quad d, f : \mathcal{S} \times \mathcal{A} \to \mathbb{R}$$

$$(2.33)$$

いま適当な関数 $w : \mathcal{S} \times \mathcal{A} \to \mathbb{R}$ をとることで $d(s,a) = w(s,a)\, d_1^\beta(s,a)$ と書けるとすると，$d = d_\gamma^\pi$ のときかつそのときに限り $w = w^\pi$ であるので，ミニマックス問題 (2.33) を解くことで周辺化重み関数 $w^\pi$ が求まる．ここで目的関数は次のように行動方策の周辺分布 $d_1^\beta$ の期待値を用いて表すことができる．

$$
\begin{aligned}
L_{\mathrm{MWL}}(w, f) &:= \mathop{\mathbb{E}}_{(s,a) \sim \mathcal{B}_\pi^\dagger(wd_1^\beta)} [f(s,a)] - \mathop{\mathbb{E}}_{(s,a) \sim wd_1^\beta} [f(s,a)] \\
&= (1-\gamma) \mathop{\mathbb{E}}_{s_0 \sim p_0} [f(s_0, \pi(s_0))] \\
&\quad + \mathop{\mathbb{E}}_{(s,a,s') \sim d_1^\beta} \left[ w(s,a) \left\{ \gamma f(s', \pi(s')) - f(s,a) \right\} \right]
\end{aligned}
$$

さらに $p_0$ および $d_1^\beta$ のもとでの期待値を経験平均に置き換えると，次のような目的関数の近似が得られる．

$$
\begin{aligned}
\widehat{L}_{\mathrm{MWL}}(w, f) &:= (1-\gamma) \mathop{\widehat{\mathbb{E}}}_{s_0 \sim \mathcal{D}_0} [f(s_0, \pi(s_0))] \\
&\quad + \mathop{\widehat{\mathbb{E}}}_{(s,a,s') \sim \mathcal{D}} \left[ w(s,a) \left\{ \gamma f(s', \pi(s')) - f(s,a) \right\} \right]
\end{aligned}
$$

**ミニマックス重み学習**（Minimax Weight Learning, MWL）[27] は，このような経験近似 $\widehat{L}_{\mathrm{MWL}}(w, f)$ のミニマックス解を求めることで OPE を解く手法である．具体的な手続きをアルゴリズム 2.6 にまとめる．

---

アルゴリズム 2.6　**ミニマックス重み学習（MWL）**

---

1: **Input:** データ $\mathcal{D}$, 方策 $\pi$, 関数近似器 $\mathcal{W}, \mathcal{Q}$
2: $\widehat{w}^\pi \leftarrow \operatorname{argmin}_{w \in \mathcal{W}} \max_{f \in \mathcal{Q}} \widehat{L}_{\mathrm{MWL}}(w, f)$
3: $\widehat{J}(\pi) \leftarrow \dfrac{\widehat{\mathbb{E}}_{(s,a,r) \sim \mathcal{D}}[r\, \widehat{w}^\pi(s,a)]}{1-\gamma}$
4: **Return:** $\widehat{J}(\pi)$

---

**2.6 2重ロバスト法に基づく方策評価**

価値関数推定に基づく方策評価法（2.4 節）と密度関数推定に基づく方策評価法（2.5 節）の両者の強みを併せ持つ手法として，本節では 2 重ロバスト推定量に基づくオフライン方策評価法を紹介する．

価値関数推定に基づく手法では，価値関数の推定量 $\widehat{q}_H^\pi$ について経験期待値をとる直接法（Direct Method, DM）

$$\widehat{J}_{\mathrm{DM}}(\pi) := \underset{s_0 \sim \mathcal{D}_0}{\widehat{\mathbb{E}}} \left[ \widehat{q}_H^\pi(s_0, \pi(s_0)) \right]$$

によって方策価値が推定されるのに対して，密度関数推定に基づく手法では，密度比関数の推定量 $\widehat{\rho}^\pi$ と累積報酬の積について経験期待値をとる重点サンプリング（Importance Sampling, IS）法

$$\widehat{J}_{\mathrm{IS}}(\pi) := \underset{\tau \sim \mathcal{D}}{\widehat{\mathbb{E}}} \left[ \sum_{t=0}^{H-1} \gamma^t r_t \, \widehat{\rho}^\pi(\tau) \right]$$

もしくはその周辺化によって方策価値が推定されるのだった．このとき前者は有界な値 $q_H^\pi(s_0, \pi(s_0))$ の推定値の経験期待値であるのに対して，後者は有界とは限らない値 $\sum_{t=0}^{H-1} \gamma^t r_t \rho^\pi(\tau)$ の推定値の経験期待値であるため，推定量の分散の意味では傾向として前者が優れている．一方，2 つの推定量 $\widehat{J}_{\mathrm{DM}}(\pi)$ と $\widehat{J}_{\mathrm{IS}}(\pi)$ はそれぞれ価値関数 $q_H^\pi$ および密度関数 $\rho_t^\pi$ が正しく推定できている場合に期待値の不偏性が保証されるため，推定量のバイアスの意味では両者のうちどちらが優れているかは一概にはいえない．ただし，行動方策 $\beta$ が既知である場合には $\rho_t^\pi$ も既知であるため，IS 推定量は不偏となる．これに対して，本節で紹介する 2 重ロバスト推定量は，IS 推定量よりも小さな分散を持ち，DM 推定量と IS 推定量のどちらかが不偏であるならばそれ自身も不偏となる推定量である．

以降，データはあらかじめ互いに独立な部分集合 $\mathcal{D}$, $\mathcal{D}'$ に分けられており，価値関数の推定量 $\widehat{q}_H^\pi$, $\widehat{q}^\pi$ および密度比関数の推定量 $\widehat{\rho}_t^\pi$, $\widehat{\mu}_t^\pi$, $\widehat{w}^\pi$ がそれぞれデータ $\mathcal{D}'$ のみに基づいて計算されていると仮定する[注7]．すなわち，各種推定

---

[注7] よりデータを無駄なく活用するために $\mathcal{D}$ と $\mathcal{D}'$ の役割を入れ替えて複数回推定するなどの工夫が提案されている[20] が，ここでは簡単のため省略する．

量 $\widehat{q}_H^\pi$, $\widehat{q}^\pi$, $\widehat{\rho}_t^\pi$, $\widehat{\mu}_t^\pi$, $\widehat{w}^\pi$ とこれ以降登場するデータ $\mathcal{D}$ は独立であるとする.

### 2.6.1  文脈付きバンディットにおける2重ロバスト推定

まずは簡単のため,文脈付きバンディット(contextual bandit)の設定,すなわち $H = 1$ のときを考える.このとき各軌跡 $\tau$ は3つ組 $(s_0, a_0, r_0)$ と同一視され,方策価値は $J(\pi) = \mathbb{E}_{\tau \sim \beta}[r_0]$ となる.このとき IS 法では軌跡の密度比関数 $\rho_0^\pi(\tau) = \frac{\pi(a_0|s_0)}{\beta(a_0|s_0)}$ の適当な推定量 $\widehat{\rho}_0^\pi(\tau) = \frac{\pi(a_0|s_0)}{\widehat{\beta}(a_0|s_0)}$ を用いて $J(\pi)$ が次のように推定されるのであった.

$$\widehat{J}_{\mathrm{IS}}(\pi) = \widehat{\mathbb{E}}_{\tau \sim \mathcal{D}}[r_0\,\widehat{\rho}_0^\pi(\tau)] \tag{2.34}$$

ここで密度比 $\widehat{\rho}_0^\pi(\tau) \approx \rho_0^\pi(\tau)$ は $\pi$ と $\beta$ の与えられ方に依存して任意の正数をとりうるため,ホライズンが $H = 1$ であっても $\widehat{J}_{\mathrm{IS}}(\pi)$ の分散の大きさが問題になることがある.IS 推定量の分散を抑制するために,次のような方策価値の式変形を考えよう.

$$\begin{aligned} J(\pi) &= \mathbb{E}_{\tau \sim \beta}[r_0\,\rho_0^\pi(\tau)] \\ &= \mathbb{E}_{\tau \sim \beta}[f(s_0, a_0)\,\rho_0^\pi(\tau) + \{r_0 - f(s_0, a_0)\}\,\rho_0^\pi(\tau)] \\ &= \mathbb{E}_{\tau \sim \beta}[f(s_0, \pi(s_0)) + \{r_0 - f(s_0, a_0)\}\,\rho_0^\pi(\tau)] \end{aligned} \tag{2.35}$$

ただし $f : \mathcal{S} \times \mathcal{A} \to \mathbb{R}$ は任意の関数であり,報酬 $r_0$ からベースライン $f(s_0, a_0)$ を差し引く効果があるためベースライン関数と呼ばれる.ここで最右辺の期待値を経験期待値に置き換え,密度比を推定量 $\widehat{\rho}_0^\pi(\tau)$ で近似することで,ベースライン付き IS 推定量

$$\widehat{J}_{\text{b-IS}}(\pi) = \widehat{\mathbb{E}}_{\tau \sim \mathcal{D}}[f(s_0, \pi(s_0)) + \{r_0 - f(s_0, a_0)\}\,\widehat{\rho}_0^\pi(\tau)] \tag{2.36}$$

が得られる.このとき特にベースライン関数の値 $f(s_0, a_0)$ が報酬 $r_0$ の良い近似であって近似誤差 $|r_0 - f(s_0, a_0)|$ が小さければ,その分推定量に対する密度比 $\widehat{\rho}_0^\pi(\tau)$ の寄与も小さくなり,全体として推定量の分散を小さく抑えられるはずである.実際に分散に対するベースライン関数の効果を調べてみよう.以下,文脈付きバンディットの価値関数は $q_1^\pi(s, a) = \mathbb{E}[r_0|s_0 = s, a_0 = a]$ と書けることに注意する.一般の確率変数 $X$, $Z$ に対する分散の分解公式

$\mathbb{V}[X] = \mathbb{E}[\mathbb{V}[X|Z]] + \mathbb{V}[\mathbb{E}[X|Z]]$ を 2 回適用すると，$\widehat{\rho}_0^\pi = \rho_0^\pi$ のときのベースライン付き IS 推定量の軌跡あたりの分散は

$$\underset{\tau \sim \beta}{\mathbb{V}} \left[ f(s_0, \pi(s_0)) + \{r_0 - f(s_0, a_0)\} \rho_0^\pi(\tau) \right]$$

$$= \underset{\tau \sim \beta}{\mathbb{E}} \left[ \underset{\tau \sim \beta}{\mathbb{V}} [r_0|s_0, a_0] \rho_0^\pi(\tau) \right]$$

$$+ \underset{\tau \sim \beta}{\mathbb{V}} \left[ f(s_0, \pi(s_0)) + \{q_1^\pi(s_0, a_0) - f(s_0, a_0)\} \rho_0^\pi(\tau) \right]$$

$$= \underset{\tau \sim \beta}{\mathbb{E}} \left[ \underset{\tau \sim \beta}{\mathbb{V}} [r_0|s_0, a_0] \rho_0^\pi(\tau) \right]$$

$$+ \underset{\tau \sim \beta}{\mathbb{E}} \left[ \underset{\tau \sim \beta}{\mathbb{V}} [\{q_1^\pi(s_0, a_0) - f(s_0, a_0)\} \rho_0^\pi(\tau)|s_0] \right] + \underset{\tau \sim \beta}{\mathbb{V}} [q_1^\pi(s_0, \pi(s_0))]$$

と分解され，推定量全体の分散はこの $\frac{1}{N_\tau}$ 倍となる．このとき右辺は $f(s, a) = q_1^\pi(s, a)$, $s \in \mathcal{S}$, $a \in \mathcal{A}$ のとき最小値を達成するので，ベースライン関数として $f = q_1^\pi$ を導入することで，一般にベースラインなしの IS 推定量よりも小さい分散を達成可能である．ただし，実用上は価値関数 $q_1^\pi(s, a)$ の値は未知であるため適当な推定量 $\widehat{q}_1^\pi(s, a)$ で代用する．こうして得られる最適ベースライン付き IS 推定量[32]

$$\widehat{J}_{\mathrm{DR}}(\pi) = \underset{\tau \sim \mathcal{D}}{\widehat{\mathbb{E}}} \left[ \widehat{q}_1^\pi(s_0, \pi(s_0)) + \{r_0 - \widehat{q}_1^\pi(s_0, a_0)\} \widehat{\rho}_0^\pi(\tau) \right] \tag{2.37}$$

は分散の意味で上に述べた最適性を満たすだけでなく，期待値の意味で **2 重ロバスト性**という良い性質を持つため，2 重ロバスト（Doubly Robust, DR）推定量と呼ばれる．すなわち，$\widehat{q}_1^\pi$ および $\widehat{\rho}_0^\pi$ とデータ $\mathcal{D}$ の独立性より

$$\mathbb{E}\left[ \widehat{J}_{\mathrm{DR}}(\pi) \right] - J(\pi)$$

$$= \underset{\tau \sim \beta}{\mathbb{E}} \left[ \widehat{q}_1^\pi(s_0, \pi(s_0)) + \{r_0 - \widehat{q}_1^\pi(s_0, a_0)\} \widehat{\rho}_0^\pi(\tau) - r_0 \rho_0^\pi(\tau) \right]$$

$$= \underset{\tau \sim \beta}{\mathbb{E}} \left[ \{r_0 - \widehat{q}_1^\pi(s_0, a_0)\} \{\widehat{\rho}_0^\pi(\tau) - \rho_0^\pi(\tau)\} \right]$$

$$= \underset{\tau \sim \beta}{\mathbb{E}} \left[ \{q_1^\pi(s_0, a_0) - \widehat{q}_1^\pi(s_0, a_0)\} \{\widehat{\rho}_0^\pi(\tau) - \rho_0^\pi(\tau)\} \right]$$

であるので，コーシー–シュワルツの不等式より

$$\left| \mathbb{E}\left[ \widehat{J}_{\mathrm{DR}}(\pi) \right] - J(\pi) \right| \leq \|q_1^\pi - \widehat{q}_1^\pi\|_{p_0^\beta} \cdot \|\widehat{\rho}_0^\pi - \rho_0^\pi\|_\beta$$

が成り立つ．つまり，任意の価値関数の推定量 $\widehat{q}_1^\pi$ および密度比関数の推定量 $\widehat{\rho}_0^\pi$ について，行動価値の推定誤差 $\|q_1^\pi - \widehat{q}_1^\pi\|_{p_0^\beta}$ もしくは密度比の推定誤差 $\|\widehat{\rho}_0^\pi - \rho_0^\pi\|_\beta$ のどちらか一方が小さければ推定量 $\widehat{J}_{\mathrm{DR}}(\pi)$ のバイアスも小さくなる．ただし任意の関数 $f(x)$ に関して，$\|f\|_P := \mathbb{E}_{x \sim P}\left[f^2(x)\right]$ は確率分布 $P$ のもとでの $L^2$-ノルムを表す．

### 2.6.2　有限時間マルコフ決定過程における2重ロバスト推定

文脈付きバンディット（$H = 1$）では，IS推定量 (2.22) に対して分散を最小化するベースライン関数を導入することで2重ロバスト推定が導かれた．一般の有限時間マルコフ決定過程（$1 \le H < \infty$）でも，ステップIS推定量 (2.25) に最適なベースライン関数を導入することで2重ロバスト推定量が導かれる．

いま，任意の関数 $f_t : \mathcal{S} \times \mathcal{A} \to \mathbb{R}$（$0 \le t \le H-1$）に対して，方策価値 $J(\pi)$ は

$$
\begin{aligned}
J(\pi) &= \mathbb{E}_{\tau \sim \pi}\left[\sum_{t=0}^{H-1} \gamma^t r_t\right] = \mathbb{E}_{\tau \sim \beta}\left[\sum_{t=0}^{H-1} \gamma^t r_t\, \rho_t^\pi(\tau)\right] \\
&= \mathbb{E}_{\tau \sim \beta} \sum_{t=0}^{H-1} \gamma^t \left[f_t(s_t, \pi(s_t))\, \rho_{t-1}^\pi(\tau) + \{r_t - f_t(s_t, a_t)\}\, \rho_t^\pi(\tau)\right] \quad (2.38)
\end{aligned}
$$

と書くことができる．右辺の期待値を経験期待値で置き換え，密度比 $\rho_t^\pi(\tau)$ を適当な推定量 $\widehat{\rho}_t^\pi(\tau)$ で置き換えることで得られるベースライン付き推定量

$$
\widehat{J}_{\text{b-IS}}(\pi) := \widehat{\mathbb{E}}_{\tau \sim \mathcal{D}} \sum_{t=0}^{H-1} \gamma^t \left[f_t(s_t, \pi(s_t))\, \widehat{\rho}_{t-1}^\pi(\tau) + \{r_t - f_t(s_t, a_t)\}\, \widehat{\rho}_t^\pi(\tau)\right]
$$

$$(2.39)$$

を考えよう．このとき

$$
\begin{aligned}
&\mathbb{E}_{\tau \sim \beta}\left[\sum_{t=0}^{H-1} \gamma^t f_t(s_t, \pi(s_t))\, \rho_{t-1}^\pi(\tau) + \{r_t - f_t(s_t, a_t)\}\, \rho_t^\pi(\tau) \,\middle|\, \tau_{\le t-1}, s_t, a_t\right] \\
&= \sum_{t'=0}^{t} \gamma^{t'} \left[f_t(s_{t'}, \pi(s_{t'}))\, \rho_{t'-1}^\pi(\tau) - \{r_{t'} - f_{t'}(s_{t'}, a_{t'})\}\, \rho_{t'}^\pi(\tau)\right] \\
&\quad + \gamma^t q_{H-t}^\pi(s_t, a_t)\, \rho_t^\pi(\tau)
\end{aligned}
$$

であるので，軌跡あたりの分散は以下のように分解される．

$$
\mathop{\mathbb{V}}_{\tau \sim \beta} \left[ \sum_{t=0}^{H-1} \gamma^t \Big[ f_t(s_t, \pi(s_t)) \, \rho_{t-1}^\pi(\tau) + \{ r_t - f_t(s_t, a_t) \} \, \rho_t^\pi(\tau) \Big] \right]
$$

$$
= \sum_{t=0}^{H-1} \gamma^{2t} \left\{ \mathop{\mathbb{E}}_{\tau \sim \beta} \left[ \mathop{\mathbb{V}}_{\tau \sim \beta} [r_t | s_t, a_t] \, \rho_t^\pi(\tau) \right] \right.
$$

$$
+ \mathop{\mathbb{E}}_{\tau \sim \beta} \left[ \mathop{\mathbb{V}}_{\tau \sim \beta} [\{ q_{H-t}^\pi(s_t, a_t) - f_t(s_t, a_t) \} \, \rho_t^\pi(\tau) \, | \, \tau_{\leq t-1}, s_t] \right]
$$

$$
\left. + \mathop{\mathbb{V}}_{\tau \sim \beta} [q_{H-t}^\pi(s_t, \pi(s_t)) \, \rho_{t-1}^\pi(\tau) \, | \, \tau_{\leq t-1}] \right\}
$$

したがって，最適なベースライン関数は $f_t = q_{H-t}^\pi$ $(0 \leq t \leq H-1)$ であり，その推定値である $f_t = \widehat{q}_{H-t}^\pi$ を式 (2.39) に代入すると，一般の有限時間ホライゾン $H$ に対して拡張された DR 推定量[33], [34]

$$
\widehat{J}_{\mathrm{DR}}(\pi)
$$

$$
:= \mathop{\widehat{\mathbb{E}}}_{\tau \sim \mathcal{D}} \sum_{t=0}^{H-1} \gamma^t \Big[ \widehat{q}_{H-t}^\pi(s_t, \pi(s_t)) \, \widehat{\rho}_{t-1}^\pi(\tau) + \{ r_t - \widehat{q}_{H-t}^\pi(s_t, a_t) \} \, \widehat{\rho}_t^\pi(\tau) \Big]
$$

$$
= \mathop{\widehat{\mathbb{E}}}_{s_0 \sim \mathcal{D}_0} [\widehat{q}_H^\pi(s_0, \pi(s_0))]
$$

$$
+ \sum_{t=0}^{H-1} \gamma^t \mathop{\widehat{\mathbb{E}}}_{\tau \sim \mathcal{D}} [\{ r_t + \gamma \widehat{q}_{H-t-1}^\pi(s_{t+1}, \pi(s_{t+1})) - \widehat{q}_{H-t}^\pi(s_t, a_t) \} \, \widehat{\rho}_t^\pi(\tau)]
$$

$$
\tag{2.40}
$$

が得られる．ただし便宜上 $\widehat{q}_0^\pi(\cdot, \cdot) = 0$ と約束する．拡張された DR 推定量は拡張前と同じく期待値の意味で 2 重ロバストである．すなわち，$\widehat{q}_{H-t}^\pi$ および $\widehat{\rho}_t^\pi$ とデータ $\mathcal{D}$ の独立性より

$$
\mathbb{E} \left[ \widehat{J}_{\mathrm{DR}}(\pi) \right] - J(\pi) = \mathop{\mathbb{E}}_{\tau \sim \beta} [\widehat{q}_H^\pi(s_0, \pi(s_0))] - J(\pi)
$$

$$
+ \mathop{\mathbb{E}}_{\tau \sim \beta} \left[ \sum_{t=0}^{H-1} \gamma^t \{ r_t + \gamma \widehat{q}_{H-t-1}^\pi(s_{t+1}, \pi(s_{t+1})) - \widehat{q}_{H-t}^\pi(s_t, a_t) \} \, \widehat{\rho}_t^\pi(\tau) \right]
$$

$$
= \mathop{\mathbb{E}}_{\tau \sim \beta} [\widehat{q}_H^\pi(s_0, \pi(s_0))] - \mathop{\mathbb{E}}_{\tau \sim \beta} \left[ \sum_{t=0}^{H-1} \gamma^t r_t \, \rho_t^\pi(\tau) \right]
$$

$$
+ \mathop{\mathbb{E}}_{\tau \sim \beta} \left[ \sum_{t=0}^{H-1} \gamma^t (\mathcal{B}_\pi \widehat{q}_{H-t-1}^\pi - \widehat{q}_{H-t}^\pi)(s_t, a_t) \, \widehat{\rho}_t^\pi(\tau) \right]
$$

$$
= - \mathop{\mathbb{E}}_{\tau \sim \beta} \left[ \sum_{t=0}^{H-1} \gamma^t \{ r_t + \gamma \widehat{q}_{H-t-1}^\pi(s_{t+1}, \pi(s_{t+1})) - \widehat{q}_{H-t}^\pi(s_t, a_t) \} \rho_t^\pi(\tau) \right]
$$

$$
+ \mathop{\mathbb{E}}_{\tau \sim \beta} \left[ \sum_{t=0}^{H-1} \gamma^t (\mathcal{B}_\pi \widehat{q}_{H-t-1}^\pi - \widehat{q}_{H-t}^\pi)(s_t, a_t) \, \widehat{\rho}_t^\pi(\tau) \right]
$$

$$
= \sum_{t=0}^{H-1} \gamma^t \mathop{\mathbb{E}}_{\tau \sim \beta} \left[ (\mathcal{B}_\pi \widehat{q}_{H-t-1}^\pi - \widehat{q}_{H-t}^\pi)(s_t, a_t) \{ \widehat{\rho}_t^\pi(\tau) - \rho_t^\pi(\tau) \} \right]
$$

であるので，コーシー–シュワルツの不等式より

$$
\left| \mathbb{E}\left[ \widehat{J}_{\mathrm{DR}}(\pi) \right] - J(\pi) \right| \leq \sum_{t=0}^{H-1} \gamma^t \, \| \mathcal{B}_\pi \widehat{q}_{H-t-1}^\pi - \widehat{q}_{H-t}^\pi \|_{p_t^\beta} \cdot \| \widehat{\rho}_t^\pi - \rho_t^\pi \|_\beta
$$

$$
\tag{2.41}
$$

が成り立つ．つまり時刻 $t$ ごとに行動価値関数のベルマン残差 $\| \mathcal{B}_\pi \widehat{q}_{H-t-1}^\pi - \widehat{q}_{H-t}^\pi \|_{p_t^\beta}$ もしくは密度比関数の推定誤差 $\| \widehat{\rho}_t^\pi - \rho_t^\pi \|_\beta$ のどちらか一方が小さければ推定量 $\widehat{J}_{\mathrm{DR}}(\pi)$ のバイアスも小さくなることが保証される．

### 2.6.3　周辺化された2重ロバスト推定

2重ロバスト推定の文脈においても，重点サンプリングの周辺化（2.5.2項）および無限時間ホライゾンへの拡張（2.5.3項）が有効である．すなわち，DR推定量 (2.40) に現れる密度比推定量を適宜周辺化すると，周辺化された2重ロバスト推定量

$$
\widehat{J}_{\mathrm{MDR}}(\pi)
$$

$$
:= \mathop{\widehat{\mathbb{E}}}_{s_0 \sim \mathcal{D}_0} \left[ \widehat{q}_H^\pi(s_0, \pi(s_0)) \right]
$$

$$
+ \mathop{\widehat{\mathbb{E}}}_{\tau \sim \mathcal{D}} \left[ \sum_{t=0}^{H-1} \gamma^t \{ r_t + \gamma \widehat{q}_{H-t-1}^\pi(s_{t+1}, \pi(s_{t+1})) - \widehat{q}_{H-t}^\pi(s_t, a_t) \} \widehat{\mu}_t^\pi(s_t, a_t) \right]
$$

が得られ，さらに $H \to \infty$ の極限において $\gamma^t \widehat{\mu}_t^\pi$ を時刻 $t \geq 0$ に関して平均化すると，無限時間ホライゾンの2重ロバスト推定量[20], [35]

$$\widehat{J}_{\mathrm{DRL}}(\pi)$$

$$:= \underset{s_0 \sim \mathcal{D}_0}{\widehat{\mathbb{E}}} \left[ \widehat{q}^{\pi}(s_0, \pi(s_0)) \right]$$

$$+ \frac{1}{1-\gamma} \underset{(s,a,r,s') \sim \mathcal{D}}{\widehat{\mathbb{E}}} \left[ \left\{ r + \gamma \widehat{q}^{\pi}(s', \pi(s')) - \widehat{q}^{\pi}(s,a) \right\} \widehat{w}^{\pi}(s,a) \right] \quad (2.42)$$

が得られる. $\widehat{J}_{\mathrm{DRL}}(\pi)$ を用いたオフライン強化学習は特に 2 重強化学習 (Double Reinforcement Learning, DRL)[20] と呼ばれる. また, これらの拡張された DR 推定量では, 拡張前と同様に以下のような 2 重ロバスト性が成り立つ.

$$\left| \mathbb{E}\left[ \widehat{J}_{\mathrm{MDR}}(\pi) \right] - J(\pi) \right| \leq \sum_{t=0}^{H-1} \gamma^t \left\| \mathcal{B}_\pi \widehat{q}^{\pi}_{H-t-1} - \widehat{q}^{\pi}_{H-t} \right\|_{p_t^{\beta}} \cdot \left\| \widehat{\mu}^{\pi}_t - \mu^{\pi}_t \right\|_{p_t^{\beta}},$$

$$\left| \mathbb{E}\left[ \widehat{J}_{\mathrm{DRL}}(\pi) \right] - J(\pi) \right| \leq \frac{1}{1-\gamma} \left\| \mathcal{B}_\pi \widehat{q}^{\pi} - \widehat{q}^{\pi} \right\|_{d_1^{\beta}} \cdot \left\| \widehat{w}^{\pi} - w^{\pi} \right\|_{d_1^{\beta}}$$

煩雑な式変形の繰返しを避けるため, これらの不等式の導出については省略する.

##  2.7　行動模倣に基づく方策正則化

本節では, 分布ミスマッチ由来の困難 (2.3.1 項) をアルゴリズム上の工夫で解決するアプローチの 1 つとして, 行動模倣に基づくオフライン強化学習の代表的な手法を紹介する.

行動模倣に基づくオフライン強化学習では, 分布ミスマッチを抑えるために, 最適化方策 $\pi$ が行動方策 $\beta$ から離れすぎないような正則化項を追加する. このとき, $\pi$ と $\beta$ の距離の定量化の仕方や最適化の変数のとり方によって様々な手法が存在する.

### 2.7.1　TD3 ＋ 行動模倣 (TD3+BC)

TD3+BC[36] は, オンライン強化学習の代表的アルゴリズムである Twin Delayed DDPG (TD3)[37] に対して, 行動模倣に基づく簡単な正則化項を加えたアルゴリズムである. TD3 は actor-critic アルゴリズムの一種であり, 決定的な最適方策の推定量 $\widehat{\pi} : \mathcal{S} \to \mathcal{A}$ と最適価値関数の推定量 $\widehat{q} : \mathcal{S} \times \mathcal{A} \to \mathbb{R}$ を繰り返し更新しながら学習するアルゴリズムであった. 特に, $\widehat{q}$ が与えられたもとでの $\widehat{\pi}$ の理想的な更新は以下のように与えられる.

$$\hat{\pi} \leftarrow \operatorname*{argmax}_{\pi \in \Pi} \frac{1}{N} \sum_{n=1}^{N} \hat{q}(s_n, \pi(s_n))$$

ただし，$s_n$ はそれまでの環境とアルゴリズムのやりとりで観測された状態である．オフラインの設定に適用するために TD3+BC ではこれをオフラインデータ $\mathcal{D}$ からのサンプリングで置き換え，さらに最適化中の方策 $\pi$ のとる行動が，データから離れすぎないための正則化項を追加する．すなわち，次の更新式

$$\hat{\pi} \leftarrow \operatorname*{argmax}_{\pi \in \Pi} \frac{1}{N} \sum_{(s,a,r,s') \in \mathcal{D}} \left\{ \lambda \hat{q}(s, \pi(s)) - (\pi(s) - a)^2 \right\}$$

をもとに方策を更新する．ただし $\lambda > 0$ は正則化の強さを定める重み係数である．TD3+BC はその実装の簡単さにも関わらず，より複雑な他のオフライン強化学習アルゴリズムと同等以上の性能を発揮することがあると報告されている．

### 2.7.2 **Decision Transformer（DT）**

強化学習の正則化項として行動模倣を取り入れる先ほどのアプローチの逆として，行動模倣を起点に拡張して強化学習を解く方法を考えてみよう．直観的には，最適な方策とは結局最も高い累積報酬を達成するような行動を与える方策なのだから，「大きな累積報酬の達成に寄与した」という条件を満たす行動のみを抽出して模倣すれば強化学習を解くことができそうである．すなわち，行動方策 $\beta$ に従って行動した場合に時刻 $t$ から $H-1$ までの間得られる累積報酬を $\hat{R}_t := \sum_{t'=t}^{H-1} r_{t'}$ で表すとき，時刻 $0 \le t \le H-1$ ごとに $\hat{R}_t$ で条件付けられた行動方策 $\tilde{\beta}_t(a_t | \hat{R}_t, s_t)$ を学習し，$\hat{R}_t$ に大きな値を代入すればよい．以下，時間ホライゾンが有限の場合を考える．

いま，環境 $\mathcal{M}$ のもとで方策 $\beta$ に従って行動したときの確率分布全般を $p(\cdot; \mathcal{M}, \beta)$ と書くことにすると，ベイズの定理によって

$$\tilde{\beta}_t(a_t | \hat{R}_t, s_t) = \frac{\beta(a_t | s_t)\, p(\hat{R}_t | s_t, a_t; \mathcal{M}, \beta)}{p(\hat{R}_t | s_t; \mathcal{M}, \beta)}$$
$$\propto \beta(a_t | s_t)\, p(\hat{R}_t | s_t, a_t; \mathcal{M}, \beta) \tag{2.43}$$

という分解が得られる．このとき，$\tilde{\beta}_t$ は通常の行動方策 $\beta$ を重み関数 $w_t(a_t; \hat{R}_t, s_t) := p(\hat{R}_t | s_t, a_t; \mathcal{M}, \beta)$ で重み付け・正規化したものに等しい．

特に累積報酬 $\widehat{R}_t$ をその上限値 $R_t^* = (H - h + 1)R_{\max}$ で条件付ける場合，重み $w_t(a_t; R_t^*, s_t)$ は行動 $a_t$ ごとにその後の累積報酬が最適値 $R_t^*$ に達した割合と見なせるので，将来的に最適な報酬が得られる割合が高い行動に対して $\widetilde{\beta}_t$ は $\beta$ よりもより大きい確率を割り当てることになる．したがって，$\widetilde{\beta}_t$ を推定することで，行動方策 $\beta$ よりも良い方策が得られることが期待され[♠8]，近似的に強化学習を解くことが可能である．

　より一般に，データ $\mathcal{D}$ の中に異なる行動方策の軌跡が混合している場合など，行動方策が非マルコフ的である場合を考慮して，履歴依存の方策 $\beta(a_t|s_1, a_1, \ldots, s_{t-1}, a_{t-1}, s_t)$ に関して $\widehat{R}_t$ で条件付けた確率分布の学習を行うことにする．このとき，行動 $a_t$ を予測する上で，$\widehat{R}_t$ と時系列

$$s_1, a_1, \ldots, s_{t-1}, a_{t-1}, s_t$$

による条件付けが過去の累積報酬 $\widehat{R}_{t'}$（$0 \le t' < t$）をすべて含めた時系列

$$\widehat{R}_1, s_1, a_1, \ldots, \widehat{R}_{t-1}, s_{t-1}, a_{t-1}, \widehat{R}_t, s_t$$

による条件付けと同値であることを用いると，

$$
\begin{aligned}
&\widetilde{\beta}_t(a_t|s_1, a_1, \ldots, s_{t-1}, a_{t-1}, \widehat{R}_t, s_t) \\
&= \widetilde{\beta}_t(a_t|\widehat{R}_1, s_1, a_1, \ldots, \widehat{R}_{t-1}, s_{t-1}, a_{t-1}, \widehat{R}_t, s_t)
\end{aligned}
$$

が成り立つ．ここで右辺は累積報酬，状態，行動の 3 変数からなる時系列

$$\widehat{R}_1, s_1, a_1, \widehat{R}_2, s_2, a_2, \ldots, \widehat{R}_t, s_t, a_t, \ldots$$

の行動 $a_t$ に関する自己回帰型の確率分布と見なせる．これを自己回帰型確率モデルの一種であるトランスフォーマーを用いて学習するのが Decision Transformer（**DT**）[38] である．

### 2.7.3 Primal-dual Regularized Offline Reinforcement Learning（PRO-RL）

方策 $\pi$ の代わりに方策の周辺分布 $d_\gamma^\pi$ そのものを最適化変数と見なし，行動

---

[♠8] ただし，一般に最大累積報酬 $R_t^*$ を達成する確率が高いからといって期待累積報酬が大きくなるとは限らないため，標準的な強化学習の指標においてより良い方策が得られる厳密な保証はない．

模倣に基づく正則化を加えることでより直接的に分布ミスマッチ $D_{\chi^2}(d_\gamma^\pi, d_1^\beta)$ を小さく抑える手法として，Primal-dual Regularized Offline Reinforcement Learning（**PRO-RL**）[39] を紹介しよう．以下，時間ホライゾンが無限の場合を考える．

準備として，随伴ベルマン方程式 (2.31) の別表現を導入する．任意の状態行動空間 $\mathcal{S} \times \mathcal{A}$ 上の確率分布 $d$ に対応する方策を

$$\pi_d(a|s) := \frac{d(s,a)}{\sum_{a' \in \mathcal{A}} d(s,a')} \quad (s \in \mathcal{S},\ a \in \mathcal{A})$$

とおき，随伴ベルマン方程式 (2.31) の両辺を $\pi_d$ で割ると，等式

$$\sum_{a' \in \mathcal{A}} d(s,a') = \frac{d(s,a)}{\pi_d(a|s)} = \frac{(\mathcal{B}_\pi^\dagger d)(s,a)}{\pi_d(a|s)}$$

$$= \frac{\pi(a|s)}{\pi_d(a|s)} \left\{ (1-\gamma)\, p_0(s) + \gamma \sum_{s' \in \mathcal{S}, a' \in \mathcal{A}} T(s|s',a') d(s',a') \right\}$$

が得られる．この等式が任意の状態行動ペア $(s,a)$ について成り立つことから，随伴ベルマン方程式 $d = \mathcal{B}_\pi^\dagger d$ は以下の両式が成り立つことと同値である．

$$\pi = \pi_d, \qquad 1_{\mathcal{A}}\, d = (1-\gamma)\, p_0 + \gamma T d \tag{2.44}$$

ただし $1_{\mathcal{A}}$ と $T$ はそれぞれ行動の周辺化作用素 $(1_{\mathcal{A}}\, d)(s) := \sum_{a' \in \mathcal{A}} d(s,a')$ と状態遷移作用素 $(Td)(s) := \sum_{s' \in \mathcal{S}, a' \in \mathcal{A}} T(s|s',a') d(s',a')$ を表す．

一方，任意の状態 $s$，行動 $a$ に対する報酬の期待値を $r(s,a) := \mathbb{E}_{r \sim R(s,a)}[r]$ とおくと，方策価値 $J(\pi)$ は以下のように方策の周辺分布 $d_\gamma^\pi$ の関数として書くことができる．

$$J(\pi) = \frac{1}{1-\gamma} \mathop{\mathbb{E}}_{(s,a) \sim d_\gamma^\pi} [r(s,a)]$$

また $d_\gamma^\pi$ は随伴ベルマン方程式 (2.31) によって特徴付けられるので，$J(\pi)$ の最大化は以下の線形計画問題と等価である．

$$\max_{\pi,d} \mathop{\mathbb{E}}_{(s,a) \sim d} [r(s,a)] \quad \text{s.t.} \quad \pi \in \Pi_0,\ d = \mathcal{B}_\pi^\dagger d \tag{2.45}$$

ただし $\Pi_0 := \left\{ \pi \,\middle|\, \pi(a|s) \geq 0, \sum_{a' \in \mathcal{A}} \pi(a|s) = 1, s \in \mathcal{S}, a \in \mathcal{A} \right\}$ は全方策の

集合である．ここで随伴ベルマン方程式の同値表現 (2.44) を利用すると $\pi$ が消去できて，次の線形計画問題が得られる[40]．

$$\max_{d \geq 0} \mathop{\mathbb{E}}_{(s,a) \sim d} \left[ r(s,a) \right] \quad \text{s.t.} \quad 1_{\mathcal{A}} \, d = (1-\gamma) \, p_0 + \gamma T d \tag{2.46}$$

このときラグランジアンは

$$L(d,v) = (1-\gamma) \mathop{\mathbb{E}}_{s_0 \sim p_0} \left[ v(s_0) \right] + \mathop{\mathbb{E}}_{\substack{(s,a) \sim d \\ r \sim R(s,a) \\ s' \sim T(s,a)}} \left[ e_v(s,a,r,s') \right]$$

と書けて，線形計画問題 (2.46) は次の最大化–最小化問題と等しい．

$$\max_{d \geq 0} \min_{v} L(d,v) \tag{2.47}$$

ただし $v : \mathcal{S} \to \mathbb{R}$ は双対変数であり，$e_v(s,a,r,s') := r + \gamma v(s') - v(s)$ はその時間差分誤差を表す．

いま，最適化問題 (2.47) の最適化変数は周辺分布 $d = d_\gamma^\pi$ であるため，データの周辺分布 $d_1^\beta$ を直接模倣するような正則化が可能である．このような考えに基づき，PRO-RL では正則化項として $f$-ダイバージェンス

$$D_f(d, d_1^\beta) := \mathbb{E}_{(s,a) \sim d_1^\beta} \left[ f \left( \frac{d(s,a)}{d_1^\beta(s,a)} \right) \right]$$

を加え，変数変換 $w(s,a) := \frac{d(s,a)}{d_1^\beta(s,a)}$ を施したラグランジアン[39],[41]

$$L_\alpha(w,v) := (1-\gamma) \mathbb{E}_{s \sim p_0} \left[ v(s_0) \right]$$
$$+ \mathop{\mathbb{E}}_{(s,a,r,s') \sim d_1^\beta} \left[ w(s,a) \, e_v(s,a,r,s') - \alpha f(w(s,a)) \right] \tag{2.48}$$

に関して最大化–最小化問題を解く．ここで $\alpha > 0$ は正則化の強さを定める係数であり，$f : \mathbb{R}_{\geq 0} \to \mathbb{R}$ は任意の凸関数である．特に $f(t) = t^2 - 1$ とすると $f$-ダイバージェンスはカイ 2 乗ダイバージェンスに一致するため，OPE の有効性下界（2.3.1 項）を直接抑えることができる．

実用上はラグランジアン (2.48) に含まれる期待値は未知であるため，データ $\mathcal{D}$ に基づく経験期待値で置き換えて近似する．得られる解を $\hat{w} : \mathcal{S} \times \mathcal{A} \to \mathbb{R}$ とおくと，$\hat{w}$ は最適方策の周辺密度関数 $w^{\pi^*}$ の推定量となっているので，最

適方策 $\pi^*$ は次のように推定される.

$$\widehat{\pi}(a|s) := \frac{\widehat{w}(s,a)d_1^{\beta}(s,a)}{\sum_{a\in\mathcal{A}}\widehat{w}(s,a)d_1^{\beta}(s,a)} \tag{2.49}$$

ここで右辺は未知の分布 $d_1^{\beta}$ に依存するため $\widehat{\pi}$ 自体を直接計算することはできないが,任意の方策 $\pi$ に関して適当な分布間の距離尺度 $D(\widehat{\pi},\pi)$ を近似的に計算することはできる.したがって,$D(\widehat{\pi},\pi)$ を最小化することで $\widehat{\pi}$ を抽出することが可能である[9].

## 2.8 悲観的評価に基づく方策正則化

分布ミスマッチ由来の困難(2.3.1 項)をアルゴリズム上の工夫で解決するもう 1 つのアプローチとして,悲観的学習に基づくオフライン強化学習の代表的な手法を紹介する.

直接的に分布ミスマッチの大きさに基づいて正則化を行う行動模倣のアプローチ(2.7 節)と異なり,悲観的学習に基づくオフライン強化学習では,分布ミスマッチがもたらす方策評価の不確実性 $u(\pi) = |J(\pi) - \widehat{J}(\pi)|$ の大きさに基づいて正則化を行う.正則化後の目的関数は通常の推定量 $\widehat{J}(\pi)$ から不確実性 $u(\pi)$ の分を差し引いた,いわば最悪ケースの方策価値推定量であるため,このとき得られる手法は悲観的強化学習(pessimistic reinforcement learning)と呼ばれる.

### 2.8.1 保守的 Q 学習(CQL)

直接法に基づく方策評価において行動価値関数 $q^{\pi}$ を悲観的に推定することができれば,対応する方策価値 $J(\pi)$ も悲観的に推定することが可能である.このようなアイデアに基づく代表的な手法が**保守的 Q 学習**(Conservative Q Learning, CQL)[42] である.

まず,モデルフリー学習における行動価値関数の誤差が生まれる仕組みを整理しよう.たとえば FQI(2.4.1 項)では以下のような損失関数を $k = 1, 2, \ldots$ について逐次的に最小化することで最適行動価値関数を推定するのだった.

---

[9]詳細は文献 [39] に譲る.

$$\widehat{L}(\widehat{q}_k; \widehat{q}_{k-1}) := \mathop{\mathbb{E}}_{(s,a,r,s') \sim \mathcal{D}} \left[ r + \gamma \max_{a' \in \mathcal{A}} \widehat{q}_{k-1}(s', a') - \widehat{q}_k(s, a) \right]^2 \quad (2.50)$$

ここで期待値の内部に注目すると，現在推定価値の最大化 $\max_{a' \in \mathcal{A}} \widehat{q}_{k-1}(s', a')$ によって損失関数が計算されるため，$\widehat{q}_{k-1}(s', a')$ の誤差のうち上振れが優先的に抽出され，その分次の推定量 $\widehat{q}_k(s, a)$ が過大に見積もられるような楽観的なバイアスが存在することがわかる．また，このような計算を繰り返すたびに上振れ誤差が抽出され，それまでの楽観的バイアスと合わせて次の推定量に引き継がれるため，更新の反復数 $k$ が進むごとに推定量 $\widehat{q}_k$ の楽観的バイアスは増加することになる．

この楽観的バイアスは特に分布ミスマッチのもとで深刻化する．すなわち，状態 $s'$ において分布外の行動 $a'_{\mathrm{ood}}$ が存在する場合，その推定価値 $\widehat{q}_{k-1}(s', a'_{\mathrm{ood}})$ の振れ幅は分布外ゆえに大きくなるため，$\widehat{q}_k$ の計算においてもより大きな楽観的バイアスが生じる．またこのバイアスは特に分布外の状態と行動を過大に評価する方向に働くため，得られる方策 $\widehat{\pi}$ を分布外の状態や行動に誘導するという意味で特に有害である．

このような楽観的バイアスを中和するため，CQL では目的関数 (2.50) に対して悲観的なバイアスを与えるような正則化を加える．すなわち，式 (2.50) の代わりに，以下で与えられる目的関数の最小化を行う．

$$\mathrm{CQL}(\widehat{q}_k; \widehat{q}_{k-1}) := \widehat{L}(\widehat{q}_k; \widehat{q}_{k-1}) + \alpha \mathop{\mathbb{E}}_{(s,a) \sim \mathcal{D}} \left[ \max_{\widetilde{a} \in \mathcal{A}} \widehat{q}_k(s, \widetilde{a}) - \widehat{q}_k(s, a) \right]$$

$$(2.51)$$

ただし $\alpha > 0$ は正則化の大きさを決める係数である．正則化項の期待値の中身は，次回の反復で選択されるであろう行動 $\widetilde{a}$ に関してその価値を悲観的に修正する項 $\max_{\widetilde{a} \in \mathcal{A}} \widehat{q}_k(s, \widetilde{a})$ と，データに現れる行動 $a$ に関してはその頻度に応じて修正の効果を打ち消す項 $-\widehat{q}_k(s, a)$ からなる．つまり CQL の正則化には観測頻度の少ない（＝分布外の）行動に関して特に悲観的なバイアスを加える効果がある．このような正則化に基づき，価値関数 $\widehat{q}_k = q_{\theta_k}$ を勾配法で最適化するアルゴリズムをアルゴリズム 2.7 に示す．

また一般に行動空間 $\mathcal{A}$ が連続な場合にはアクタークリティック法が有効であるが，CQL はアクタークリティック法に対しても簡単に拡張することができる．すなわち，もとの目的関数 (2.51) に含まれる行動に関する最大化をアク

---
**アルゴリズム 2.7　保守的 Q 学習（CQL）**

---
1: **Input:** 価値関数近似器 $\{q_\theta : \theta \in \mathbb{R}^m\}$, 初期パラメタ $\theta_0 \in \mathbb{R}^m$, ステップ
サイズ $\eta > 0$, 反復数 $K$
2: **for** $k = 0, \ldots, K$ **do**
3: 　　$\theta_k \leftarrow \theta_{k-1} - \eta \nabla_\theta \mathrm{CQL}(q_\theta; q_{\theta_{k-1}})|_{\theta=\theta_k}$
4: **Return:** $\widehat{\pi} := \left(s \mapsto \mathrm{argmax}_{a \in \mathcal{A}} \, q_{\theta_K}(s, a)\right)$

---

ターによる行動選択で置き換えると，アクタークリティック法における CQL
の目的関数

$$\mathrm{CQL}_{\mathrm{AC}}(\widehat{q}_k; \widehat{\pi}_{k-1}, \widehat{q}_{k-1})$$

$$:= \widehat{L}_{\mathrm{AC}}(\widehat{q}_k; \widehat{\pi}_{k-1}, \widehat{q}_{k-1}) + \max_{\widetilde{\pi} \in \Pi} \left\{ \alpha \underset{(s,a) \sim \mathcal{D}}{\widehat{\mathbb{E}}} [\widehat{q}_k(s, \widetilde{\pi}(s)) - \widehat{q}_k(s, a)] - \mathcal{R}(\widetilde{\pi}) \right\}$$

が得られる．ここで $\mathcal{R}(\widetilde{\pi})$ は適当な正則化項であり，$\widehat{L}_{\mathrm{AC}}(\widehat{q}_k; \widehat{\pi}_{k-1}, \widehat{q}_{k-1})$ は
標準的なアクタークリティック法の損失関数

$$\widehat{L}_{\mathrm{AC}}(\widehat{q}_k; \widehat{\pi}_{k-1}, \widehat{q}_{k-1}) := \underset{(s,a,r,s') \sim \mathcal{D}}{\widehat{\mathbb{E}}} \left[ r + \gamma \widehat{q}_{k-1}(s', \widehat{\pi}_{k-1}(s')) - \widehat{q}_k(s, a) \right]^2$$

である．ただし $\widehat{\pi}_{k-1}$ はステップ $k-1$ におけるアクターの方策を表す．

### 2.8.2　Model-based Offline Policy Optimization（MOPO）

最も単純なモデルベース強化学習では，一般に環境の未知要素である状態遷
移確率分布 $T(s, a)$ と報酬分布 $R(r|s, a)$ を推定し，これらの推定値を真と見
なしたもとで最適方策を求める．ただし以下では簡単のため $R$ は既知である
とし，即時報酬関数 $r(s, a) := \int dr \, R(r|s, a)$ が計算可能であるとする．すな
わち，$T$ の推定量を $\widehat{T}$ とするとき，$\widehat{T}$ に基づく軌跡の分布

$$p_{\mathrm{traj}}(\tau | \pi, \widehat{T}) := p_0(s_0) \left( \prod_{t=0}^{H-1} \pi(a_t|s_t) R(r_t|s_t, a_t) \right) \left( \prod_{t=0}^{H-2} \widehat{T}(s_{t+1}|s_t, a_t) \right)$$

を用いてモデルベース方策価値推定量

$$\widehat{J}_{\mathrm{MB}}(\pi) := \underset{\tau \sim p_{\mathrm{traj}}(\cdot | \pi, \widehat{T})}{\mathbb{E}} \left[ \sum_{t=0}^{H-1} \gamma^t r_t \right]$$

を定義し，$J(\pi)$ の代わりに $\widehat{J}_{\mathrm{MB}}(\pi)$ を最大化する．このとき方策価値推定量 $\widehat{J}_{\mathrm{MB}}(\pi)$ の不確実性評価をモデル推定量 $\widehat{T}$ の不確実性評価に帰着し，悲観的強化学習を行う枠組みとして Model-based Offline Policy Optimization (**MOPO**)[24] がある．

任意の状態空間 $\mathcal{S}$ 上の関数集合 $\mathcal{V}$ と状態行動ペア $(s, a) \in \mathcal{S} \times \mathcal{A}$ に対して，モデル推定量 $\widehat{T}$ の誤差の大きさを積分確率距離（Integral Probability Metric，IPM）

$$D_{\mathcal{V}}(\widehat{T}(s,a), T(s,a)) := \sup_{v \in \mathcal{V}} \left| \mathop{\mathbb{E}}_{s' \sim \widehat{T}(s,a)} \left[ v(s') \right] - \mathop{\mathbb{E}}_{s' \sim T(s,a)} \left[ v(s') \right] \right|$$

で測ることにする．たとえば $\mathcal{V}$ として絶対値が $C$ 以下で抑えられる関数全体の集合 $\mathcal{V}_{\infty} := \{ v : \mathcal{S} \to \mathbb{R} \mid \|v\|_{\infty} \le C \}$ を考えると，IPM は全変動距離 $D_{\mathrm{TV}}(P, Q) := \sum_{s' \in \mathcal{S}} |P(s') - Q(s')|$ を用いて

$$D_{\mathcal{V}_{\infty}}(\widehat{T}(s,a), T(s,a)) = C D_{\mathrm{TV}}\left( \widehat{T}(s,a), T(s,a) \right)$$

と書ける．他にも $\mathcal{V}$ が $L_v$-リプシッツ連続関数の集合である場合には $L_v$-ワッサースタイン距離となるなど，$\mathcal{V}$ のとり方次第で IPM は様々な標準的な確率分布の距離尺度と一致する．このとき $\mathcal{V}$ が方策状態価値関数 $v^{\pi}$ を含むならば，以下のように IPM を用いて方策価値推定量 $\widehat{J}_{\mathrm{MB}}(\pi)$ の上振れを抑えることができる．

$$\widehat{J}_{\mathrm{MB}}(\pi) = \mathop{\mathbb{E}}_{\tau \sim p_{\mathrm{traj}}(\cdot \mid \pi, \widehat{T})} \left[ \sum_{t=0}^{H-1} \gamma^t \left\{ v^{\pi}(s_t) - \gamma \mathop{\mathbb{E}}_{s' \sim T(s_t, a_t)} \left[ v^{\pi}(s') \right] \right\} \right]$$

$$= J(\pi) + \gamma \mathop{\mathbb{E}}_{\tau \sim p_{\mathrm{traj}}(\cdot \mid \pi, \widehat{T})} \left[ \sum_{t=0}^{H-1} \gamma^t \left\{ v^{\pi}(s_{t+1}) - \mathop{\mathbb{E}}_{s' \sim T(s_t, a_t)} \left[ v^{\pi}(s') \right] \right\} \right]$$

$$\le J(\pi) + \gamma \mathop{\mathbb{E}}_{\tau \sim p_{\mathrm{traj}}(\cdot \mid \pi, \widehat{T})} \left[ \sum_{t=0}^{H-1} \gamma^t D_{\mathcal{V}}(\widehat{T}(s_t, a_t), T(s_t, a_t)) \right] \quad (2.52)$$

ただし 1 行目の等式はベルマン方程式の変形 $\mathbb{E}[r_t \mid s_t] = v^{\pi}(s_t) - \gamma \mathbb{E}\left[ \mathbb{E}_{s' \sim T(s_t, a_t)} \left[ v^{\pi}(s') \right] \mid s_t \right]$ から，2 行目の等式は $J(\pi) = \mathbb{E}_{s_0 \sim p_0} \left[ v^{\pi}(s_0) \right]$ から，3 行目の不等式は $v^{\pi} \in \mathcal{V}$ から従う．

このような上界評価 (2.52) に基づいて方策価値の推定量を下方修正するこ

---

**アルゴリズム 2.8 MOPO**

---

1: **Input:** 環境ダイナミクス $\widehat{T}$, 誤差推定量 $u(s, a)$, 定数 $\lambda$

2: $\widetilde{r}(s, a) := r(s, a) - \lambda u(s, a)$ とおき, $\widetilde{\mathcal{M}}$ をダイナミクス $\widehat{T}$, 報酬 $\widetilde{r}$ の MDP とする.

3: 適当な強化学習アルゴリズムを用いて $\widetilde{\mathcal{M}}$ の最適方策 $\widehat{\pi} :=$ $\mathrm{argmax}_\pi J(\pi; \widetilde{\mathcal{M}})$ を求める.

4: **Return:** $\widehat{\pi}$

---

とで MOPO の悲観的方策価値

$$\widehat{J}_-(\pi) := \widehat{J}_{\mathrm{MB}}(\pi) - \gamma \mathop{\mathbb{E}}_{\tau \sim p_{\mathrm{traj}}(\cdot|\pi, \widehat{T})} \left[ \sum_{t=0}^{H-1} \gamma^t D_{\mathcal{V}}(\widehat{T}(s_t, a_t), T(s_t, a_t)) \right]$$

が得られる. いま右辺第 1 項が $\mathbb{E}_{\tau \sim p_{\mathrm{traj}}(\cdot|\pi, \widehat{T})}[\sum_{t=0}^{H-1} \gamma^t r(s_t, a_t)]$ と書き下せることに注意すると

$$\widehat{J}_-(\pi) = \mathop{\mathbb{E}}_{\tau \sim p_{\mathrm{traj}}(\cdot|\pi, \widehat{T})} \left[ \sum_{t=0}^{H-1} \gamma^t \left\{ r(s_t, a_t) - \gamma D_{\mathcal{V}}(\widehat{T}(s_t, a_t), T(s_t, a_t)) \right\} \right]$$

が成り立つため, MOPO の目的関数 $\widehat{J}_-(\pi)$ は下方修正された即時報酬 $\widehat{r}_-(s, a) := r(s, a) - \gamma D_{\mathcal{V}}(\widehat{T}(s, a), T(s, a))$, $s \in \mathcal{S}, a \in \mathcal{A}$ を持つ MDP $\widehat{\mathcal{M}}_- := (\mathcal{S}, \mathcal{A}, p_0, \widehat{T}, \widehat{r}_-, H, \gamma)$ のもとでの方策価値と考えることができる.

実際には修正項 $\gamma D_{\mathcal{V}}(\widehat{T}(s, a), T(s, a))$ は $T(s, a)$ への依存性より未知であるが, 適当な不確実性評価の手法によって推定することが可能である. たとえばブートストラップ法では, ブートストラップサンプリングによって得られる $M$ 個の推定量 $\{\widehat{T}_m\}_{m=1}^M$ に基づき, 次のように修正項が推定される.

$$u_{\mathrm{bootstrap}}(s, a) := \gamma \frac{1}{M} \sum_{m=1}^M D_{\mathcal{V}}\left( \widehat{T}_m(s, a), \frac{1}{M} \sum_{m'=1}^M \widehat{T}_{m'}(s, a) \right)$$

$$\approx \gamma D_{\mathcal{V}}(\widehat{T}(s, a), T(s, a))$$

このようにして得られた不確実性の推定量を一般に $u(s, a)$ とおき, 即時報酬の修正項として採用することにすると, アルゴリズム 2.8 が得られる.

## 2.9 応 用 例

本節ではオフライン強化学習の応用例を紹介する．2.9.1 項では，限られた人員を効果的に活用して徴税を行う問題（図 2.2）への応用を紹介する．また2.9.2 項では，顧客に対して選択的にカタログを送付することで送付コストを抑えつつ通信販売の長期的な利益を最大化する問題への応用を紹介する．

### 2.9.1 徴 税 支 援

本項ではオフライン強化学習を徴税支援に応用した Abe らの研究[43] を紹介する．

Abe らは米ニューヨーク州と協力して，滞納されている税金の効率的な徴収システムの提案とその実証実験を行った．税金の徴収は納税者の属性（法人の大きさ，滞納履歴，支払い履歴など）や手続きの状態（令状取得済みか否かなど）に応じて一連の働きかけ（メール，電話，令状取得，差押，専門組織への移譲，実地訪問など）を逐次的に決定する複雑な手続きである．それまでの同州の徴税は人間の直観によって決められた比較的単純なルールに基づいて実施されていたが，本研究では利用可能な人的資源の中で最も効果的な徴税方策をオフライン強化学習を用いて求め，前年比で 8000 万ドル以上の税収増（当時の徴税当局の収入の 8.22%）という成功を収めた．詳細な効果の評価については関連論文[44] で議論されている．

一連の徴税手続きを数理モデル化するにあたって，本研究では個々の納税者の属性や管轄組織，令状の有無などを 200 次元程度の特徴ベクトルによって表現し，MDP の状態 $s \in \mathcal{S}$ と見なす．各状態でとりうる行動 $a \in \mathcal{A}$ は個々の納税者に対する働きかけ手段の選択に対応し，主に法的規則や人的資源の制約によって選択可能な行動の種類，タイミング，総数が制限を受ける．たとえば差押は令状を取得するまで実行できないし，実地訪問は専門組織に移譲するまで実行できないが一定期間のうちに各組織に移譲できる件数には上限がある．メールよりも電話，電話よりも実地訪問のほうが効果が高いと思われるが，効果が高いほどコストも高い．また，組織ごとに人時（man-hour）単位での実行可能な総行動コストの上限が存在し，その範囲内で行動を割り振る必要があることもある．報酬は行動によって対象の納税者から直接徴収できた税金の額

であり，上記の制限の範囲内で長期的な報酬の総和の期待値を最大にする方策を求めることが目的となる．一方，実際に納税者の反応を見ながら様々な行動を試すこと（＝オンライン学習）は現実的ではないが，過去の徴税行動記録をもとにオフライン学習は可能である．したがって，これはオフライン強化学習の枠組みで取り扱うことが可能な問題である．特に令状の取得や専門組織への移譲など直接収入とはならないが間接的長期的に非自明な収入やコストに影響を与えると思われる行動の効果を大量のデータから正確に見積もることで，直観に基づく既存の方策を改善することが期待される．

　本研究の手法上特筆すべきは上に述べた実運用上の制約条件の定式化とそのもとでの方策最適化アルゴリズムの導出である．制約条件の定式化では次のような $L$ 本の不等式が導入された．

$$\sum_{s\in\mathcal{S},a\in\mathcal{A}} C_\ell(s,a)\, M(s)\, \pi(a|s) \le B_\ell \quad (1 \le \ell \le L) \tag{2.53}$$

ここで $C_\ell(s,a)$ は状態 $s$ で行動 $a$ をとることのコスト（規則違反を表す 0-1 値，もしくは必要な人的資源など）であり，$B_\ell$ は対応するコストの上限（規則の遵守なら 0，人的資源なら各管轄組織の総資源量など），また $M(s)$ は当局が取り扱う全納税者のうち状態が $s$ である納税者の総数を表す．厳密には納税者の状態分布 $M(s)$ は方策 $\pi$ に依存して変化するはずであるが，本研究ではそのような変化は無視できる（ような範囲で $\pi$ を考える）と仮定する．これにより制約式 (2.53) は $\pi$ に関して線形となり扱いが簡単化される．

　このような条件をすべて満たす方策の集合を

$$\Pi := \left\{ \text{式 (2.53) を満たす } \pi \ \middle|\ \sum_{a'\in\mathcal{A}} \pi(a'|s) = 1, \pi(a|s) \ge 0, s \in \mathcal{S}, a \in \mathcal{A} \right\}$$

とおく．

　Abe らは制約 $\pi \in \Pi$ のもとでの最適方策 $\pi^*$ を FQI（2.4.1 項）の一種を用いて推定することを提案した．以下にそのアイデアを一部単純化して示す．まず適当な初期値 $q$ からはじめて，$q$ に対応する制約あり最適方策

$$\pi \leftarrow \operatorname*{argmax}_{\pi\in\Pi} \sum_{s\in\mathcal{S}} M(s)\, \mathbb{E}_{a\sim\pi(a|s)} [q(s,a)] \tag{2.54}$$

を計算する．次に決定木ベースの関数近似器 $\mathcal{Q}$ を用いて $q$ を

$$q \leftarrow \underset{f \in \mathcal{Q}}{\operatorname{argmin}} \frac{1}{N} \sum_{(s,a,s',r) \in \mathcal{D}} \left\{ r + \gamma \mathbb{E}_{a' \sim \pi(a'|s')} q(s',a') - f(s,a) \right\}^2 \quad (2.55)$$

と更新する．以降適当な回数に達するまで (2.54) に戻って同じ手順を繰り返す．これは FQI の更新式 (2.15) において制約なし行動最適化 $\max_{a \in \mathcal{A}} \{\cdot\}$ を制約あり方策最適化 (2.54) に置き換えたアルゴリズムと考えることができる．また特に $q \in \mathcal{Q}$ と $C_\ell(s,a)$ がともに区分定数関数であることから，適当な分割関数 seg : $\mathcal{S} \to \mathcal{X}$ を用いて $q(s,a) = \tilde{q}(\mathrm{seg}(s),a)$, $C_\ell(s,a) = \widetilde{C}_\ell(\mathrm{seg}(s),a)$ と表せるとき，方策に関しても $\pi(a|s) = \tilde{\pi}(a|\mathrm{seg}(s))$ と表せる範囲を考えれば十分である．ただし $\mathcal{X}$ は seg に対応する状態空間 $\mathcal{S}$ の分割を表す．このとき最適化問題 (2.54) は $|\mathcal{X}| \cdot |\mathcal{A}|$ 変数の線形計画問題に帰着され，状態空間 $\mathcal{S}$ が大きい場合にも分割 $\mathcal{X}$ が比較的小さければ効率的に解くことができる．

より正確には，データ中の $s_n$ と $s_n'$ の観測時間間隔のばらつきを適切に取り扱うため上記のアイデアに加えて価値関数の更新式 (2.55) に Advantage Updating[45] に倣った連続時間拡張が導入されるが，ここでは詳しく述べない．興味のある読者は元論文[43] を参照されたい．

また本研究では上記の手法によって得られた方策の効果を事前に見積もる手法とその実行結果が報告されている．ここで累積期待報酬 $J(\pi)$ の代わりに推定がより簡単な方策アドバンテージ[13] を用いる．方策 $\pi$ のベースライン方策 $\pi_b$ に対する方策アドバンテージは

$$A_{\pi_b}(\pi) := \mathbb{E}_{\tau \sim \pi_b} \left[ \sum_{t=0}^{\infty} \gamma^t \mathbb{E}_{a \sim \pi(a|s_t)} A_{\pi_b}(s_t,a) \right]$$

で定義される．ただし，$A_\pi(s,a) := q_\pi(s,a) - v_\pi(s)$ は通常の意味でのアドバンテージ関数である．方策アドバンテージは $\pi$ と $\pi_b$ が十分近いときに $J(\pi) - J(\pi_b)$ の良い近似になることが知られており[13]，前に述べた $M(s)$ の変化が無視できるという仮定が成り立つならばこの近似も成り立つ．特に $\frac{\pi(a|s)}{\pi_b(a|s)}$ が発散しない場合には

$$A_{\pi_b}(\pi) = \mathbb{E}_{\tau \sim \pi_b} \left[ \sum_{t=0}^{\infty} \gamma^t \frac{\pi(a_t|s_t)}{\pi_b(a_t|s_t)} A_{\pi_b}(s_t,a_t) \right]$$

$$= \mathbb{E}_{\tau \sim \pi_b} \left[ \sum_{t=0}^{\infty} \gamma^t R_t \sum_{\ell=0}^{t} \left\{ \frac{\pi(a_\ell|s_\ell)}{\pi_b(a_\ell|s_\ell)} - 1 \right\} \right]$$

と書けることを用いると，オフラインデータと $\frac{\pi(a|s)}{\pi_b(a|s)}$ の推定値に基づいて $A_{\pi_b}(\pi)$ を近似的に計算することができる．その結果，確かに学習アルゴリズムの繰返し数とともに方策アドバンテージが改善していることが観察された．

### 2.9.2 カタログ送付

オフライン強化学習を実問題に適用した最初期の例として，Howard らによって手掛けられた 1960 年頃のシアーズにおけるカタログ送付問題[46] を紹介する．シアーズ（Sears, Roebuck and Company）は米国を主な拠点とする百貨店で，カタログ送付による通信販売事業を展開したことで知られる．当時のシアーズでは，シーズンごとに顧客を購買履歴に基づいて分類し，分類ごとに予想される利益からカタログ送付費用を差し引いて各顧客にカタログを送付するかどうかを決めていた．Howard らが注目したのは，顧客が生み出すであろう今季の利益だけでなく来季以降の顧客の分類カテゴリに与える影響まで考慮してカタログを送ることで利益を増やせるのではないかということだった．

そこで彼らは（当時はそのような名前がなかったが）マルコフ決定過程（MDP）を用いてシステムをモデル化することにした．各顧客はその購買履歴に基づいて 50 ほどの状態に分類され，状態はシーズンごとに変化する．即時報酬は顧客ごとの利益からカタログ送付の費用を引いたもので，シーズンの切り替わりごとに計算される．また状態遷移確率は既存のシアーズのカタログ送付システムから計算された．Howard は特にこの既存システムがあったことで強化学習が適用可能になったと振り返っている．

このように MDP が推定された後，累積期待報酬を最大化する最適方策が（当時真空管でできていた計算機上で）価値反復法を用いて計算された．計算された方策は当時の既存方策と異なるものになっており，方策を切り替えることで得られる追加の利益は年間数百万ドルほどになると予想された．得られた方策はまず一部の選ばれた顧客グループで実験的に運用されたのち，全顧客に対しても実施されることになったが，得られた利益は当初の予想に近いものだった．

# リスク考慮型強化学習と 金融への応用

　標準的な強化学習は，累積報酬の期待値の最大化問題として定式化されるが，実応用では期待値以外の統計量に興味があることが多い．たとえば，極めて低い累積報酬しか得られない確率を小さくしたい場合には，期待累積報酬に基づく定式化では対応できない．このような場合に，期待値以外のリスク指標値を最大化するのがリスク考慮型強化学習である．リスク考慮型強化学習の中心的な課題は，期待累積報酬で成り立っていた時間的整合性という重要な性質が，多くの場合に成り立たなくなるところにある．本章では，リスクを考慮する場合にも時間的整合性が成り立つための条件，時間的整合性が成り立たないときの最適方策の考え方・求め方について議論する．また環境の不確実性に対して頑健な方策を求める強化学習も，リスク考慮型強化学習の枠組みで議論する．

## 3.1　リスクを考慮した逐次的意思決定と応用例

### 3.1.1　リスクの考慮と応用例

　マルコフ決定過程の方策を定めると，累積報酬の確率分布が決まる．2つの累積報酬（$X$ と $Y$）の確率密度関数を図 3.1 に示すが，どちらの累積報酬のほうが「望ましい」だろうか？　累積報酬 $X$ は，小さな値をとる確率も，大きな値をとる確率も小さい．累積報酬 $Y$ は，比較的大きな確率で，小さな値も大きな値もとる．

　期待累積報酬（累積報酬の期待値）の大小関係で，どちらの累積報酬のほうが「望ましい」かを決めるのが標準的なマルコフ決定過程である．期待値を考えることで，確率変数である累積報酬に実数値が対応付けられ，累積報酬の大小関係が比較可能になる．図 3.1 では，$Y$ の期待値 $\mathbb{E}[Y]$ のほうが $\mathbb{E}[X]$ よりも大きいので，期待値の意味では，$Y$ のほうが $X$ よりも「望ましい」．

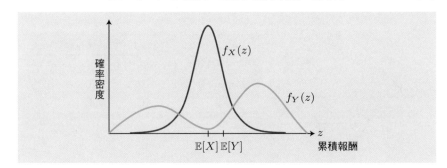

図 **3.1**　累積報酬 $X$ と $Y$ の確率密度と期待値

ところが，$Y$ のほうが $X$ よりも誰にとっても望ましいとは限らない．一定以上の累積報酬が絶対に必要であれば，$X$ のほうが $Y$ よりも望ましい．また，$Y$ のほうが $X$ よりも望ましい場合でも，期待値が大きいからではなく，極めて大きな累積報酬が得られる確率が少しあることが理由かもしれない．

以上のように，意思決定者が興味を持つ重要な情報が，期待値では考慮できないことがある．本章では，期待値で考慮できない確率分布に関する情報を**リスク**（risk）と定義し，リスクを考慮した強化学習手法について議論する．大きな損失を避けたい場合が典型的な例である．

たとえば，金融取引におけるポートフォリオを最適化する際に，期待累積報酬を最大化する方策は，許容できない損失をまれに引き起こす傾向がある．長期的に累積報酬が最大化されるとしても，短期的に大きな損失を出してしまうと，それ以降の取引ができなくなる．したがって，金融への応用では，大きな損失を避けながら，累積報酬を大きくする方策が必要とされる．

また，自動車の経路を選択する際には，期待所要時間が最短の経路が誰にとっても望ましいわけでない．いつも安定して比較的時間のかかる経路と，渋滞がなければ所要時間は短いが，渋滞で所要時間が極めて長くなることがある経路とでは，どちらが望ましいだろうか？　ある時点までに到着する必要があれば，後者のほうが期待所要時間が短かったとしても，確実にその時点までに到着する前者のほうが望ましい．

### 3.1.2　リスク考慮型逐次的意思決定で問題になる時間的整合性

このようなリスクを考慮した逐次的意思決定には，期待累積報酬を最大化す

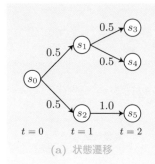

| | 時点 1 での状態行動対 | | |
|---|---|---|---|
| 時点 2 の状態 | $(s_1, a_0)$ | $(s_1, a_1)$ | $(s_2, a_2)$ |
| $s_3$ | 0 | 3 | – |
| $s_4$ | 10 | 3 | – |
| $s_5$ | – | – | 5 |

(a) 状態遷移　　　　　　　　　　　　(b) 時点 2 での報酬

図 3.2　30 パーセンタイル値を目的関数とすると時間的に不整合と
なるマルコフ決定過程

る場合と異なる技術が必要とされる．これは，期待累積報酬を最大化する際に
当然のように成り立っていた時間的整合性という性質が，リスクを考慮すると
成り立たなくなるからである．本項では，リスクを考慮した逐次的意思決定の
難しさを，時間的整合性の観点から議論しよう．

図 3.2 に示すマルコフ決定過程を考えよう．図 3.2(a) の頂点は状態を表す．
時間が $t = 0$ から $t = 2$ まで進むに従い，状態が確率的に遷移する．各辺のラ
ベルは状態の遷移確率を表し，各頂点のラベルは状態名を表す．ここでは，状
態遷移確率は行動に依存しないが，即時報酬は行動と次状態に依存すると仮定
する．図 3.2(b) は即時報酬を示すが，即時報酬は時点 2 でしか得られないの
で，時点 2 の即時報酬が累積報酬でもある．

ここで，累積報酬の 30 パーセンタイル値を最大化する方策を考えよう．す
なわち，0.3 以下の確率で起こる悪い（報酬が小さい）場合を無視して，それ
以外の場合に最低限得られる報酬を最大化する．

いまが時点 0 であるとして，時点 0 以降の行動を決める最適な方策を考えよ
う．時点 0 で行動選択の余地はないので，時点 1 以降の行動を決めるのが方策
である．状態 $s_2$ では行動 $a_2$ しか選べないので，状態 $s_1$ での行動を $a_0$ にす
るか $a_1$ にするかを決めればよい．状態 $s_1$ での行動が $a_0$ なら，0.25 の確率で
（$s_3$ に到達し）累積報酬が 0 となり，0.25 の確率で（$s_4$ に到達し）累積報酬が
10 となり，0.5 の確率で（$s_5$ に到達し）累積報酬が 5 である．したがって，状

態 $s_1$ で行動 $a_0$ を選択する方策を採用する場合の累積報酬の 30 パーセンタイル値は 5 となる。一方で，状態 $s_1$ で行動 $a_1$ を選択するならば，0.5 の確率で（$s_3$ か $s_4$ に到達し）累積報酬が 3 となり，0.5 の確率で（$s_5$ に到達し）累積報酬が 5 となる。つまり，累積報酬の 30 パーセンタイル値は 3 となる。したがって，時点 0 にでは，状態 $s_1$ で行動 $a_0$ を選択する方策（$\pi_0^\star$ とする）が最適方策である。

さて，時点 1 で状態が $s_1$ に遷移したと仮定しよう。時点 0 で最適方策 $\pi_0^\star$ をすでに求めてあるので，時点 1 以降はこの $\pi_0^\star$ に従って行動を選べばよいはずである。それは本当か確認しよう。時点 2 で状態が $s_5$ に遷移する可能性がなくなったので，累積報酬の 30 パーセンタイル値も変わっている。そこで，改めて累積報酬の 30 パーセンタイル点を最大化する方策を求めてみよう。状態 $s_1$ で行動 $a_0$ を選択すると，累積報酬はそれぞれ 0.5 の確率で 0 か 10 になるので，その 30 パーセンタイル値は 0 である。一方，状態 $s_1$ で行動 $a_1$ を選択すると，累積報酬は必ず 3 になるので，その 30 パーセンタイル値も 3 である。したがって，時点 1 で状態が $s_1$ に遷移した場合に，改めて計算し直すと，状態 $s_1$ で行動 $a_1$ を選択する方策（$\pi_1^\star$ とする）が最適方策として求まる。

$s_0$ からの累積報酬の 30 パーセンタイル値を最大にする方策 $\pi_0^\star$ は，$s_1$ からの累積報酬の 30 パーセンタイル値を最大にする方策 $\pi_1^\star$ とは異なるのである。状態 $s_0$ からの累積報酬の 30 パーセンタイル値を最大にするには，状態が $s_1$ に遷移したときに $\pi_0^\star$ に従って行動を選ぶ必要がある。ところが，$\pi_0^\star$ に従って行動を選んでしまうと，$s_1$ からの累積報酬の（条件付）30 パーセンタイル値を最大にできない。このような状況を**時間的不整合**（time-inconsistency）が起きているという。

期待累積報酬を最大化する場合に時間的不整合性が生じることはなく，この事実が**最適性の原理**（principle of optimality）を成立させていた。リスクを考慮する場合にも時間的整合性が成り立つ場合があるが，そのための条件や，その場合のリスク考慮型強化学習を 3.3 節で議論しよう。

累積報酬の 30 パーセンタイル値を目的関数とすると，時間的不整合が生じることがあることがわかったが，これによって累積報酬の 30 パーセンタイル値が「誤った」目的関数であるというわけではない。ただし，時間的整合性が成り立たない場合には，何を最適方策とするかについて複数の考え方があるの

で，応用に応じて慎重に議論する必要がある．また，時間的整合性が成り立たない場合にも，様々な強化学習手法があるので，応用によって適切な手法を選択する必要がある．時間的不整合が生じる場合のリスク考慮型強化学習に関するこれらの話題については，3.4 節で議論しよう．

3.3～3.4 節のリスク考慮型強化学習手法は，特定のリスク指標について，累積報酬のリスク指標値を推定しながら最適な行動を求めるので，異なるリスク指標を用いるには，異なるアルゴリズムが必要になる．そこで，累積報酬の確率分布を推定する統一的な枠組みを考え，推定された確率分布から計算される特定のリスク指標値を最大化する分布強化学習の手法を 3.5 節で議論する．これにより，様々なリスク指標についての最適方策を，1 つの枠組みで求めることができるようになる．まずは準備として，様々なリスク指標とそれらの性質について 3.2 節で説明し，また，リスク考慮型強化学習技術の金融への応用例を最後の 3.6 節で紹介する．

## 　3.2　リスク指標とその性質

期待値で捉えられない確率分布の性質は，リスク指標を用いて考慮する．本節では，代表的なリスク指標を挙げ，それらの性質を議論する．まず，期待値の自然な拡張である期待効用とその性質について 3.2.1 項で議論し，様々な望ましい性質を持つ条件付きバリューアットリスクについて 3.2.2 項で議論する．リスク指標によっては，確率分布に不確実性がある場合に，ある意味における最悪の場合の期待値として解釈できるものがある．このような性質について最後に 3.2.3 項で議論する．

### 3.2.1　効用関数を用いたリスク指標

マルコフ決定過程の最適方策を考えるには，各方策で得られる累積報酬の大小関係が定義される必要がある．大小関係が定義できれば，「大きな」累積報酬が得られる方策ほど良い方策であるといえるので，「最も大きな」累積報酬が得られる方策が最適ということになる．

累積報酬 $X$ が累積報酬 $Y$ よりも常に小さい（$X$ と $Y$ が同じ確率空間に定義されていて，すべての標本 $\omega$ について，$X(\omega) < Y(\omega)$ が成り立つ）のであれば，$X < Y$ と大小関係を決めるのが自然である．ところが，このように大

小関係を決めると，一般には $X < Y$ でも $X > Y$ でも $X = Y$ でもない $X$ と $Y$ の組が存在し，確率変数の空間に全順序が定まらない．

確率変数を実数値に写像する関数を定義すれば，対応する実数値によって確率変数に全順序を定めることができる．そのような関数の代表例が期待値である．

**定義 3.1**　確率変数 $X$ を実数値に写像する関数 $\rho(\cdot)$ を**リスク指標**（risk measure）と呼ぶ．

リスク指標は費用 $-X$ に対して定義されることが多いが，本書では報酬 $X$ に対してリスク指標を定義し，$\rho(X)$ は $X$ の望ましさを表すと解釈しよう．すなわち，$\rho(X)$ の値が大きい $X$ が望ましいと解釈できるように，$\rho$ を定義する．

### 期　待　効　用

報酬の望ましさを，効用関数の期待値，すなわち**期待効用**（expected utility）を用いて表現しよう．具体的には，値 $x$ の相対的な望ましさが $u(x)$ となるように効用関数 $u(\cdot)$ を定義し，確率変数 $X$ の期待値 $\mathbb{E}[X]$ の代わりに，効用の期待値 $\mathbb{E}[u(X)]$ を考える．

効用関数の例を図 3.3 に 2 つ挙げよう．図 3.3(a) の対数効用関数

$$u(x) := \log(x + 1)$$

は，$u(0) = 0$ となるように定義している．この対数効用関数は $x > -1$ でしか定義されず，一般に対数効用関数はその定義域に制約がある．

累積報酬が 1 のときの望ましさ（$u(1) \approx 0.30$）と比べて，累積報酬が 10 のときの望ましさ（$u(10) \approx 1.04$）は概ね 3.46 倍であることが表現されている．対数効用関数は単調増加する凹関数であり，追加分の累積報酬の効用が逓減する（次第に減る）性質を持つ．たとえば，累積報酬が 10 から 11 に増えると，効用は $u(11) - u(10) \approx 0.037$ だけ増えるが，累積報酬が 100 から 101 に増えても，効用は $u(11) - u(10) \approx 0.0043$ しか増えない．これは，100 万円も持っているときより，10 万円しか持っていないときのほうが，1 万円を貰ったときの嬉しさが大きいという人の気持ちを表す．

図 3.3(b) の指数効用関数

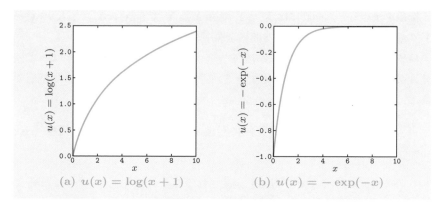

図 3.3　効用関数の例

$$u(x) := -\exp(-x) \tag{3.1}$$

も単調増加する凹関数であり，効用逓減の性質を持つ．指数効用関数は全実数値で定義されるので，累積報酬が正負両方の値をとる場合に都合が良い．特に，累積報酬 $x$ が負で，その絶対値が大きい場合には，指数効用の値 $u(x)$ も負で，その絶対値は非常に大きくなる．したがって，指数効用の期待値 $\mathbb{E}[u(X)]$ を大きくするには，大きな損失を出すのを避けるのが得策となり，そのような方策が最適となる．

**並 進 不 変 性**

　適切な効用関数を選ぶことで効用逓減を表すことができるものの，マルコフ決定過程の目的関数を期待効用としたときに，効率的にその最適方策を求められるとは限らない．期待累積報酬を最大化する場合には，最適方策がマルコフ方策集合の中に存在することを系 1.1 で示したが，その証明，特に式 (1.7) で期待累積報酬（累積報酬の期待値）が累積期待報酬（期待報酬の累積値）と一致するという性質を用いた．この性質が成り立つのは，期待値 $\mathbb{E}[\cdot]$ が並進不変性という性質を持つ，すなわち確率変数 $X$ と決定的な定数 $c$ について

$$\mathbb{E}[X + c] = \mathbb{E}[X] + c \tag{3.2}$$

のように分離できることと関係する（ただし，並進不変性は式 (1.7) の必要条件であるが，将来の報酬を割り引く場合に十分条件ではない）．これに対して，

期待効用 $\mathbb{E}[u(\cdot)]$ は一般に並進不変性を持たない：

$$\mathbb{E}[u(X+c)] \neq \mathbb{E}[u(X)] + c \tag{3.3}$$

**定義 3.2** 確率変数 $X$ と決定的定数 $c$ について，リスク指標 $\rho(\cdot)$ が

$$\rho(X+c) = \rho(X) + c \tag{3.4}$$

を満たすとき，$\rho(\cdot)$ は**並進不変性**（translation invariance）を持つという．

　マルコフ決定過程の文脈では，ある時点 $t$ までにすでに得られた累積報酬が定数 $c = \sum_{t'=0}^{t-1} R_{t'}$ に対応し，時点 $t$ から得られる累積報酬が確率変数 $X = \sum_{t'=t}^{T} R_{t'}$ に対応する．期待値の場合には，これまでに得られた累積報酬とこれから得られる累積報酬の期待値の和 $c + \mathbb{E}[X]$ で，全期間の累積報酬の期待値 $\mathbb{E}[c+X]$ を書ける．したがって，$c$ の値と無関係に，$\mathbb{E}[X]$ を最大にする方策を考えれば，$\mathbb{E}[c+X]$ を最大にできる．すなわち，各時点までに得られた累積報酬に関する情報を状態に含めなくても，状態にマルコフ性を持たせることができるのである．

　並進不変性を持たない期待効用の場合には，初期時点からの累積報酬の期待効用（期待累積効用）を，ある時点までの期待累積効用とそれ以降の期待累積効用とに分割できない．よって，初期時点からの期待累積効用を最大にするには，各時点で，それまでに得られた累積報酬を考慮して，行動を選ぶ必要がある．それまでの累積報酬を状態空間に含める必要がある分だけ，（初期時点からの期待累積効用を最大にする）最適方策を求めるのが困難でなる．

　また，並進不変性が成り立たない期待効用の場合には，どの時点からの累積報酬を考えるによって，最適方策が異なることがある．これは 3.1.2 項で触れた時間的整合性が成り立たない場合の一例である（ただし，あとで議論する通り，並進不変性があっても時間的整合性が成り立つとは限らない）．期待値の場合は，ある時点からの期待累積報酬を最大にするには，その時点以降の期待累積報酬を最大にすればよく，ある時点の最適方策は，その時点以降も最適方策であり続ける．

**決 定 的 等 価**

　さらに，期待効用の値を直観的に理解しやすいように，効用関数の形を具体

的に決めるのも困難である．図 3.3(b) の指数効用関数 $u(x)$ は，常に負の値を
とるので，「効用」としてその値を直観的に理解するのが難しい．一方で，期待
値は「平均的な値」と解釈できる．特に，確率変数が決定的な定数に縮退する
（確率 1 でその定数をとる）場合には，その値自体が期待値になる（$\mathbb{E}[c] = c$）．
すなわち，ある確率変数 $X$ の期待値 $\mathbb{E}[X]$ と同じ期待値を持つ決定的な定数 $c$
（つまり $\mathbb{E}[X] = \mathbb{E}[c]$ が成り立つ $c$）を自明に思い浮かべることができる．一般
に，与えられたリスク指標 $\rho$ について，ある確率変数 $X$ とリスク指標値が同
じになる決定的な定数 $c$（つまり $\rho(c) = \rho(X)$ が成り立つ $c$）を，$\rho$ における
$X$ の**決定的等価**（certainty equivalence）と呼ぶ．

期待効用の場合には，効用関数が恒等写像でない限り

$$\mathbb{E}[u(c)] \neq c \tag{3.5}$$

である．効用関数の逆関数が存在するならば，期待効用値 $v$ を持つ確率変数 $X$
の決定的等価は $u^{-1}(v)$ である（$\mathbb{E}[u(u^{-1}(v))] = v$）．しかし，このような決定
的等価の意味を直観的に理解するのは難しく，期待効用の値の解釈も難しい．

### エントロピックリスク指標

期待効用の望ましくない性質（並進不変性を持たないことと，定数の決定的
等価がその定数自身にならないこと）を解消するリスク指標を考えよう．特
に，指数効用の表現を少し変えることで，望ましい性質が生まれることを見て
いこう．

効用関数の逆関数が存在するならば，式 (3.5) で等号が成り立つように期待
効用を簡単に変形できる．具体的には，確率変数 $X$ に対して，

$$\rho(X) := u^{-1}(\mathbb{E}[u(X)]) \tag{3.6}$$

とリスク指標 $\rho$ を定義すればよい．このとき，決定的な定数 $c$ について

$$\rho(c) = u^{-1}(u(c)) = c$$

が成り立つ．

式 (3.1) の指数効用関数は逆関数を持つので，式 (3.6) の形のリスク指標を
構成しよう．逆関数は

$$u^{-1}(y) = -\log(-y) \tag{3.7}$$

であるから,

$$\rho(X) = -\log(\mathbb{E}[\exp(-X)]) \tag{3.8}$$

が得られる.

ここで, 0 以外の実数値をとるパラメタ $\gamma$ を式 (3.8) のリスク指標に追加しよう. この $\gamma$ はリスク志向を表すが, 本書ではリスク指標のパラメタはすべてリスク感度と呼ぶ.

**定義 3.3** 確率変数 $X$ について

$$\mathrm{ERM}_\gamma[X] := -\frac{1}{\gamma}\log(\mathbb{E}[\exp(-\gamma X)]) \tag{3.9}$$

で定義されるリスク指標 $\mathrm{ERM}_\gamma[\cdot]$ を $\gamma$-エントロピックリスク指標と呼ぶ. また, リスク感度 $\gamma$ が文脈から自明な場合や重要ではない場合には, 単に**エントロピックリスク指標** (entropic risk measure) と呼ぶ.

これは, 期待指数効用 (指数関数を効用関数としたときの期待効用) にリスク感度 $\gamma$ を追加して

$$\mathbb{E}[u_\gamma(X)] = -\mathbb{E}[\exp(-\gamma X)] \tag{3.10}$$

としたことに対応する. 対数関数は単調増加するので, 式 (3.10) の期待指数効用の値が大きいほうが, 式 (3.9) のエントロピックリスク指標の値も大きくなる. この意味で, エントロピックリスク指標は, 期待指数効用と同じように確率変数の大小関係を決める. 別の見方をすると, 式 (3.9) の $\frac{1}{\gamma}\log(\cdot)$ は, 決定的な定数 $c$ について $\mathrm{ERM}_\gamma[c] = c$ を成り立たせるための変換であり, エントロピックリスク指標で本質的な役割を果たすのは式 (3.1) の期待指数効用である.

リスク感度 $\gamma$ は 0 以外の実数で定義されるが, $\gamma \to 0$ の極限を調べよう.

**命題 3.1** 確率変数 $X$ が次数 $k = 1, 2, \ldots$ について一様有界なモーメント ($|\mathbb{E}[X^k]| < \infty$) を持つとき,

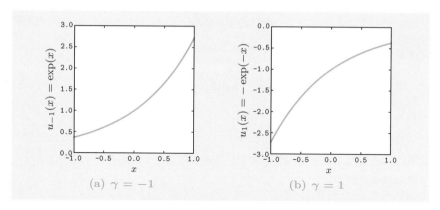

図 3.4　指数効用関数 $u_\gamma(x) = -\gamma^{-1}\exp(-\gamma\,x)$ の形

$$\lim_{\gamma \to 0} \mathrm{ERM}_\gamma[X] = \mathbb{E}[X]$$

の極限が $\gamma$-エントロピックリスク指標について成り立つ.

**証明**　$\exp(x)$ のマクローリン展開と $\log(1 + x)$ のマクローリン展開を順に式 (3.9) に適用すると

$$
\begin{aligned}
\mathrm{ERM}_\gamma[X] &= -\frac{1}{\gamma} \log\left( \mathbb{E}[1 - \gamma\,X + o(\gamma)] \right) \\
&= -\frac{1}{\gamma} \log\left( 1 - \gamma\,\mathbb{E}[X] + o(\gamma) \right) \\
&= -\frac{1}{\gamma} \left( -\gamma\,\mathbb{E}[X] + o(\gamma) \right) \\
&\xrightarrow[\gamma \to 0]{} \mathbb{E}[X]
\end{aligned}
$$

となるので, 命題が示された.　　　　　　　　　　　　□

　このことから, $\gamma \to 0$ は**リスク中立**（risk neutral）を表す.

　指数効用関数の形の例を図 3.4 に示す. 図 3.4(a) は $\gamma = -1$ の場合であり, 一般に $\gamma < 0$ のときに指数効用関数 $u_\gamma(\cdot)$ は単調増加の凸関数となる. これは図 3.3 とは対照的な場合であり, 大きな累積報酬が得られることを重視して, 大きな損失を被ることは重視しないことに対応する. このことから, $\gamma < 0$ は**リスク選好**（risk seeking）を表すという. 図 3.4(b) は $\gamma = 1$ の場合である

が，一般に $\gamma > 0$ のときに指数効用関数 $u_\gamma(\cdot)$ は単調増加の凹関数となる．これは図 3.3 と同様な場合であり，$\gamma > 0$ は**リスク回避**（risk aversion）を表すという．また，$\gamma$ の絶対値が大きいほど，指数効用関数の曲率は大きくなり，リスク選好やリスク回避の度合いが大きくなる．

次に，エントロピックリスク指標が並進不変性を持つことを確認しよう．確率変数 $X$ と決定的定数 $c$ について

$$
\begin{aligned}
\mathrm{ERM}_\gamma[X + c] &= -\frac{1}{\gamma} \log \left( \mathbb{E}\big[ \exp(-\gamma\,(X + c)) \big] \right) \\
&= -\frac{1}{\gamma} \log \left( \mathbb{E}\big[ \exp(-\gamma\,X) \big] \right) \exp(-\gamma\,c) \\
&= \mathrm{ERM}_\gamma[X] + c
\end{aligned}
\tag{3.11}
$$

であるから，並進不変性を持つことが確認された．

**単 調 性**

エントロピックリスク指標のもう 1 つの重要な性質である**単調性**（monotonicity）も確認しておこう．同一の確率空間に定義された確率変数 $X$ と $Y$ が，すべての標本点 $\omega$ について

$$
X(\omega) \le Y(\omega)
\tag{3.12}
$$

を満たすのであれば，これらのリスク指標の値についても

$$
\rho(X) \le \rho(Y)
\tag{3.13}
$$

の関係があってほしい．すなわち，累積報酬 $Y$ のほうが累積報酬 $X$ よりも必ず大きいのであれば，$Y$ は $X$ より望ましいはずであり，それらの望ましさを表すリスク指標値についても，式 (3.13) の大小関係が成り立つべきである．

指数関数など単調増加する効用関数 $u(\cdot)$ を用いた期待効用であれば，式 (3.12) を満たす $X$ と $Y$ が $\mathbb{E}[u(X)] \le \mathbb{E}[u(Y)]$ を満たし，単調性を持つ．期待指数効用を単調な関数で写像したのがエントロピックリスク指標なので，$\gamma$-エントロピックリスク指標についても

$$
\mathrm{ERM}_\gamma[X] \le \mathrm{ERM}_\gamma[Y]
\tag{3.14}
$$

すなわち単調性が成り立つ．

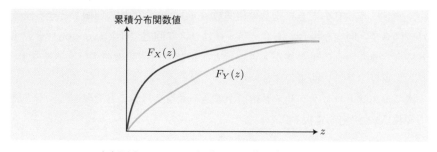

図 3.5　確率順序 $X \leq_{\mathrm{st}} Y$ を満たす累積分布関数 $F_X(\cdot)$ と $F_Y(\cdot)$
の例

式 (3.12) の関係を少し緩めたものに確率順序 $\leq_{\mathrm{st}}$ がある．2 つの確率変数
$X$ と $Y$ について $X \leq_{\mathrm{st}} Y$ が成り立つとは，$X$ の累積分布関数 $F_X(\cdot)$ と $Y$ の
累積分布関数 $F_Y(\cdot)$ の間に，

$$1 - F_X(z) \leq 1 - F_Y(z), \qquad \forall z \tag{3.15}$$

が成り立つことをいう（図 3.5 参照）．式 (3.12) の関係とは異なり，確率順序
の場合には $X$ と $Y$ は異なる確率空間に定義されていてよい．

$X \leq_{\mathrm{st}} Y$ を満たす確率変数の組 $(X, Y)$ について，$\mathrm{ERM}_\gamma[X] \leq \mathrm{ERM}_\gamma[Y]$
が成り立つことを示そう．$X$ と同じ累積分布関数を持つ確率変数 $X'$ と，$Y$ と
同じ累積分布分布を持つ $Y'$ とを 1 つの確率空間に定義する．すなわち，

$$F_X(z) = F_{X'}(z), \qquad \forall z, \tag{3.16}$$
$$F_Y(z) = F_{Y'}(z), \qquad \forall z \tag{3.17}$$

が成り立つようにする．このとき，$X'$ と $Y'$ をうまく決めると，すべての標本
点 $\omega$ について

$$X'(\omega) \leq Y'(\omega) \tag{3.18}$$

が成り立つようにできる．このような考え方を**カップリング**（coupling）と呼ぶ．
式 (3.16)〜(3.17) により $\mathrm{ERM}_\gamma[X] = \mathrm{ERM}_\gamma[X']$ と $\mathrm{ERM}_\gamma[Y] = \mathrm{ERM}_\gamma[Y']$
が成り立ち，式 (3.18) により $\mathrm{ERM}_\gamma[X'] \leq \mathrm{ERM}_\gamma[Y']$ が成り立つので，
$X \leq_{\mathrm{st}} Y$ が成り立てば $\mathrm{ERM}_\gamma[X] \leq \mathrm{ERM}_\gamma[Y]$ も成り立つことが示された．

**定義 3.4** 確率順序 $X \leq_{\text{st}} Y$ を満たす任意の確率変数 $X$ と $Y$ についてリスク指標 $\rho(\cdot)$ が $\rho(X) \leq \rho(Y)$ を満たすとき，$\rho(\cdot)$ は**単調性**（monotonicity）を持つという．

**命題 3.2** 任意の $\gamma \neq 0$ について，$\gamma$-エントロピックリスク指標（定義 3.3）は，単調性（定義 3.4）と並進不変性（定義 3.2）を持つ．

### 3.2.2 条件付きバリューアットリスク

本項では，もう 1 つの代表的なリスク指標である条件付きバリューアットリスクを取り上げる．エントロピックリスク指標と同様に，条件付きバリューアットリスクもいくつかの望ましい性質を持つことを確認しよう．

はじめに，$X$ の確率密度関数が存在する簡単な場合を考えよう．この場合，累積分布関数は連続であり，逆関数を持つ．確率変数 $X$ の確率密度関数 $f(\cdot)$ と累積分布関数 $F(\cdot)$ の例を図 3.6 に示す．

ここで，$\alpha$ を 0 から 1 の間の確率値とし，確率変数 $X$ の値がある閾値を下回る確率がちょうど $\alpha$ となるときに，その閾値を $\alpha$-バリューアットリスクと定義する．ただし，リスク感度 $\alpha$ が文脈から自明な場合や重要でない場合には，単に**バリューアットリスク**（Value at Risk，VaR）と呼ぶ．すなわち，累積分布関数の逆関数 $F^{-1}(\cdot)$ を用いると，$X$ の $\alpha$-バリューアットリスクは

$$\text{VaR}_\alpha[X] = F^{-1}(\alpha)$$

と書ける．

バリューアットリスクを用いて定義される条件付きバリューアットリスクもリスク感度 $\alpha$ を持つ．具体的には，確率変数 $X$ が $\text{VaR}_\alpha[X]$ を下回る値をとるという条件下での $X$ の期待値

$$\text{CVaR}_\alpha[X] := \mathbb{E}\left[X \mid X \leq \text{VaR}_\alpha[X]\right]$$
$$= \frac{1}{\alpha} \int_{-\infty}^{\text{VaR}_\alpha[X]} z\, f(z)\, \mathrm{d}z \tag{3.19}$$

を $\alpha$-条件付きバリューアットリスクと定義する．ただし，リスク感度 $\alpha$ が文脈から自明な場合や重要でない場合には，単に**条件付きバリューアットリスク**（Conditional Value at Risk，CVaR）と呼ぶ．なお，式 (3.19) の等号は

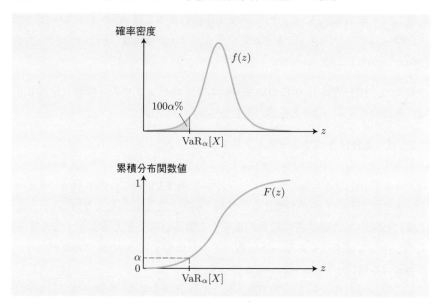

図 3.6　連続な累積分布関数を持つ確率変数のバリューアットリ
スク

$F(\mathrm{VaR}_\alpha[X]) = \alpha$ から示される.

　累積分布関数が不連続な場合も考えておこう. 不連続でも, $F(z) = \alpha$ とな
る $z$ が存在する場合には, その $z$ を $\mathrm{VaR}_\alpha[X]$ と定義すれば, 上の議論はその
まま成り立つ. ところが, $X = z$ となる確率が非零である場合には, $F(\cdot)$ は
$z$ で不連続であり, $F(z) = \alpha$ となる $z$ も存在しない (図 3.7 参照).

　累積分布関数が不連続な場合も含めて, $\alpha$-バリューアットリスクは一般に

$$\mathrm{VaR}_\alpha[X] := \sup_z \{F(z) \le \alpha\}$$

で定義される. また, 図 3.7 にも示されている

$$\beta := \mathrm{Pr}(X < \mathrm{VaR}_\alpha[X])$$

を用いて, $\alpha$-条件付きバリューアットリスクは

$$\mathrm{CVaR}_\alpha[X] := \frac{(1 - \beta)\, \mathbb{E}\,[X \mid X < \mathrm{VaR}_\alpha[X]] + (\alpha - \beta)\, \mathrm{VaR}_\alpha[X]}{\alpha} \tag{3.20}$$

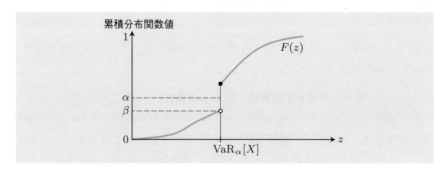

図 3.7 不連続な累積分布関数 $F(\cdot)$ と $\alpha$-バリューアットリスク

で定義される.なお累積分布関数が連続の場合には $\alpha = \beta$ であり,式 (3.20) は式 (3.19) に一致する.また,式 (3.20) は

$$\mathrm{CVaR}_\alpha[X] = \frac{1}{\alpha} \int_0^\alpha \mathrm{VaR}_\theta[X] \, \mathrm{d}\theta$$

とも書けるので,以下ではこの表現を $\alpha$-条件付きバリューアットリスクの定義としよう.

**定義 3.5** 累積分布関数 $F(\cdot)$ を持つ確率変数 $X$ を

$$\mathrm{VaR}_\alpha[X] := \sup_z \{F(z) \le \alpha\}$$

で実数値に写像するリスク指標を $\alpha$-バリューアットリスクと呼ぶ.また,$X$ を

$$\mathrm{CVaR}_\alpha[X] := \frac{1}{\alpha} \int_0^\alpha \mathrm{VaR}_\theta[X] \, \mathrm{d}\theta \tag{3.21}$$

で実数値に写像するリスク指標を $\alpha$-条件付きバリューアットリスクと呼ぶ.

バリューアットリスクと条件付きバリューアットリスクを以上のように定義すると,決定的な定数 $c$ について $\mathrm{VaR}_\alpha[c] = c$ や $\mathrm{CVaR}_\alpha[c] = c$ が成り立つから,期待値の場合と同様に決定的等価を考えやすい.

また,バリューアットリスクと条件付きバリューアットリスクが,単調性と並進不変性を持つことも容易に確認できる.

**命題 3.3** 任意の $\alpha \in [0,1]$ について,$\alpha$-バリューアットリスクは,単調性と

並進不変性を持つ.

命題 3.4　任意の $\alpha \in [0,1]$ について,$\alpha$-条件付きバリューアットリスクは,単調性と並進不変性を持つ.

### 3.2.3　リスクの考慮と不確実性に対する頑健性

　累積報酬 $X$ のリスクを考慮するとは,$X$ の分布を期待値以外のリスク指標値に写像して,そのリスク指標値に基づいて意思決定することであると考えてきた.ところが,大きな損失を避けようとする場合に,常にこのようなリスクの考慮の仕方ができるとは限らない.たとえば,$X$ の分布が正確にはわからない場合がある.このような場合には,想定される $X$ の分布の集合を考え,想定内の分布のうち期待累積報酬を最小にする分布を考え,そのような最悪の場合の期待累積報酬を最大にする方策が最適であると考えるのは合理的だろう.$X$ の分布に不確実性があるときに,最悪の場合の期待値を考えることと,ある分布について $X$ のリスク指標値を考えることには実は密接な関係がある[47].本項ではそのような関係を議論していこう.

### 条件付きバリューアットリスクと不確実性に対する頑健性

　まず条件付きバリューアットリスクが,ある範囲における最悪の場合の期待値と解釈できることを確認しよう.確率変数 $X$ が連続であるとき,式 (3.19)が示す通り,$\mathrm{CVaR}_\alpha[X]$ は条件付期待値 $\mathbb{E}[X \mid X \leq \mathrm{VaR}_\alpha[X]]$ の形をしているが,図 3.8 に示す確率密度関数 $f_{X|X \leq \mathrm{VaR}_\alpha[X]}(\cdot)$ を考えると,$\mathrm{CVaR}_\alpha[X]$ を $f_{X|X \leq \mathrm{VaR}_\alpha[X]}(\cdot)$ に関する期待値と見なすことができる.この確率密度関数はもとの確率密度関数 $f_X(\cdot)$ と

$$f_{X|X \leq \mathrm{VaR}_\alpha[X]}(z) = \begin{cases} \frac{1}{\alpha} f_X(z) & (z \leq \mathrm{VaR}_\alpha[X] \text{ のとき}) \\ 0 & (z > \mathrm{VaR}_\alpha[X] \text{ のとき}) \end{cases}$$

という関係にある.確率密度 $f_{X|X \leq \mathrm{VaR}_\alpha[X]}(z)$ は,ある領域の $z$ では $f_X(z)$ よりも大きくなり,他の領域の $z$ では $f_X(z)$ よりも小さくなるが,その積分値が 1 となるように調整されている.

　ここで,真の確率密度関数が確実にはわからないが,基準となる確率密度関数 $f_X$ があり,どの $z$ でも,真の確率密度 $f(z)$ は $f_X(z)$ の高々 $\frac{1}{\alpha}$ 倍であることがわかっているとしよう.真の確率密度関数 $f(\cdot)$ は,負の値をとらず,全範

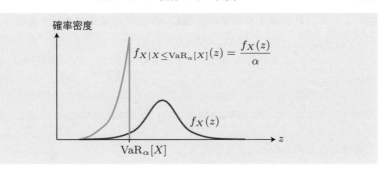

図 3.8　$\alpha$-条件付きバリューアットリスクを期待値として与える確率密度関数 $f_{X|X\leq\mathrm{VaR}_\alpha[X]}(\cdot)$

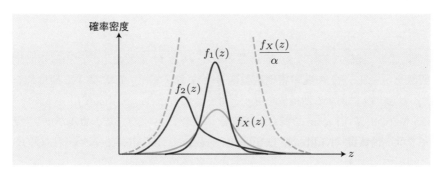

図 3.9　基準となる確率密度関数 $f_X$ に対して，高々 $\frac{1}{\alpha}$ 倍の確率密度をとる確率密度関数の例（$f_1$ と $f_2$）

囲で積分すると 1 になる必要があるので，

$$0 \leq f(z) \leq \frac{f_X(z)}{\alpha}, \qquad \forall z, \tag{3.22}$$

$$\int_{-\infty}^{\infty} f(z)\,\mathrm{d}z = 1 \tag{3.23}$$

の 2 つの条件を満たすはずである．

　条件 (3.22)〜(3.23) を満たす確率密度関数の集合を $\mathcal{P}$ とする（$\mathcal{P}$ の要素の例を図 3.9 に示す）．集合 $\mathcal{P}$ に属する確率密度関数のうち，期待値を最小にするのはどの確率密度関数だろうか？ 期待値を最小にするには，小さな $z$ で確率密度を最大限 $\frac{f_X(z)}{\alpha}$ に大きくし，大きな $z$ では確率密度を 0 とするのがよ

い．よって，$\mathcal{P}$ に属する確率密度関数の中で期待値を最小にするのは，図 3.8 の $f_{X|X \leq \mathrm{VaR}_\alpha[X]}(\cdot)$ であることがわかる．

したがって，$\alpha$-条件付きバリューアットリスクは，ある種の最悪の場合の期待値として

$$\mathrm{CVaR}_\alpha[X] = \min_{f \in \mathcal{P}} \int_{-\infty}^{\infty} z\,f(z)\,\mathrm{d}z \tag{3.24}$$

と書けることがわかった．

### エントロピックリスク指標と不確実性に対する頑健性

次にエントロピックリスク指標が，$X$ の分布に不確実性があるときの最悪の場合の期待値として表せることを議論しよう．準備として次の補題を証明する．

**補題 3.1** 連続な確率変数 $X$ の確率分布 $P$ と $Q$ を考える．$P$ の確率密度関数を $p$ とし，$Q$ の確率密度関数を $q$ とする．また，$P$ に関する期待値を $\mathbb{E}_P$ とし，$Q$ に関する期待値を $\mathbb{E}_Q$ と書く．このとき，$|\mathbb{E}_Q[w(X)]| < \infty$ かつ $|\mathbb{E}_P[\exp(w(X))]| < \infty$ を満たす関数 $w$ の集合を $\mathcal{W}$ とすると，**カルバック–ライブラー情報量**（Kullback–Leibler divergence, KL divergence）$\mathrm{KL}(Q\|P)$ について，

$$\mathrm{KL}(Q\|P) = \max_{w \in \mathcal{W}} \left\{ \mathbb{E}_Q[w(X)] - \log \mathbb{E}_P[\exp(w(X))] \right\} \tag{3.25}$$

が成り立つ．また $q(x) = 0$ のときに $p(x) = 0$ であれば（すなわち $Q$ が $P$ について絶対連続（absolutely continuous）であれば），$w(x) = \log \frac{p(x)}{q(x)}$ のときに，式 (3.25) 右辺の上限が達成される．

**証明** まず，任意の $w \in \mathcal{W}$ について

$$\mathrm{KL}(Q\|P) \geq \mathbb{E}_Q[w(X)] - \log \mathbb{E}_P[\exp(w(X))]$$

を示す．任意の $w \in \mathcal{W}$ について，関数

$$f^w(x) := \frac{\exp(w(x))}{\mathbb{E}_P[\exp(w(X))]}\,p(x)$$

を定義する．定義より任意の $x$ について $f^w(x) \geq 0$ であり，$x$ について積分

すると

$$\int f^w(x)\,\mathrm{d}x = \int \frac{\exp(w(x))}{\mathbb{E}_P[\exp(w(X))]}\,p(x)\,\mathrm{d}x = 1$$

であるから，$f^w(\cdot)$ は確率密度関数である．ここで，

$$\log \frac{q(x)}{p(x)} = \log \frac{q(x)}{f^w(x)} + \log \frac{f^w(x)}{p(x)}$$
$$= \log \frac{q(x)}{f^w(x)} + w(x) - \log \mathbb{E}_P[\exp(w(X))]$$

であるから，分布 $Q$ で両辺の期待値をとると，

$$\int q(x)\,\log \frac{q(x)}{p(x)}\,\mathrm{d}x$$
$$= \int q(x)\log \frac{q(x)}{f^w(x)}\,\mathrm{d}x + \int q(x)\,w(x)\,\mathrm{d}x - \log \mathbb{E}_P[\exp(w(X))]$$

であるから，すなわち

$$\mathrm{KL}(Q||P) = \mathrm{KL}(Q||P^w) + \mathbb{E}_Q[w(X)] - \log \mathbb{E}_P[\exp(w(X))]$$

が成り立つ．$\mathrm{KL}(Q||P^w)$ はカルバック–ライブラー情報量で非負であるから，

$$\mathrm{KL}(Q||P) \geq \mathbb{E}_Q[w(X)] - \log \mathbb{E}_P[\exp(w(X))]$$

が任意の $w \in \mathcal{W}$ について示された．

次に，$Q$ が $P$ について絶対連続でかつ $w(x) = \log \frac{q(x)}{p(x)}$ である場合に，

$$\mathrm{KL}(Q||P) = \mathbb{E}_Q[w(X)] - \log \mathbb{E}_P[\exp(w(X))] \tag{3.26}$$

であることを示す．式 (3.26) の右辺に $w(x) = \log \frac{q(x)}{p(x)}$ を代入して整理すると，

$$\mathbb{E}_Q[w(X)] - \log \mathbb{E}_P[\exp(w(X))]$$
$$= \int q(x)\log \frac{q(x)}{p(x)}\,\mathrm{d}x - \log \int p(x)\exp\log \frac{q(x)}{p(x)}\,\mathrm{d}x$$
$$= \mathrm{KL}(Q||P)$$

であるから，式 (3.26) が成り立つ．よって補題が証明された． $\qquad\square$

補題 3.1 によると,

$$\mathrm{KL}(Q||P) \geq \mathbb{E}_Q[w(X)] - \log \mathbb{E}_P[\exp(w(X))]$$

が任意の $w(\cdot)$ について成り立ち, $w(x) = \log \frac{p(x)}{q(x)}$ のときに等号が成り立つ. ここで $w(x) = -\gamma x$ とすると,

$$\mathrm{KL}(Q||P) \geq -\gamma \mathbb{E}_Q[X] - \log \mathbb{E}_P[\exp(-\gamma X)] \tag{3.27}$$

が常に成り立つから, $\gamma > 0$ すなわちリスク回避の場合には,

$$-\frac{1}{\gamma} \log \mathbb{E}_P[\exp(-\gamma X)] \leq \mathbb{E}_Q[X] + \frac{1}{\gamma} \mathrm{KL}(Q||P)$$

が, $P$ について絶対連続な任意の $Q$ について成り立つ. また, 式 (3.27) の等号は $-\gamma x = \log \frac{p(x)}{q(x)}$ で成り立つので, $P$ について絶対連続な分布の集合を $\mathcal{Q}$ とすると

$$-\frac{1}{\gamma} \log \mathbb{E}_P[\exp(-\gamma X)] = \inf_{Q \in \mathcal{Q}} \left\{ \mathbb{E}_Q[X] + \frac{1}{\gamma} \mathrm{KL}(Q||P) \right\}$$

が成り立つ. 左辺はエントロピックリスク指標値であるから, 次の定理が示された.

定理 3.1 確率分布 $P$ を持つ確率変数 $X$ は, $P$ について絶対連続な分布の集合を $\mathcal{Q}$ とするとき, その $\gamma$-エントロピックリスク指標値が

$$\mathrm{ERM}_\gamma[X] = \inf_{Q \in \mathcal{Q}} \left\{ \mathbb{E}_Q[X] + \frac{1}{\gamma} \mathrm{KL}(Q||P) \right\}$$

の関係を満たす.

定理 3.1 は, $X$ の分布に不確実性があるときの最悪の場合における期待値とエントロピックリスク指標値とを関連付けている. すなわち, $X$ の真の分布が, 基準となる分布 $P$ からあまり離れていないと想定される状況を考える. このとき, 最悪の場合の期待値 $\inf_{Q \in \mathcal{Q}} \mathbb{E}_Q[X]$ を考えるが, $Q$ が $P$ から離れるに従って, その分の罰則 $\frac{1}{\gamma} \mathrm{KL}(Q||P)$ を考慮する. すなわち, $P$ からあまり離れない分布 $Q$ の中で期待値を小さくする分布 $Q$ を考えるが, その期待値 $\mathbb{E}_Q[X]$ と $P$ から $Q$ への距離の和の最小値がエントロピックリスク指標値であ

る．$\gamma \to 0$ の極限で，罰則項が支配的になるから，

$$\lim_{\gamma \to 0} \mathrm{ERM}_\gamma[X] = \mathbb{E}_P[X]$$

となり，確かにリスク中立的になる．また，$\gamma$ が大きいときには，

$$\lim_{\gamma \to \infty} \mathrm{ERM}_\gamma[X] = \max[X]$$

と罰則項が無視されるので，右辺は $X$ がとりうる最大値となる．

## 3.3 時間的整合性が成り立つ場合

準備が整ったので，本節と次節とでは，リスクを考慮して累積報酬を最大化する手法を議論しよう．本節では，時間的整合性が成り立つ場合に，累積報酬のリスク指標値を最大化するリスク考慮型強化学習を考える．この場合には，期待累積報酬を最大化する場合と同様に，最適性の原理を利用した価値反復法を設計できる．時間的整合性が成り立たない場合は次節で議論する．

### 3.3.1 即時報酬の分布

リスクを考慮する場合には，即時報酬の取り扱いに注意が必要である．状態 $s$ で行動 $a$ を行い，状態 $s'$ に遷移したときの即時報酬を確率変数 $R(s, a, s')$ で表そう．方策 $\pi$ と状態遷移確率で，各時点 $t$ での状態 $S_t$ と行動 $A_t$ が確率的に決まるが，このときの期待値を $\mathbb{E}^\pi[\cdot]$ で表すことにする．

期待累積報酬についての価値関数 (1.8) は，期待値の線形性により

$$v_0^\pi(S_0) = \mathbb{E}^\pi\left[\sum_{t=0}^{\infty} R(S_t, A_t, S_{t+1}) \,\middle|\, S_0\right]$$

$$= \sum_{t=0}^{\infty} \mathbb{E}^\pi[R(S_t, A_t, S_{t+1}) \mid S_0] \tag{3.28}$$

と書けた．また，**期待値の繰返し法則** (law of iterated expectations)[1] により

$$\mathbb{E}^\pi[R(S_t, A_t, S_{t+1})] = \mathbb{E}^\pi\left[\mathbb{E}^\pi[R(S_t, A_t, S_{t+1}) \mid S_t, A_t]\right] \tag{3.29}$$

---

[1] または**全期待値則** (law of total expectation).

であるから，状態 $s$ で行動 $a$ を行ったときに得られる期待即時報酬

$$r(s,a) := \mathbb{E}[R(s,a,S')]$$

を考えることで一般性を失うことがなかった．すなわち，価値関数は期待即時報酬を使って

$$v_0^\pi(S_0) = \sum_{t=0}^{\infty} \mathbb{E}^\pi[r(S_t, A_t) \mid S_0]$$

と書けた．

　以上の議論で，線形性と繰返し法則という 2 つの期待値の性質を用いたが，リスクを考慮する場合には，これらの性質をリスク指標が持つとは限らない．したがって，本章では，期待即時報酬 $r(s,a)$ ではなく，次状態にも依存する確率的な即時報酬 $R(s,a,s')$ を用いて議論を進める．

### 3.3.2　**累積期待効用の最大化**

3.2.1 項で議論した効用関数 $u(\cdot)$ を，逐次的意思決定に用いてみよう．有限期間 $[0,T]$ における累積報酬の期待効用（期待累積効用）は $\mathbb{E}^\pi\left[u\left(\sum_{t=0}^{T-1} R(S_t, A_t, S_{t+1})\right)\right]$ であり，即時報酬の期待効用の累積値（累積期待効用）は $\sum_{t=0}^{T-1} \mathbb{E}[u(R(S_t, A_t, S_{t+1}))]$ である．効用関数が非線形の場合には，一般に

$$\mathbb{E}^\pi\left[u\left(\sum_{t=0}^{T-1} R(S_t, A_t, S_{t+1})\right)\right] \neq \sum_{t=0}^{T-1} \mathbb{E}[u(R(S_t, A_t, S_{t+1}))] \qquad (3.30)$$

であり，期待累積効用と累積期待効用とは異なる．効用関数が恒等写像の場合には，期待累積効用は期待累積報酬に帰着され，式 (3.30) で等号が成り立つ．

　強化学習の実応用では，期待累積効用の最大化が本来の目的を達成する場合もある．その場合には，即時報酬の期待効用 $\mathbb{E}[u(R(S_t, A_t, S_{t+1}))]$ を期待即時報酬 $r(S_t, A_t)$ と見なして，標準的な（リスクを考慮しない）強化学習技術を適用すればよい．

### 3.3.3 エントロピックリスク指標の最大化

ところが，即時報酬をそれぞれ見ていると無視できるリスクも，累積報酬では無視できない場合がある．そのようなリスクを考慮して方策を最適化するには，累積期待効用ではなく期待累積効用を考える必要がある．本項では，指数関数を効用関数とする累積報酬の期待効用（期待指数効用）を目的関数としよう[48],[49]．

期待指数効用の最大化は，エントロピックリスク指標の最大化と等価であることを式 (3.10) で確認した．したがって，

$$v_0^\pi(S_0) = \mathrm{ERM}_\gamma^\pi \left[ \sum_{t=0}^{T-1} R(S_t, A_t, S_{t+1}) \,\middle|\, S_0 \right]$$

の最大化を考える．なお，本項では期間を有限 $(T < \infty)$ とし，将来の報酬の割引は考えない．これは，エントロピックリスク指標をリスク指標として用いるときに，将来の報酬を割り引くと，時間的整合性が成り立たないからである．

#### 最適性の原理が成り立つ条件

期待累積報酬の場合には，各時点 $t$ からの期待累積報酬を最大化すれば，時点 0 からの期待累積報酬が最大化されるという最適性の原理が成り立っていた．この最適性の原理は，繰返し法則 (3.29)，並進不変性 (3.2)，単調性 (3.4) の 3 つの性質を用いて示すことができる（このことは本項でエントロピックリスク指標について確認するが，同様の議論が期待値でも成り立つ）．

エントロピックリスク指標において，単調性と並進不変性が成り立つことを命題 3.11 で確認したが，繰返し法則も成り立つことを確認しよう．期待値の繰返し法則は

$$\mathbb{E}[X] = \mathbb{E}[\mathbb{E}[X \mid Y]] \tag{3.31}$$

である．マルコフ決定過程の文脈では，$X$ を全期間の累積報酬 $\sum_{t=0}^{T-1} R_t$ とし，$Y$ をある時点 $t$ における状態 $S_t$ とする．$Y$ の実現値 $y$ のそれぞれについて $\mathbb{E}[X|Y=y]$ を大きくすれば，$\mathbb{E}[X]$ が大きくなることが式 (3.31) から示唆される．

式 (3.31) と同様な繰返し法則が，エントロピックリスク指標でも成り立つ．

**補題 3.2**　同じ確率空間に定義された 2 つの確率変数 $X$ と $Y$ について

$$\mathrm{ERM}_\gamma[X] = \mathrm{ERM}_\gamma[\mathrm{ERM}_\gamma[X \mid Y]] \tag{3.32}$$

が成り立つ.

**証明**　式 (3.9) のエントロピックリスク指標の定義から

$$
\begin{aligned}
&\mathrm{ERM}_\gamma[\mathrm{ERM}_\gamma[X \mid Y]] \\
&= -\frac{1}{\gamma} \log \mathbb{E}\Big[ \exp\big( -\gamma\,\mathrm{ERM}_\gamma[X \mid Y]\big) \Big] \\
&= -\frac{1}{\gamma} \log \mathbb{E}\Big[ \exp\Big( -\gamma\Big( -\frac{1}{\gamma} \log \mathbb{E}\big[ \exp\big( -\gamma\,\mathbb{E}[X \mid Y]\big) \big]\Big)\Big) \Big] \\
&= -\frac{1}{\gamma} \log \mathbb{E}\Big[ \mathbb{E}\Big[ \exp\big( -\gamma\,X\big) \,\Big|\, Y \Big] \Big]
\end{aligned} \tag{3.33}
$$

が示される. 式 (3.33) に式 (3.31) を適用すると

$$\mathrm{ERM}_\gamma[\mathrm{ERM}_\gamma[X \mid Y]] = -\frac{1}{\gamma} \log \mathbb{E}\big[ \exp(-\gamma\,X) \big]$$

が得られるので, 補題が示された.　　　　　　　　　　　　　　　　□

### エントロピックリスク指標の最適性の原理

　本項では, エントロピックリスク指標に関する最適性方程式を導出しよう. 最適性方程式が導かれたら, 価値反復法やそれに基づいた強化学習法を設計できる.

　時点 $t$ から方策 $\pi$ で得られる累積報酬のエントロピックリスク指標値を表す価値関数を

$$v_t^\pi(S_t) := \mathrm{ERM}_\gamma^\pi\left[ \sum_{t'=t}^{T-1} R(S_t, A_t, S_{t+1}) \,\Bigg|\, S_t \right] \tag{3.34}$$

とする. また, 時点 $t$ における最適価値関数を

$$v_t^\star(S_t) := \max_\pi v_t^\pi(S_t) \tag{3.35}$$

と書こう.

　以下では, このエントロピックリスク指標に関する最適価値関数 $v_t^\star(\cdot)$ の再

帰的な関係，すなわち最適性方程式を導く．特に，$v_0^\pi(S_0)$ を最大にする時点 0 の最適方策 $\pi = \pi^\star$ は，その後の任意の時点 $t \in [1, T-1]$ の任意の状態 $S_t$ でも，$v_t^\pi(S_t)$ を最大にすることを確認しよう．

まず，補題 3.2 の繰返し法則を用いると，式 (3.34) は

$$v_t^\pi(S_t) = \mathrm{ERM}_\gamma^\pi \left[ \mathrm{ERM}_\gamma^\pi \left[ \sum_{t'=t}^{T-1} R(S_t, A_t, S_{t+1}) \,\middle|\, S_{t+1} \right] \,\middle|\, S_t \right] \quad (3.36)$$

と変形できる．$S_{t+1}$ で条件付けられた上式の内側の $\mathrm{ERM}_\gamma^\pi$ で，$R(S_t, A_t, S_{t+1})$ は決定的な定数であるから，命題 3.2 の並進不変性によって

$$\mathrm{ERM}_\gamma^\pi \left[ \sum_{t'=t}^{T-1} R(S_t, A_t, S_{t+1}) \,\middle|\, S_{t+1} \right]$$

$$= R(S_t, A_t, S_{t+1}) + \mathrm{ERM}_\gamma^\pi \left[ \sum_{t'=t+1}^{T-1} R(S_t, A_t, S_{t+1}) \,\middle|\, S_{t+1} \right]$$

$$= R(S_t, A_t, S_{t+1}) + v_{t+1}^\pi(S_{t+1})$$

が成り立つ．ただし，最後の等号は $v_{t+1}^\pi(\cdot)$ の定義 (3.34) による．最後の式を式 (3.36) に代入すると

$$v_t^\pi(S_t) = \mathrm{ERM}_\gamma^\pi \left[ R(S_t, A_t, S_{t+1}) + v_{t+1}^\pi(S_{t+1}) \mid S_t \right]$$

が得られる．

したがって，式 (3.35) で表記される最適価値関数は

$$v_t^\star(s) = \max_\pi \mathrm{ERM}_\gamma^\pi \left[ R(S_t, A_t, S_{t+1}) + v_{t+1}^\pi(S_{t+1}) \mid S_t = s \right]$$

で書ける．命題 3.2 の単調性により，各 $S_{t+1}$ で $v_{t+1}^\pi(S_{t+1})$ を大きくすれば $v_t^\pi(S_t)$ も大きくなる．したがって，エントロピックリスク指標に関する最適性方程式が次の定理で得られる．

**定理 3.2** 有限期間のマルコフ決定過程で，時点 $t$ 以降に状態 $s \in \mathcal{S}$ から得られる累積報酬の $\gamma$-エントロピックリスク指標値の最大値を最適価値 $v_t^\star(s)$ とすると，最適価値は

$$v_t^\star(s) = \max_{a \in \mathcal{A}} \mathrm{ERM}_\gamma \left[ R(s, a, S_{t+1}) + v_{t+1}^\star(S_{t+1}) \,\middle|\, (S_t, A_t) = (s, a) \right]$$

$$(3.37)$$

の最適性方程式を満たす.

エントロピックリスク指標が持つ単調性，並進不変性，繰返し法則の 3 つの性質だけを用いてこの最適性方程式は導かれたので，これらの性質を持つリスク指標であれば，同様な最適性方程式が成り立つこともわかる.

### リスク考慮型価値反復法

式 (3.37) の最適性方程式からリスク考慮型価値反復法を導出できる. 期待累積報酬の場合と同様に，エントロピックリスク指標についても行動価値関数や最適行動価値関数を定義しよう. 時点 $t$ に状態 $s$ で行動 $a$ を行い，そのあとは（累積報酬のエントロピックリスク指標値を最大化する）最適方策に従うときに，時点 $t$ から得られる累積報酬の $\gamma$-エントロピックリスク指標値を最適行動価値 $q_t^\star(s,a)$ とする. アルゴリズム 3.1 は最適行動価値関数 $q_t^\star(\cdot)$ を求めるリスク考慮型価値反復法である. ここでは，状態空間 $\mathcal{S}$ と行動空間 $\mathcal{A}$ は時間に依らないとする.

時点 $T$ 以降は即時報酬が得られないので，任意の状態行動対 $(s,a)$ について $q_T^\star(s,a) = 0$ とする（ステップ 2）. 最適価値関数 $v_t^\star(\cdot)$ と最適行動価値関数 $q_t^\star(\cdot)$ とは

$$v_t^\star(s) = \max_{a \in \mathcal{A}} q_t^\star(s,a)$$

の関係にあり，ステップ 5 は 1 つ前の反復で求めた最適行動価値関数 $q_{t+1}^\star$ を最適価値関数 $v_{t+1}^\star$ に変換する. ステップ 7 は $v_{t+1}^\star$ を用いて，$q_t^\star$ を再帰的に求める. ここで $p(s', r \mid s, a)$ は状態 $s$ で行動 $a$ を行ったときに，次状態が $s'$ となり報酬 $r$ が得られる確率を表す. ここでは簡単のために，報酬も離散的であるとする.

期待累積報酬の場合と同様に，最適行動価値関数が求まれば最適方策も求まり，時点 $t$ での状態 $s$ における最適行動は

$$\operatorname*{argmax}_{a \in \mathcal{A}} q_t^\star(s,a)$$

である.

将来の報酬を割り引かない場合をここまで考えてきたが，将来の報酬を割り引く場合には，最適性方程式 (3.37) がエントロピックリスク指標について

---

**アルゴリズム 3.1　リスク考慮型価値反復法**

---

1: **Input:** リスク感度 $\gamma$

2: $q_T^\star(s, a) \leftarrow 0, \forall (s, a) \in \mathcal{S} \times \mathcal{A}$

3: **for** $t \leftarrow T - 1$ **to** 0 **do**

4: 　　**for all** $s \in \mathcal{S}$ **do**

5: 　　　$v_{t+1}^\star(s) \leftarrow \max\limits_{a' \in \mathcal{A}} q_{t+1}^\star(s, a')$

6: 　　**for all** $(s, a) \in \mathcal{S} \times \mathcal{A}$ **do**

7: 　　　$q_t^\star(s, a) \leftarrow -\frac{1}{\gamma} \log \sum_{s', r} p(s', r \mid s, a) \exp\left(-\gamma\left(r + v_{t+1}^\star(s')\right)\right)$

8: **Return:** $q_t^\star, t = 0, \dots, T$

---

成立しなくなる[50]．これは，エントロピックリスク指標が**正斉次**（positive homogeneous）でない，すなわち確率変数 $X$ と決定的定数 $c$ について一般に

$$\mathrm{ERM}_\gamma[c\,X] \neq c\,\mathrm{ERM}_\gamma[X] \tag{3.38}$$

であることに起因する．

### リスク考慮型 Q 学習

リスク考慮型価値反復法（アルゴリズム 3.1）の期待値の計算（ステップ 6～7）をサンプル近似することで，累積報酬のエントロピックリスク指標値を最大化するリスク考慮型の Q 学習アルゴリズムを導出できる．アルゴリズムの理論的な性能保証のためには工夫が必要だが[51], [52]，単純化したリスク考慮型 Q 学習をアルゴリズム 3.2 に示そう．

リスク考慮型価値反復法と同様に，リスク考慮型 Q 学習も有限期間を仮定し，各エピソードの長さは $T$ であるとする．学習率 $\eta_n$ は，たとえば

$$\eta_n = \frac{T + 1}{T + n}$$

とすればよい．アルゴリズム 3.2 のステップ 2～4 では，リスク考慮型 Q 学習で値を更新する「表」を初期化する．$n_t(s, a)$ は，エピソード開始から $t$ 時点目に状態 $s$ で行動 $a$ を行った回数を記録する．$v_t(s)$ はリスク考慮型最適価値関数 $v_t^\star(s)$（式 (3.35)）の推定値を記録し，$g_t(s, a)$ はその中間表現である

$$\mathbb{E}\left[\exp\left(-\gamma\left(R(s, a, S_{t+1}) + v_{t+1}^\star(S_{t+1})\right)\right) \mid (S_t, A_t) = (s, a)\right] \tag{3.39}$$

---

**アルゴリズム 3.2　リスク考慮型 Q 学習**

1: **Input:** リスク感度 $\gamma$; エピソード長 $T$; 学習率 $\eta_n, n = 1, 2, \ldots$
2: $n_t(s, a) \leftarrow 0, \forall (t, s, a) \in [T] \times \mathcal{S} \times \mathcal{A}$
3: $g_t(s, a) \leftarrow 0, \forall (t, s, a) \in [T] \times \mathcal{S} \times \mathcal{A}$
4: $v_t(s) \leftarrow 0, \forall (t, s) \in [T] \times \mathcal{S}$
5: **while** 停止条件が満たされるまで **do**
6: 　　初期状態 $s_0$ を観測する
7: 　　**for** $t \leftarrow 0, \ldots, T-1$ **do**
8: 　　　　行動 $a_t \leftarrow \underset{a' \in \mathcal{A}}{\operatorname{argmax}} \left\{ -\frac{1}{\gamma} \log g_t(s_t, a') \right\}$ を実行する
9: 　　　　即時報酬 $r_t$ と次状態 $s_{t+1}$ を観測する
10: 　　　　$n_t(s_t, a_t) \leftarrow n_t(s_t, a_t) + 1$
11: 　　　　$g_t(s_t, a_t) \leftarrow (1 - \eta_{n_t(s_t, a_t)}) g_t(s_t, a_t) + \eta_{n_t(s_t, a_t)} e^{-\gamma (r_t + v_{t+1}(s_{t+1}))}$
12: 　　　　$v_t(s_t) \leftarrow \underset{a' \in \mathcal{A}}{\max} \left\{ -\frac{1}{\gamma} \log g_t(s_t, a') \right\}$
13: **Return:** $g_t, t = 0, \ldots, T$

---

の推定値を記録する.

　ステップ 5 からの while ループは任意の回数反復すればよい. 一定回数または一定時間が経過するまで反復してもよいし, 各推定値の変動量に応じた停止条件を定めてもよい. 初期状態 $s_0$ をステップ 6 で観測したら, ステップ 7〜12 の for ループで, 各推定値を更新しながら, 1 エピソードが終わるまで行動を実行する. ステップ 8 で実行する行動は, 時点 $t$ の状態 $s_t$ における最適行動価値の推定値を最大にする行動 $a_t$ を選ぶ. 即時報酬 $r_t$ と次状態 $s_{t+1}$ がステップ 9 で観測されるので, これらに基づいて各推定値を更新する. エピソード開始から $t$ 時点目に状態 $s_t$ で行動 $a_t$ を実行したので, ステップ 10 で $n_t(s_t, a_t)$ を 1 だけ大きくする. また, ステップ 11 で $g_t(s_t, a_t)$ を更新するが, このときの学習率は $n_t(s_t, a_t)$ に応じて小さくなるように選ぶ. ステップ 12 は, $g_t(s_t, \cdot)$ に基づいて, $v_t(s_t)$ を更新する.

　リスク考慮型 Q 学習を実際に適用する際には, アルゴリズム 3.2 を修正することが望ましい. たとえば, 即時報酬が $[0, 1]$ の範囲内にあることがわかっている場合には, 式 (3.39) は $[1, \exp(-\gamma(T-t))]$ の範囲にあるはずなので, その推定値がこの範囲から外れている場合には, この範囲に射影するべきである. また, ステップ 8 は推定された行動価値関数に基づいて貪欲に最適な行動

を選ぶが，**不確実なときの楽観性**（optimism in the face of uncertainty）の原理に基づき，行動価値がより不確実な行動を優先的に選ぶべきである．たとえば，$g_t(s_t, a_t)$ には $O(\sqrt{\frac{1}{n_t(s_t, a_t)}})$ だけの不確実性があるとし，**上側信頼区間の上界**（upper confidence bound）を最大にする行動を選ぶ手法が考えられる[51], [52]．また，推定量の初期値を大きな値にしても，不確実な行動を優先的に選ぶことができる．

## 3.4　時間的整合性が成り立たない場合

本節では，いよいよ時間的整合性が成り立たない場合のリスク考慮型強化学習を議論しよう．3.1.2 項の例を思い出すと，時間的に不整合な場合には，何を最適方策と考えるべきか非自明である．たとえば，時点 1 で，時点 0 からの累積報酬のリスク指標値を最大化する行動を選ぶべきだろうか？ それとも時点 1 からのリスク指標値を最大化する行動を選ぶべきだろうか？ その他に合理的な考え方はあるだろうか？ まず，時間的に不整合な場合の最適方策の考え方を 3.4.1 項で議論しよう．3.4.2 項以降では，特に累積報酬の条件付きバリューアットリスク値の最大化を考え，この時間的不整合な場合について，いくつかのリスク考慮型強化学習手法を導出する．

### 3.4.1　時間的に不整合な場合の最適方策の考え方
#### 初期状態からの最適方策に従う

時間的に不整合な場合の最適方策の考え方の代表的なものに，初期状態からの最適方策を使い続けるというものがある．すなわち，時点 0 で初期状態からの累積報酬のリスク指標値を最大化する方策 $\pi_0^\star$ を求め，以降 $\pi_0^\star$ に従って行動を選び続ける．$t > 0$ の各時点 $t$ では，$\pi_0^\star$ に従っても時点 $t$ 以降の累積報酬のリスク指標値が最大化されるわけではないが，それでも $\pi_0^\star$ に従って行動を選ばなければならない．そのように，時点 1 以降も $\pi_0^\star$ に従って行動を選ぶことを約束することによってのみ，時点 0 からの累積報酬のリスク指標値を最大化できる．

初期状態からの最適方策 $\pi_0^\star$ を使い続けるアプローチは，時点 0 の目的関数が最大化されるという意味では合理的だが，時点 1 以降も $\pi_0^\star$ を使って行動を選ぶのは非合理的でもある．$t > 0$ の各時点 $t$ で，意思決定者は，時点 $t$ から

の目的関数を最大化したいはずであり，そもそもその「気持ち」を表現したのが目的関数であるから，最大化されなければ最適でない．各時点 $t$ で，意思決定者はこの「気持ち」に反して，時点 0 の「気持ち」に従って行動を選ぶことを強要される．特に，長い時間が経過したあと（$t \gg 0$）も時点 0 の「気持ち」に従い続ける（$\pi_0^\star$ を使い続ける）ことにどのような意味があるだろうか？

　初期状態からの最適方策に従うアプローチは，短いエピソードを何度も繰り返す状況では合理的なことがある．たとえば，ある 2 地点間を毎日往復する場合には，毎日新しいエピソードがはじまり，各エピソードでは交通状況に応じて経路を選択しながら 2 地点間を往復する．往復に要する所要時間で費用が決まる場合には，エピソード単位での所要時間が重要であり，時点 0 からの所要時間（すなわち往復に要する時間）のリスク指標値を最大化することを時点 1 以降も強要することに，一定の合理性がある．

### 各状態からの最適方策に従う

　エピソードが無限に続く場合には，初期状態からの最適方策 $\pi_0^\star$ を使い続けるアプローチを正当化するのは難しい．この場合，無限長のエピソードを有限長の（短い）エピソードに分けることで，短いエピソードを何度も繰り返す状況を作り出せる．それぞれの短いエピソードの開始時点で，その時点からの（無限長のエピソードに対する）最適方策 $\tilde{\pi}_0^\star$ を求め，その短いエピソードが終わるまでは $\tilde{\pi}_0^\star$ に従い続けるアプローチも考えられる．

　極端な場合には，短いエピソードの長さを 1 とし，各状態 $s \in \mathcal{S}$ について，状態 $s$ から無限長のエピソードで得られる累積報酬のリスク指標値を最大化する方策 $\pi_s^\star$ を考え，状態 $s$ では $\pi_s^\star$ に従って行動を選ぶアプローチも考えられる．「初期状態からの最適方策に従う」アプローチが時点 0 を重視し続けるのに対し，このアプローチは各時点からの目的関数を貪欲に最大化する．一般に，これで全体として何かが最適化されるわけでないが，応用によっては十分にうまくいくこともある．

### ゲーム理論に基づく戦略的意思決定

　「各状態からの最適方策に従う」アプローチは，各時点 $t$ で貪欲に $t$ からの目的関数を最大化しようとするが，その際に他の時点 $t'$ でも貪欲に $t'$ からの目的関数を最大化しようとすることが考慮されない．その結果，実際には各時

点からの目的関数が最大化されるわけでない.

　各時点に異なる意思決定者がいて，他の時点の意思決定者の存在を意識しながら，自分の目的関数を最大化すると考えると，これはゲーム理論における戦略的意思決定の設定に帰着される．様々な**解の概念**（solution concept）がゲーム理論で議論されているが，そのような解の1つに収束させるように学習を進めるアプローチも研究が進んでいる[53].

### 各時点で異なる目的関数を用いる

　最後に触れるのは時間的整合性を持つように目的関数を設計するアプローチであるが，最適方策の考え方の1つとして，本項で取り扱おう．これまでに議論してきたアプローチは目的関数を1つだけ考えてきた．この1つの目的関数をすべての時点・状態で最大化できないので，初期状態だけに着目したり（「初期状態からの最適方策に従う」アプローチ），各時点・状態で貪欲にそれぞれの目的関数を最大化しようとしてきた（「各状態からの最適方策に従う」アプローチ）.

　すべての時点・状態で同一の目的関数を使うのではなく，異なる目的関数を使うことを許したらどうだろうか？　各時点の意思決定者が異なる目的関数を最大化するが，ある時点の目的関数を最大化することが，別の時点の目的関数も最大化するように，これらの目的関数を設計できるだろうか？

　このような考え方に沿ったアプローチに，反復的リスク指標を用いる手法がある[47],[50]．たとえば，長さが2のエピソードの場合に，時点1では累積報酬 $X$ の条件付きバリューアットリスク値 $C_1$ を最大化し，時点0では，$C_1$ の，時点0における条件付きバリューアットリスク値を最大化する．すなわち，時点1の状態 $S_1$ は確率的であり，$C_1 = \mathrm{CVaR}_\alpha[X \mid S_1]$ も確率的に決まるので，$C_1$ が持つ確率分布に従って，時点0で $C_1$ の条件付きバリューアットリスク値 $\mathrm{CVaR}_\alpha[C_1] = \mathrm{CVaR}_\alpha[\mathrm{CVaR}_\alpha[X \mid S_1]]$ を考えるのである．このような反復的リスク指標が何を表すのか，直観的にわかりにくく感じるかもしれないが，3.2.3項で議論したリスクの考慮と不確実性に対する頑健性の関係を使うと，反復的リスク指標値を最大にすることは，マルコフ決定過程が不確実性を持つ場合に，最悪の場合の期待累積報酬を最大にすることと解釈できる[47].

### 3.4.2　条件付きバリューアットリスクの分解定理と正斉次性

本項以降では，初期状態からの累積報酬の条件付きバリューアットリスク値を最大にする手法を議論していく．これにあたって，条件付きバリューアットリスクの基本的な性質を確認しておこう．

期待値やエントロピックリスク指標では，繰返し法則が成り立っていた（補題 3.2）が，条件付きバリューアットリスクで繰返し法則は成り立たない．すなわち，2 つの確率変数 $X$ と $Y$ について，一般に

$$\mathrm{CVaR}_\alpha[X] \neq \mathrm{CVaR}_\alpha[\mathrm{CVaR}_\alpha[X \mid Y]]$$

である．エントロピックリスク指標（ERM）の繰返し法則は，時点 $t+1$ 以降の累積報酬の ERM 値を用いて時点 $t$ 以降の累積報酬の ERM 値を表すことを可能にし，ERM についての最適性方程式 (3.37) を導く際に本質的な役割を果たした．したがって，繰返し法則が成り立たない条件付きバリューアットリスクについては，エントロピックリスク指標と同様には最適方程式を導くことができない．

時点 $t$ 以降の累積報酬の条件付きバリューアットリスク値と時点 $t+1$ 以降の累積報酬の条件付きバリューアットリスク値は，繰返し法則とは違った形で関連しており，次の補題はこれらの関連を示す．

補題 3.3

$$\mathcal{U}_\alpha := \left\{ \xi \,\middle|\, \xi(y) \in \left[0, \frac{1}{\alpha}\right], \forall y; \mathbb{E}[\xi(Y)] = 1 \right\}$$

と定義すると，

$$\mathrm{CVaR}_\alpha[X] = \min_{\xi \in \mathcal{U}_\alpha} \mathbb{E}\left[\xi(Y)\,\mathrm{CVaR}_{\alpha\,\xi(Y)}[X \mid Y]\right]$$

が成り立つ．

**証明**　証明の流れをつかみやすくするため，$X$ は連続確率変数，$Y$ は離散確率変数であるとして証明する．一般の場合は，Pflug ら[54] の補題 22 を参照されたい．

$p_Y(\cdot)$ を $Y$ の確率質量関数とし，$F_{X|y}(\cdot)$ を $Y = y$ のときの $X$ の条件付き

累積分布関数とし, $v_\alpha := \mathrm{VaR}_\alpha[X]$ とする.

$$\xi^\star(y) := \frac{1}{\alpha} F_{X|y}(v_\alpha) \tag{3.40}$$

と定義すると, $\xi^\star(y) \in \left[0, \frac{1}{\alpha}\right]$ かつ

$$\begin{aligned}
\mathbb{E}[\xi^\star(Y)] &= \int f_Y(y)\, \xi^\star(y)\, \mathrm{d}y \\
&= \frac{1}{\alpha} \int f_Y(y)\, F_{X|y}(v_\alpha)\, \mathrm{d}y \\
&= 1
\end{aligned} \tag{3.41}$$

であるから, $\xi^\star \in \mathcal{U}_\alpha$ である.

まず,

$$\mathrm{CVaR}_\alpha[X] = \mathbb{E}\left[\xi^\star(Y)\, \mathrm{CVaR}_{\alpha\,\xi^\star(Y)}[X \mid Y]\right] \tag{3.42}$$

であることを示そう. 右辺に $\xi^\star$ の定義 (3.40) を代入すると,

$$\begin{aligned}
&\mathbb{E}\left[\xi^\star(Y)\, \mathrm{CVaR}_{\alpha\,\xi^\star(Y)}[X \mid Y]\right] \\
&= \sum_y p_Y(y)\, \xi^\star(y)\, \frac{1}{\alpha\,\xi^\star(y)} \int_0^{\alpha\,\xi^\star(y)} F_{X|y}^{-1}(\theta)\, \mathrm{d}\theta \\
&= \frac{1}{\alpha} \sum_y p_Y(y) \int_0^{\alpha\,\xi^\star(y)} F_{X|y}^{-1}(\theta)\, \mathrm{d}\theta \\
&= \frac{1}{\alpha} \sum_y p_Y(y)\, \mathbb{E}[X \mid X \leq v_\alpha, Y = y]\, \mathrm{Pr}(X \leq v_\alpha \mid Y = y) \\
&= \frac{1}{\alpha} \mathbb{E}[X \mid X \leq v_\alpha]\, \mathrm{Pr}(X \leq v_\alpha) \\
&= \mathbb{E}[X \mid X \leq v_\alpha] \\
&= \mathrm{CVaR}_\alpha[X]
\end{aligned}$$

であるから, 式 (3.42) が示された.

次に, $\xi \in \mathcal{U}_\alpha \setminus \{\xi^\star\}$ の場合に,

$$\mathbb{E}\left[\xi'(Y)\, \mathrm{CVaR}_{\alpha\,\xi'(Y)}[X \mid Y]\right] < \mathbb{E}\left[\xi(Y)\, \mathrm{CVaR}_{\alpha\,\xi(Y)}[X \mid Y]\right] \tag{3.43}$$

となる $\xi'$ が必ず存在することを示せば，$\xi^\star$ が最小値を達成することになり，補題が証明される．

$\xi \in \mathcal{U}_\alpha \setminus \{\xi^\star\}$ であれば，$\mathbb{E}[\xi(Y)] = 1$ を満たすので，$\xi(y^+) > \xi^\star(y^+)$ となる $y^+$ と，$\xi(y^-) < \xi^\star(y^-)$ となる $y^-$ が存在する．よって，ある $\varepsilon > 0$ について，

$$\xi'(y^+) = \xi(y^+) - \frac{\varepsilon}{p(y^+)} > \xi^\star(y^+), \tag{3.44}$$

$$\xi'(y^-) = \xi(y^+) + \frac{\varepsilon}{p(y^-)} < \xi^\star(y^-), \tag{3.45}$$

$$\xi'(y) = \xi(y) \text{ if } y \notin \{y^+, y^-\}$$

となる $\xi'$ を選ぶことができ，$\xi' \in \mathcal{U}_\alpha$ を満たすことも確認できる．このとき，

$$\mathbb{E}\left[\xi(Y)\,\mathrm{CVaR}_{\alpha\,\xi(Y)}[X \mid Y]\right] - \mathbb{E}\left[\xi'(Y)\,\mathrm{CVaR}_{\alpha\,\xi'(Y)}[X \mid Y]\right]$$

$$= \frac{p(y^+)}{\alpha} \int_0^{\alpha\,\xi(y^+)} F_{X|y^+}^{-1}(\theta)\,\mathrm{d}\theta - \frac{p(y^+)}{\alpha} \int_0^{\alpha\,\xi(y^+) - \frac{\alpha\,\varepsilon}{p(y^+)}} F_{X|y^+}^{-1}(\theta)\,\mathrm{d}\theta$$

$$\quad + \frac{p(y^-)}{\alpha} \int_0^{\alpha\,\xi(y^-)} F_{X|y^-}^{-1}(\theta)\,\mathrm{d}\theta - \frac{p(y^-)}{\alpha} \int_0^{\alpha\,\xi(y^-) + \frac{\alpha\,\varepsilon}{p(y^-)}} F_{X|y^-}^{-1}(\theta)\,\mathrm{d}\theta$$

$$= \frac{p(y^+)}{\alpha} \int_{\alpha\,\xi(y^+) - \frac{\alpha\,\varepsilon}{p(y^+)}}^{\alpha\,\xi(y^+)} F_{X|y^+}^{-1}(\theta)\,\mathrm{d}\theta - \frac{p(y^-)}{\alpha} \int_{\alpha\,\xi(y^-)}^{\alpha\,\xi(y^-) + \frac{\alpha\,\varepsilon}{p(y^-)}} F_{X|y^-}^{-1}(\theta)\,\mathrm{d}\theta$$

$$= \left(F_{X|y^+}^{-1}(\alpha\,\xi(y^+)) - F_{X|y^-}^{-1}(\alpha\,\xi(y^-))\right)\varepsilon + o(\varepsilon) \tag{3.46}$$

である．ただし，最後の等式は，$X$ が連続確率変数と仮定しているので，微小な $\varepsilon$ について成り立つ．ここで，定義から，$\xi(y^+) > \xi^\star(y^+)$ かつ $\xi(y^-) < \xi^\star(y^-)$ であり，累積分布関数の逆関数が非減少関数であることから，

$$F_{X|y^+}^{-1}(\alpha\,\xi(y^+)) - F_{X|y^-}^{-1}(\alpha\,\xi(y^-))$$

$$> F_{X|y^+}^{-1}(\alpha\,\xi^\star(y^+)) - F_{X|y^-}^{-1}(\alpha\,\xi^\star(y^-))$$

$$= v_\alpha - v_\alpha$$

$$= 0$$

が成り立つので，式 (3.46) の右辺は非負であり，式 (3.43) が示された．　□

補題 3.3 を用いれば，条件付きバリューアットリスクに関する最適性方程式

が書けそうであるが，条件付きバリューアットリスクのもう1つの重要な性質である正斉次性を示しておこう[2].

**補題 3.4** $X$ を確率変数とし，$c$ を決定的な定数とするとき，任意のリスク感度 $\alpha \in [0, 1]$ について，

$$\mathrm{CVaR}_\alpha[c\,X] = c\,\mathrm{CVaR}_\alpha[X] \tag{3.47}$$

が成り立つ.

**証明** 条件付きバリューアットリスクの定義 (3.5) より，

$$\mathrm{CVaR}_\alpha[c\,X] = \frac{1}{\alpha}\int_0^\alpha \mathrm{VaR}_\alpha[c\,X]\,\mathrm{d}\theta$$
$$= \frac{1}{\alpha}\int_0^\alpha c\,\mathrm{VaR}_\alpha[X]\,\mathrm{d}\theta$$
$$= c\,\mathrm{CVaR}_\alpha[X]$$

が示せる. □

### 3.4.3 条件付きバリューアットリスクの最適性方程式

累積報酬の $\alpha$-条件付きバリューアットリスク，すなわち

$$\mathrm{CVaR}_\alpha^\pi\left[\sum_{t=0}^{T-1}\gamma^t\,R_t\;\middle|\;S_0\right] \tag{3.48}$$

を最大化する方策 $\pi$ を考えよう. 本項では，数式を簡潔に表現するために $R_t := R(S_t, A_t, S_{t+1})$ と定義し，これを用いる. $\gamma \in [0, 1]$ は割引率とし，$\gamma < 1$ のときには無限期間 $T = \infty$ を考えてもよい. また，$\mathrm{CVaR}_\alpha^\pi$ は，方策 $\pi$ で決まる確率分布に関する $\alpha$-条件付きバリューアットリスクを表す.

方策 $\pi$ における，$\alpha$-条件付きバリューアットリスクの価値関数を

$$v_t^\pi(S_t, \alpha) = \mathrm{CVaR}_\alpha^\pi\left[\sum_{t'=t}^{T-1}\gamma^{t'-t}\,R_{t'}\;\middle|\;S_t\right] \tag{3.49}$$

---

[2]式 (3.38) の通り，エントロピックリスク指標は正斉次ではなく，そのために，将来の即時報酬を割り引くときには，式 (3.37) のような最適性方程式が成り立たなかったことを思い出そう.

と定義しよう．条件付きバリューアットリスクの分解定理（補題 3.3）が示唆するように，価値関数を再帰的に表現する際には異なるリスク感度 $\alpha$ が現れるので，$\alpha$ を $v_t^\pi$ の引数に加えている．これが意味するところは，本項の終わりで議論する．

まずは，条件付きバリューアットリスクについての最適性方程式を導こう．そのために，時点 $t$ の行動を選ぶ前までに得られたすべての情報（履歴）を $\mathcal{F}_t$ で表す．たとえば，$S_t$ や $R(S_{t-1}, A_{t-1}, S_t)$ は $\mathcal{F}_t$ に含まれる．補題 3.3 を式 (3.49) に当てはめると，

$$
v_t^\pi(S_t, \alpha) = \min_{\xi \in \mathcal{U}_\alpha^\pi(S_t)} \mathbb{E}^\pi\left[\xi(S_{t+1})\, \mathrm{CVaR}_{\alpha\,\xi(S_{t+1})}^\pi\left[\sum_{t'=t}^{T-1} \gamma^{t'-t} R_{t'} \,\middle|\, \mathcal{F}_{t+1}\right] \,\middle|\, S_t\right]
$$

が得られる．ただし，$\mathcal{U}_\alpha^\pi(S_t)$ は

$$
\mathcal{U}_\alpha^\pi(S_t) \coloneqq \left\{\xi \,\middle|\, \xi(s') \in \left[0, \frac{1}{\alpha}\right], \forall s' \in \mathcal{S}; \mathbb{E}^\pi[\xi(S_{t+1}) \mid S_t] = 1\right\}
$$

で定義する．

$\mathcal{F}_{t+1}$ は $R_t \coloneqq R(S_t, A_t, S_{t+1})$ に関する情報を含み，条件付きバリューアットリスクは並進不変性を持つ（命題 3.4）ので

$$
\begin{aligned}
&v_t^\pi(S_t, \alpha) \\
&= \min_{\xi \in \mathcal{U}_\alpha^\pi(S_t)} \mathbb{E}^\pi\left[\xi(S_{t+1})\left(R_t + \mathrm{CVaR}_{\alpha\,\xi(S_{t+1})}^\pi\left[\sum_{t'=t+1}^{T-1} \gamma^{t'-t} R_{t'} \,\middle|\, S_{t+1}\right]\right) \,\middle|\, S_t\right]
\end{aligned}
$$

と書ける．ただし，マルコフ性により，状態 $S_{t+1}$ を所与とすると，時点 $t+1$ 以降の累積報酬はそれ以前の履歴とは条件付き独立なので，内側の CVaR の条件は $S_{t+1}$ としている．条件付きバリューアットリスクは正斉次（補題 3.4）なので，$\gamma$ を 1 つ外に出して，

$$
v_t^\pi(S_t, \alpha) = \min_{\xi \in \mathcal{U}_\alpha^\pi(S_t)} \mathbb{E}^\pi\left[\xi(S_{t+1})\left(R_t + \gamma\, v_{t+1}^\pi(S_{t+1}, \alpha\,\xi(S_{t+1}))\right) \mid S_t\right]
$$

が得られる．

条件付きバリューアットリスクは単調性を持つ（命題 3.4）ので，$v_t^\pi(S_t, \alpha)$ を大きくするには，各状態 $s'$ で $v_{t+1}^{\pi'}(s', \alpha\,\xi(s'))$ が大きくなるように，時点

$t + 1$ からの方策 $\pi'$ を決めればよい. したがって, 以下の定理が導かれる.

**定理 3.3** 時点 $t$ 以降に状態 $s \in \mathcal{S}$ から得られる割引率 $\gamma$ の累積報酬の $\alpha$-条件付きバリューアットリスクの最大値を最適価値 $v_t^\star(s, \alpha)$ とする. ただし, 無限期間の場合には $\gamma \in [0, 1)$, 有限期間の場合には $\gamma \in [0, 1]$ とする. 状態 $S$ で行動 $A$ を行ったときに得られる即時報酬を $R'$, 次状態を $S'$, $(R', S')$ に関する期待値を $\mathbb{E}$ とし,

$$\mathcal{U}_\alpha(s, a) \coloneqq \left\{ \xi \,\middle|\, \xi(s') \in \left[0, \frac{1}{\alpha}\right], \forall s' \in \mathcal{S}; \mathbb{E}[\xi(S') \mid (S, A) = (s, a)] = 1 \right\}$$

と定義する. このとき, 最適価値は

$$v_t^\star(s, \alpha) = \max_{a \in \mathcal{A}} \min_{\xi \in \mathcal{U}_\alpha(s, a)} \mathbb{E}\left[ \xi(S') \left( R' + \gamma\, v_{t+1}^\star(S', \alpha\, \xi(S')) \right) \mid (S, A) = (s, a) \right]$$

$$(3.50)$$

の最適性方程式を満たす.

条件付きバリューアットリスクの最適性方程式 (定理 3.3) は, エントロピックリスク指標の最適性方程式 (定理 3.2) とは 2 つの点で大きく異なる.

まず, 条件付きバリューアットリスクの最適価値関数はリスク感度に依存し, 各時点・各状態で, 異なるリスク感度が用いられる. 初期状態では, 本来の目的関数である式 (3.48) の $\alpha$-条件付きバリューアットリスクを最大にする行動を選ぶべきである. それ以降の状態 $s'$ では, 本来の目的関数とは異なる, $\alpha\xi(s')$-条件付きバリューアットリスクを最大にする行動を選ぶべきであることが示唆される. すなわち, 初期状態における本来のリスク感度での条件付きバリューアットリスク値を最大化するには, それ以降の状態では, 異なるリスク感度の条件付きバリューアットリスク値を最大化する必要がある. 初期状態以外でも, 本来のリスク感度でリスクを評価したいかもしれないが, その気持ちを抑えて, 初期状態における本来の目的関数を最大化する行動を選び続けることでのみ, 初期状態からの本来の目的関数を最大化できる.

また, 次状態以降で使われるリスク感度は $\xi$ に依存し, この $\xi$ は式 (3.50) の内側の最小化問題の解で与えられる. このため, 条件付きバリューアットリスクの最適性方程式に基づく強化学習は, 方策の最適化と $\xi$ の最適化を並行し

---
**アルゴリズム 3.3**　　**条件付きバリューアットリスクの価値反復法**

1:　$q_T^\star(s,a,\alpha) \leftarrow 0, \forall(s,a,\alpha) \in \mathcal{S} \times \mathcal{A} \times [0,1]$

2:　**for** $t \leftarrow T-1$ **to** $0$ **do**

3:　　**for all** $(s,\alpha) \in \mathcal{S} \times [0,1]$ **do**

4:　　　$v_{t+1}^\star(s,\alpha) \leftarrow \max\limits_{a' \in \mathcal{A}} q_{t+1}^\star(s,a',\alpha)$

5:　　**for all** $(s,a,\alpha) \in \mathcal{S} \times \mathcal{A} \times [0,1]$ **do**

6:　　　$q_t^\star(s,a,\alpha) \leftarrow \min\limits_{\xi \in \mathcal{U}_\alpha(s,a)} \mathbb{E}\left[\xi(S')\big(R'+\gamma v_{t+1}^\star(S',\alpha\xi(S'))\big)\big|(S,A)=(s,a)\right]$

---

て行う必要がある.

### 3.4.4　条件付きバリューアットリスクの価値反復法

定理 3.3 の最適性方程式からアルゴリズム 3.3 に示す条件付きバリューアットリスクの価値反復法[55] が導出される. リスク感度 $\alpha$ は $[0,1]$ の範囲の値をとりうるが, すべての値の $\alpha \in [0,1]$ とすべての状態 $s \in \mathcal{S}$ について, 時点 $t+1$ における最適価値 $v_{t+1}^\star(s,a)$ の値を求めておき, それらを用いて時点 $t$ の最適価値 $v_t^\star(\cdot,\cdot)$ の各値を求めている. 実用的には, すべての $\alpha$ について最適価値を求めることはできないので, 何かしらの関数近似を必要とする[55].

また, アルゴリズム 3.3 のステップ 6 では期待値を最小化するベクトル $\xi \in \mathcal{U}_\alpha(s,a)$ を求める必要がある. この最小化問題は, 凸最適化問題であり, 拡張ラグランジュ法などにより最適な $\xi$ を求めることができる. 以下の補題を証明しておこう.

**補題 3.5**

$$\mathcal{U}_\alpha := \left\{\xi \,\middle|\, \xi(y) \in \left[0, \frac{1}{\alpha}\right], \forall y; \mathbb{E}[\xi(Y)] = 1\right\}$$

は凸集合であり,

$$f(\xi) := \mathbb{E}\left[\xi(Y) \operatorname{CVaR}_{\alpha\,\xi(Y)}[X \mid Y]\right]$$

は $\xi \in \mathcal{U}_\alpha$ について凸である.

**証明**　任意の $\xi_1, \xi_2 \in \mathcal{U}_\alpha$ と $\lambda \in [0,1]$ について,

$$\lambda\,\xi_1(y) + (1-\lambda)\,\xi_2(y) \in \left[0, \frac{1}{\alpha}\right], \quad \forall y,$$

$$\mathbb{E}[\lambda \xi_1(Y) + (1-\lambda)\xi_2(Y)] = 1$$

であるから，$\mathcal{U}_\alpha$ は凸集合である．

また，$f(\xi)$ を各 $\xi(y)$ について変微分すると，

$$\frac{\partial}{\partial \xi(y)} f(\xi) = q(y)\,\mathrm{VaR}^{\pi}_{\alpha\,\xi(y)}[X \mid Y = y]$$

であり，$\mathrm{VaR}^{\pi}_{\alpha\,\xi(y)}[X \mid Y = y]$ は $\xi(y)$ について非減少であるから，$\frac{\partial^2}{\partial \xi(y)^2} f(\xi) \geq 0$ が任意の $y$ について成り立つ．よって，$f(\xi)$ は $\xi$ の凸関数であることが示された． $\qquad\square$

$v_t^\star(s, \alpha)$ は時点 $t$ 以降に状態 $s$ から最適方策 $\pi^\star$ で得られる累積報酬の $\alpha$-条件付きバリューアットリスク値を表すので，

$$R(S_t, A_t, S_{t+1}) + \gamma\, v_{t+1}^\star(S_{t+1}, \alpha\,\xi(S_{t+1}))$$

$$= R(S_t, A_t, S_{t+1}) + \gamma\, \mathrm{CVaR}^{\pi^\star}_{\alpha\,\xi(S_{t+1})}\left[\sum_{t'=t+1}^{T-1} \gamma^{t'-t-1} R(S_{t'}, A_{t'}, S_{t'+1}) \,\middle|\, S_{t+1}\right]$$

$$= \mathrm{CVaR}^{\pi^\star}_{\alpha\,\xi(S_{t+1})}\left[\sum_{t'=t}^{T-1} \gamma^{t'-t} R(S_{t'}, A_{t'}, S_{t'+1}) \,\middle|\, S_{t+1}\right]$$

であり，アルゴリズム 3.3 のステップ 7 の期待値は

$$\mathbb{E}\left[\xi(S')\left(R' + \gamma\, v_{t+1}^\star(S', \alpha\,\xi(S'))\right) \mid (S, A) = (s, a)\right]$$

$$= \mathbb{E}^{\pi^\star}\left[\xi(S_{t+1})\,\mathrm{CVaR}^{\pi^\star}_{\alpha\,\xi(S_{t+1})}\left[\sum_{t'=t}^{T-1} \gamma^{t'-t} R(S_{t'}, A_{t'}, S_{t'+1}) \,\middle|\, S_{t+1}\right] \,\middle|\, (S_t, A_t) = (s, a)\right]$$

と書ける．よって，補題 3.5 より，ステップ 6 の右辺は凸関数の最小化問題である．

アルゴリズム 3.3 により，累積報酬の条件付きバリューアットリスク値を目的関数とするときの最適価値関数が求まるが，その使い方には注意が必要である．3.4.3 項の終わりの方の議論も思い出そう．

まず有限期間の場合を考えよう．時点 $t = 0$ の初期状態 $s_0$ では，$q_0^\star(s_0, a, \alpha)$

を最大にする行動 $a = a_0$ を選ぶのが最適である.

　その結果, 時点 $t = 1$ で状態 $s_1$ に遷移したとしよう. このときに, $q_1^\star(s_1, a, \alpha)$ を最大にする行動 $a$ を選んでしまうと, 初期状態 $s_0$ からの累積報酬の条件付きバリューアットリスク値は最大化されない. アルゴリズム 3.3 のステップ 6 で $q_0^\star(s_0, a_0, \alpha)$ の値を決めるときに求めた,

$$
\xi_1 := \operatorname*{argmin}_{\xi \in \mathcal{U}_\alpha(s_0, a_0)} \mathbb{E}\left[\xi(S')\left(R' + \gamma v_1^\star(S', \alpha\xi(S'))\right) \mid (S, A) = (s_0, a_0)\right]
$$

を使って, $q_1^\star(s_1, a, \alpha\xi_1(s_1))$ を最小にする行動 $a = a_1$ を $s_1$ で行うのが最適であり, そうすることで $s_0$ からの累積報酬の条件付きバリューアットリスク値が最大化される.

　状態 $s_1$ で行動 $a_1$ を行って, 時点 $t = 2$ で状態 $s_2$ に遷移したら, $q_1^\star(s_1, a_1, \alpha\xi_1(s_1))$ の値を決めるときに求めた,

$$
\xi_2 := \operatorname*{argmin}_{\xi \in \mathcal{U}_{\alpha\xi_1(s_1)}(s_1, a_1)} \mathbb{E}\left[\xi(S')\left(R' + \gamma v_2^\star(S', \alpha\xi(S'))\right) \mid (S, A) = (s_1, a_1)\right]
$$

を使って, $q_2^\star(s_2, a, \alpha\xi_1(s_1)\xi_2(s_2))$ を最小にする行動 $a = a_2$ を $s_2$ で行い, 時点 $t = 3$ 以降でも同様に,

$$
q_{t-1}^\star\left(s_{t-1}, a_{t-1}, \alpha \prod_{t' < t} \xi_{t'}(s_{t'})\right)
$$

の値を決めるときに求めた $\xi_t$ を使って,

$$
q_t^\star\left(s_t, a, \alpha \prod_{t' \le t} \xi_{t'}(s_{t'})\right)
$$

を最小にする行動 $a_t$ を選んでいくべきである.

　無限期間の場合には, アルゴリズム 3.3 で求める $q_T^\star(s, a, \alpha)$ の値はそれぞれ $T \to \infty$ で収束することが知られている[55]. したがって, 収束先の $q_\infty^\star$ を使って最適行動を選んでいけばよいが, 有限期間のときと同様に, 各時点 $t$ でリスク感度の値を更新していく必要がある. すなわち, 時点 $t$ におけるリスク感度は, $\alpha \prod_{t' \le t} \xi_{t'}(s_{t'})$ を用いる.

### 3.4.5　リスク考慮型方策勾配法

前項までは価値関数に基づく手法を考えてきたが, 本項では方策勾配に基づ

く手法（リスク考慮型方策勾配法）[56] を考えよう．すなわち，パラメタ $\theta$ で定められる方策を $\pi_\theta$ とし，累積報酬の条件付きバリューアットリスク値が増加するように $\theta$ を勾配法で更新していく．前項と同様に，ある初期状態 $s_0$ からの累積報酬の条件付きバリューアットリスク値の最大化を考える．前項で確認した通り，この場合の各時点での最適行動は，その時点までの状態の系列に依存するので，行動 $a$ をとる確率を $\pi_\theta(a \mid s_0, \ldots, s_t)$ と表すことにする．

本項では有限期間のマルコフ決定過程を考える．方策 $\pi_\theta$ に基づいて，ある初期状態 $s_0$ から終状態まで，$N$ 本のエピソードを生成したとしよう．各エピソードに，状態，行動，即時報酬の系列が対応するが，$n$ 本目のエピソードで得られる累積報酬を $U^{(n)}$ とする．これらの $N$ 個の累積報酬が，

$$U^{(1)} \leq U^{(2)} \leq \cdots \leq U^{(N)}$$

と昇順に並ぶように添え字を付け替えよう．こうすると，方策 $\pi_\theta$ で得られる累積報酬 $U$ の $\alpha$-バリューアットリスク値の推定値が

$$\widetilde{v}_\alpha := U^{(\lceil \alpha N \rceil)}$$

で得られる．また，

$$\frac{1}{\alpha N} \sum_{n=1}^{N} U^{(n)} \mathbf{1}\{U^{(n)} \leq \widetilde{v}_\alpha\} \tag{3.51}$$

が $\alpha$-条件付きバリューアットリスク値の推定値として得られる．ただし，$\mathbf{1}\{\cdot\}$ は，引数が真のときには 1 を返し，偽のときには 0 を返す指示関数とする．

このように推定される累積報酬の条件付きバリューアットリスク値が増加するように，方策のパラメタ $\theta$ を勾配法で更新していくのがリスク考慮型方策勾配法である．その基礎となるのが次の補題であり，パラメタに依存する確率変数の条件付きバリューアットリスク値が，パラメタの変動に対してどう変動するかを示すものである．

**補題 3.6**　$X$ を有界な台（support）を持つ連続確率変数とし，その確率密度関数 $f(\cdot; \rho)$ は，パラメタ $\rho$ に依存するとする．また，バリューアットリスク $v_\alpha(\rho) := \mathrm{VaR}_\alpha[X; \rho]$ と条件付きバリューアットリスク $\mathrm{CVaR}_\alpha[X; \rho]$ は $\rho$ について連続であるとする．このとき，

$$\nabla_\rho \mathrm{CVaR}_\alpha[X;\rho] = \mathbb{E}\left[\nabla_\rho \log f(X;\rho)\,(X - v_\alpha(\rho)) \mid X \le v_\alpha(\rho)\right]$$

が成り立つ.

**証明**　バリューアットリスクの定義より

$$\int_{-\infty}^{v_\alpha(\rho)} f(x;\rho)\,\mathrm{d}x = \alpha$$

が成り立つ. $f$ に対応する累積分布関数を $F$ とすると, $F(-\infty;\rho) = 0$ である
から, この両辺の $\rho$ での勾配をとると,

$$f(v_\alpha;\rho)\,\nabla_\rho v_\alpha(\rho) + \int_{-\infty}^{v_\alpha(\rho)} \nabla_\rho f(x;\rho)\,\mathrm{d}x = 0 \tag{3.52}$$

が得られる. 次に, $X$ の台が有界であることから, ある定数 $c$ が存在して
$f(x) = 0, \forall |x| > c$ であり, $\mathrm{CVaR}_\alpha[X;\rho]$ の $\rho$ での勾配をとると,

$$\nabla\mathrm{CVaR}_\alpha[X;\rho] = \frac{1}{\alpha}\nabla_\rho \int_{-\infty}^{v_\alpha(\rho)} x\,f(x;\rho)\,\mathrm{d}x$$

$$= \frac{1}{\alpha}\left(v_\alpha(\rho)\,f(v_\alpha;\rho)\,\nabla_\rho v_\alpha(\rho) + \int_{-\infty}^{v_\alpha(\rho)} x\,\nabla_\rho f(x;\rho)\,\mathrm{d}x\right)$$

が示せる. 右辺に式 (3.52) を代入して整理すると

$$\nabla_\rho \mathrm{CVaR}_\alpha[X;\rho] = \frac{1}{\alpha}\int_{-\infty}^{v_\alpha(\rho)} \nabla_\rho f(x;\rho)\,(x - v_\alpha(\rho))\,\mathrm{d}x \tag{3.53}$$

$$= \mathbb{E}\left[\nabla_\rho \log f(X;\rho)\,(X - v_\alpha(\rho)) \mid X \le v_\alpha(\rho)\right]$$

が得られて, 補題が示された.　　　　　　　　　　　　　　　　　　□

　累積報酬の条件付きバリューアットリスクの推定値 (3.51) と補題 3.6 を用
いて, 方策のパラメタを更新していけば, リスク考慮型方策勾配法ができそう
である. ところが, 補題のパラメタ $\rho$ は $X$ の確率密度関数のパラメタである
のに対して, リスク考慮型方策勾配法が必要とするのは, 方策 $\pi_\theta$ のパラメタ
$\theta$ に対する $\mathrm{CVaR}_\alpha^{\pi_\rho}[U]$ の勾配である. そこで, 方策がどのように累積報酬と
関係するかを分析しよう.

　時点 $t$ までの状態の系列が $s_0,\dots,s_t$ であるときに, 時点 $t$ で行動 $a_t$ をと

る確率は，方策により $\pi_\theta(a_t \mid s_0, \ldots, s_t)$ と決まるので，$\theta$ に依存する．時点 $t$ での状態 $s_t$ と行動 $a_t$ が決まると，次状態 $s_{t+1}$ の確率 $p(s_{t+1} \mid s_t, a_t)$ が決まるが，これは $\theta$ とは無関係である．また，初期状態から終状態までの状態と行動の系列 $s_0, a_0, \ldots, a_{T-1}, s_T$ が決まると，そのエピソードにおける累積報酬の分布が決まるので，この確率密度関数を $f(u \mid s_0, a_0, \ldots, a_{T-1}, s_T)$ とする．この確率密度関数は $\theta$ に依存しない．したがって，初期状態 $s_0$ から方策 $\pi_\theta$ に従って得られる累積報酬の確率密度関数は

$$f_\theta(u \mid s_0)$$

$$= \sum_{a_0, s_1, \ldots, a_{T-1}, s_T} f(u \mid s_0, a_0, \ldots, a_{T-1}, s_T) \prod_{t=0}^{T-1} p(s_{t+1} \mid s_t, a_t)\, \pi_\theta(a_t \mid s_0, \ldots, s_t)$$

$$(3.54)$$

と書ける．ただし，上式の和は，初期状態における行動から終状態までのすべての可能な行動・状態系列

$$a_0, s_1, \ldots, a_{T-1}, s_T \in (\mathcal{A} \times \mathcal{S})^T$$

についての和とする．

ここで，

$$\nabla_\theta \prod_{t=0}^{T-1} p(s_{t+1} \mid s_t, a_t)\, \pi_\theta(a_t \mid s_0, \ldots, s_t)$$

$$= \prod_{t=0}^{T-1} p(s_{t+1} \mid s_t, a_t)\, \pi_\theta(a_t \mid s_0, \ldots, s_t) \sum_{t'=0}^{T-1} \frac{\nabla_\theta \pi_\theta(a_{t'} \mid s_0, \ldots, s_{t'})}{\pi_\theta(a_{t'} \mid s_0, \ldots, s_{t'})}$$

$$= \prod_{t=0}^{T-1} p(s_{t+1} \mid s_t, a_t)\, \pi_\theta(a_t \mid s_0, \ldots, s_t) \sum_{t'=0}^{T-1} \nabla_\theta \log \pi_\theta(a_{t'} \mid s_0, \ldots, s_{t'})$$

であるから，式 (3.54) の両辺を $\theta$ で勾配をとると，

$$\nabla_\theta f_\theta(u \mid s_0)$$

$$= \mathbb{E}_\theta\!\left[ f(u \mid S_0, A_0, \ldots, A_{T-1}, S_T) \sum_{t'=0}^{T-1} \nabla_\theta \log \pi_\theta(A_{t'} \mid S_0, \ldots, S_{t'}) \,\middle|\, S_0 = s_0 \right]$$

$$(3.55)$$

が得られる．ただし，$\mathbb{E}_\theta$ は方策 $\pi_\theta$ に従ったときの，状態・行動系列の分布に関する期待値を表す．

補題 3.6 の式 (3.53) の表現で，$X$ を初期状態 $s_0$ からの累積報酬 $U$ とし，式 (3.55) の確率密度関数 $f_\theta(u \mid s_0)$ の勾配を代入すると，

$$
\begin{aligned}
&\nabla_\theta \mathrm{CVaR}_\alpha^{\pi_\theta}[U \mid S_0 = s_0] \\
&= \frac{1}{\alpha} \int_{-\infty}^{v_\alpha} \nabla_\theta f_\theta(u \mid s_0)\,(x - v_\alpha)\,\mathrm{d}x \\
&= \mathbb{E}_\theta \left[ \sum_{t'=0}^{T-1} \nabla_\theta \log \pi_\theta(A_{t'} \mid S_0, \ldots, S_{t'})\,(U - v_\alpha) \;\middle|\; S_0 = s_0, U \le v_\alpha \right]
\end{aligned}
$$

(3.56)

が得られる．

式 (3.56) の期待値は，式 (3.51) のようにサンプル平均で近似できる．このサンプル近似された勾配を用いて方策のパラメタを更新していくのが，アルゴリズム 3.4 のリスク考慮型方策勾配法である．

---

**アルゴリズム 3.4　リスク考慮型方策勾配法**

1: **Input:** 初期状態 $s_0$; リスク感度 $\alpha$; 割引率 $\gamma$; 学習率 $\eta$
2: 方策 $\pi_\theta$ を初期化（例：一様ランダムに行動を選ぶ）
3: **while** 停止条件が満たされるまで **do**
4:　**for** $n = 1, \ldots, N$ **do**
5:　　初期状態を $s_0^{(n)} \leftarrow s_0$ とする
6:　　**for** $t = 0, \ldots, T-1$ **do**
7:　　　行動 $a_t^{(n)} \leftarrow \pi_\theta(s_0, \ldots, s_t)$ を実行する
8:　　　即時報酬 $r_t^{(n)}$ と次状態 $s_{t+1}^{(n)}$ を観測する
9:　　　累積報酬を $u^{(n)} \leftarrow \sum_{t=0}^{T-1} \gamma^t r_t^{(n)}$ とする
10:　累積報酬 $u^{(1)}, \ldots, u^{(N)}$ が昇順に並ぶように添え字を付け替える
11:　$\widetilde{v}_\alpha \leftarrow u^{(\lceil \alpha N \rceil)}$
12:　$\Delta \leftarrow \frac{1}{\alpha N} \sum_{n=1}^{N} \nabla_\theta \log \pi_\theta(a_{t'}^{(n)} \mid s_0^{(n)}, \ldots, s_{t'}^{(n)})\,(u^{(n)} - \widetilde{v}_\alpha)\,\mathbf{1}\{U^{(n)} \le \widetilde{v}_\alpha\}$
13:　$\theta \leftarrow \theta + \eta\,\Delta$
14: **Return:** $\pi_\theta$

アルゴリズム 3.4 のステップ 4 からの for ループでは，方策 $\pi_\theta$ に従って，初期状態 $s_0$ から $N$ 本のエピソードを観測し，ステップ 9 で各エピソードで得られた累積報酬を記録する．これら $N$ 本のエピソードに基づいて $\mathrm{CVaR}_\alpha^{\pi_\theta}[U]$ の勾配をステップ 12 で推定するが，ここで必要となる累積報酬のバリューアットリスクの推定値をステップ 11 で求める．勾配の推定値を用いてステップ 13 で方策のパラメタを更新するが，このときの学習率 $\eta$ は適宜調整してもよい．

## 3.5 分布強化学習によるリスクの考慮

前節まではリスク指標が満たすべき最適性などの性質を考え，リスク指標を最大化するための価値反復や方策勾配法について議論した．本節では**分布強化学習**[57] と呼ばれる方法論に基づく異なるアプローチについて考える．分布強化学習では，累積報酬の確率分布が満たす方程式について考え，それをもとに累積報酬の分布を推定する．リスク指標というスカラーの値を直接最大化するのではなく，図 3.1 における $f_X$ や $f_Y$ を推定することに相当する．分布強化学習によって累積報酬が従う分布が得られると，そこから期待値やリスク指標といった任意の統計量を計算し，意思決定につなげることができる．さらに，前節までの手法とは異なり，複数のリスク指標を比較することも可能である．一方で，分布強化学習によって固定の方策に従った場合の累積報酬分布を評価することはできるが，最適方策に従った場合の累積報酬分布を直接求めることには困難がある．より具体的には，分布強化学習の枠組みにおいては 1.2.4 項で導入した価値反復法に相当する手法によって分布の収束が保証されないのである．よって，分布強化学習を利用したリスク考慮型意思決定では，固定の方策で意思決定した場合の累積報酬分布を求める分布方策評価の手続きが重要となる．状態行動で条件付けられた累積報酬の分布をある方策について求めれば，それ以降は与えられた方策で意思決定するという条件のもとで，最もリスク指標の値が高い行動を選ぶことができる．

### 3.5.1 分布ベルマン作用素

本項では特に無限期間の割引付きマルコフ決定過程を扱う．このマルコフ決定過程は $(\mathcal{S}, \mathcal{A}, \mathcal{P}, \mathcal{R}, \rho_0, \gamma)$ という 6 つ組で規定される．これまで通り，$\mathcal{S}$ と

$\mathcal{A}$ は状態空間と行動空間，$\mathcal{P}: \mathcal{S} \times \mathcal{A} \to \mathscr{P}(\mathcal{S})$ はマルコフ性を満たす状態遷移確率，$\rho_0: \mathcal{S} \to \mathbb{R}$ は初期状態分布，$\gamma \in (0,1)$ は割引率であるが，$\mathcal{R}$ は即時報酬が従う確率分布とする．すなわち，$\mathcal{R}: \mathcal{S} \times \mathcal{A} \to \mathscr{P}(\mathbb{R})$ であり，マルコフ性を満たす．ここでは簡単のため，次状態と報酬は条件付き独立であることを仮定している．

　価値の最大化が目的である非分布強化学習では，割引付き累積報酬の条件付き期待値である行動価値関数 $q^\pi(s,a) = \mathbb{E}_\pi \left[ \sum_{t=0}^\infty \gamma^t R_t \mid S_0 = s, A_0 = a \right]$ などを取り扱った．一方，分布強化学習で興味の対象になるのは，割引付き累積報酬 $Z = \sum_{t=0}^\infty \gamma^t R_t$ が従う確率分布である．特に，（確率的）方策 $\pi: \mathcal{S} \to \mathscr{P}(\mathcal{A})$ のもとで状態 $S_0 = s$ と行動 $A_0 = a$ に条件付られた累積報酬が従う確率分布 $\eta^\pi(s,a)$ が満たす方程式や性質について議論する．以降では，状態 $S_0 = s$ と行動 $A_0 = a$ に条件付られた累積報酬を記号を濫用して $Z(s,a)$ と書く．さらに，意思決定が方策 $\pi$ に従うとき，$Z^\pi(s,a)$ と書く．

　まず，累積報酬分布が従う再帰式を考えるため，方策を $\pi$ に固定したもとでの累積報酬の再帰性に着目する．任意の状態行動対 $(s,a) \in \mathcal{S} \times \mathcal{A}$ に対して，$R$，$S'$，$A'$ をそれぞれ即時報酬，次状態，次状態での行動に対応する確率変数とする．つまり，$S' \sim \mathcal{P}(\cdot \mid s,a)$，$R \sim \mathcal{R}(\cdot \mid s,a)$，$A' \sim \pi(\cdot \mid S')$ である．このとき，$Z^\pi(s,a)$ は累積報酬の再帰性から

$$Z^\pi(s,a) \stackrel{\mathcal{D}}{=} R + \gamma Z^\pi(S',A') \tag{3.57}$$

と再帰的に表現されることが期待される．ここで，記号 $X \stackrel{\mathcal{D}}{=} Y$ は確率変数 $X$ と $Y$ が同一分布に従うことを意味する．

　これらの準備のもとで，累積報酬分布を求めるアルゴリズムを導出するため，累積報酬分布が従う方程式について考えたい．ここでも 1.2.3 項などと同様に，確率変数や確率分布に対しての**分布ベルマン作用素**を定義し，その作用素の不動点として累積報酬分布を特徴付ける．さらに，分布ベルマン作用素の縮小性を調べることで，不動点を求めるための反復的なアルゴリズムが有効であることを見る．まず，式 (3.57) の右辺をもとにして累積報酬の確率変数についての分布ベルマン作用素 $\mathcal{T}^\pi$ を以下の通り定める．

**定義 3.6（確率変数に対する分布ベルマン作用素）**　状態行動対 $(s,a) \in \mathcal{S} \times \mathcal{A}$

に条件付けられる確率変数の集合を $\mathcal{Z} = \{Z(s,a) : (s,a) \in \mathcal{S} \times \mathcal{A}\}$ と定義する．確率変数 $Z(s,a)$ に対する分布ベルマン作用素 $\mathcal{T}^{\pi} : \mathcal{Z} \to \mathcal{Z}$ を次のように定める．

$$(\mathcal{T}^{\pi}Z)(s,a) \overset{\mathcal{D}}{=} R + \gamma Z(S', A') \tag{3.58}$$

ただし，$S' \sim \mathcal{P}(\cdot \mid s,a)$，$A' \sim \pi(\cdot \mid S')$，$R \sim \mathcal{R}(\cdot \mid s,a)$ である．

　ベルマン作用素が定義されると，それが縮小写像であるかどうかが関心の的になる．3.5.3 項で議論するように，分布ベルマン作用素は実際に縮小写像である．よって，分布ベルマン作用素 $\mathcal{T}^{\pi}$ は唯一の不動点として $Z^{\pi}(s,a)$ を持つ．さらに，状態行動対に条件付けられる任意の確率変数 $Z(s,a)$ に対して $\mathcal{T}^{\pi}$ を再帰的に作用させることで，方策 $\pi$ のもとでの累積報酬に対応する確率変数 $Z^{\pi}(s,a)$ を得ることができる．この手続きを**分布方策評価**と呼ぶ．

　累積報酬分布についても価値関数と同様の方策評価が可能であることがわかると，非分布強化学習における価値反復と同様の手続きによって，分布強化学習で最適方策 $\pi^*$ を求められることが期待される．しかし，以下で定義する分布ベルマン最適作用素 $\mathcal{T}$ は一般に縮小写像でないことが知られている[58]．

**定義 3.7**（確率変数に対する分布ベルマン最適作用素）　確率変数 $Z(s,a)$ に対する分布ベルマン最適作用素 $\mathcal{T} : \mathcal{Z} \to \mathcal{Z}$ を次のように定める．

$$(\mathcal{T}Z)(s,a) \overset{\mathcal{D}}{=} R + \gamma Z(S', A') \tag{3.59}$$

ただし，

$$A' = \underset{a'}{\mathrm{argmax}}\, \mathbb{E}Z(S', a') \tag{3.60}$$

である．

　式 (3.60) は累積報酬の期待値をとることで行動価値を求め，その価値を最大にする貪欲方策で意思決定することを意味する．残念ながら，式 (3.59) で定義されるベルマン最適作用素 $\mathcal{T}$ は一般に縮小写像ではない．最適方策 $\pi^*$ は行動価値 $q^{\pi}(s,a)$ を最大にする方策であるが，累積報酬の期待値さえ最大化されれば最適方策に対応する分布となり，その分布の形状には自由度が残る．結

果として, 式 (3.59) と (3.60) で定義される分布ベルマン最適作用素は不動点を持つとは限らず, 生成される分布は期待値が最適価値関数に一致する複数の累積報酬分布を遷移し続けてしまう可能性がある.

　このように最適方策に対する累積報酬分布は動的計画法で一意に定まらず振動しうるが, 分布強化学習を利用した方策改善は, 実験上は性能が非常に高いことが数多く報告されている[58]~[63]. また, 分布ベルマン最適作用素は価値関数の空間では縮小写像になっている. つまり累積報酬を表す任意の確率変数 $Z_1, Z_2$ について

$$\|\mathbb{E}\mathcal{T}Z_1 - \mathbb{E}\mathcal{T}Z_2\|_\infty \leq \gamma \|\mathbb{E}Z_1 - \mathbb{E}Z_2\|_\infty \tag{3.61}$$

となる.

### 3.5.2　分布強化学習によるリスク考慮型意思決定

　前項ではリスク中立の設定における分布強化学習について議論したが, 本項では分布強化学習を利用したリスク考慮型意思決定について述べる. ある方策 $\pi$ に対応する累積報酬の分布 $\eta^\pi(s, a)$ が得られれば, その方策を用いたときの累積報酬についてリスクを評価できる. さらに, 状態行動対に条件付けられたリスク指標が求まるため, それ以降は与えられた方策で意思決定するという条件のもとで, 最もリスク指標の値が高い行動を選ぶことができる.

　ここでは, 方策 $\pi$ のもとでの累積報酬 $Z^\pi(s, a)$ が従う分位点関数 $F^{-1}_{Z^\pi(s,a)}(\tau)$ が推定されていると仮定する. $F^{-1}_{Z^\pi(s,a)}(\tau)$ から $Z^\pi(s, a)$ の期待値を求めれば行動価値関数 $q^\pi(s, a)$ が得られるが, この累積分布からの期待値計算を**歪みリスク尺度** $\beta : [0, 1] \to [0, 1]$ で歪めることを考える. 歪み期待値を以下のように定義する.

**定義 3.8（歪み期待値）**　分位点関数 $F^{-1}_{Z^\pi(s,a)}(\tau)$ と歪みリスク尺度 $\beta : [0, 1] \to [0, 1]$ に対し, 歪み期待値 $q^\pi_\beta(s, a)$ を以下の通り定める:

$$q^\pi_\beta(s, a) = \int_0^1 F^{-1}_{Z^\pi(s,a)}(\tau)\mathrm{d}\beta(\tau)$$

　上の定義から, 歪み期待値 $q^\pi_\beta(s, a)$ は $\beta$ で重み付けされた分位点関数 $F^{-1}_{Z^\pi(s,a)}(\tau)$ の期待値であることがわかる. 歪みリスク尺度 $\beta$ を適切に選ぶ

ことで，歪み期待値によって様々なリスク指標を表現できる．特に歪みリスク尺度が $\beta = I$ と恒等写像であるとき，歪み期待値 $q_I^\pi(s,a)$ はリスク中立となり行動価値関数 $q^\pi(s,a)$ に一致する．さらに，$\beta_\alpha(\tau) = \alpha\tau$ を選ぶことで，式 (3.19) の $\mathrm{CVaR}_\alpha$ を得ることができる．また，環境が決定的な場合にはリスク選好的な意思決定が有効であると考えられるが，分布の下側の分位点が無視されるような $\beta$ を選べばそのような意思決定も可能である．実際，効率的な行列積アルゴリズムの発見にリスク選好型の分布強化学習が有効だったという報告がある[64]．

注意として，

$$\left(\mathcal{T}_\beta Z\right)(s,a) \overset{\mathcal{D}}{=} R + \gamma Z(S', A'), \tag{3.62}$$

$$A' = \underset{a'}{\mathrm{argmax}}\, q_\beta(S', a') \tag{3.63}$$

で定義される分布ベルマン最適作用素 $\mathcal{T}_\beta$ は，リスク中立（$\beta = I$）の場合と同様に，一般に縮小写像ではない．さらに，一般のリスク指標に対して式 (3.61) と同様の性質が成り立つかは未解決問題である．リスク指標として CVaR を用いた場合は，式 (3.63) の行動選択部分を工夫することで CVaR を最大化する最適方策 $\pi^*_{\mathrm{CVaR}}$ に対応する累積報酬分布を不動点に持つように分布ベルマン最適作用素を修正できることが示されている[65] が，その収束性についてはこれも未解決である．

本項でこれまで議論した通り，累積報酬の分布が得られれば，そこから歪み期待値などのリスク指標を計算してリスク考慮型意思決定することができる．ここでは分布方策評価の手続きが肝となる．本節の以降では，分布ベルマン作用素の縮小性について議論した後，分位点関数 $F_{Z^\pi(s,a)}^{-1}(\tau)$ を推定するための手法を導入する．分布ベルマン作用素の縮小性について興味がない場合は，次項は飛ばして 3.5.4 項に進まれたい．

### 3.5.3 分布ベルマン作用素の縮小性

確率変数に対する分布ベルマン作用素 $\mathcal{T}^\pi$ は $\mathcal{Z}$ から別の確率変数の集合 $\{\mathcal{T}^\pi Z\}$ への対応であると考えることができる．この関係を確率分布について書くとどうなるだろうか．まず，累積分布関数 $F_{Z(s,a)}$ に対する分布ベルマン作用素 $\mathcal{T}^\pi$ は，記号 $\mathcal{T}^\pi$ を濫用して以下の通り明示的な形式で書くことがで

きる.

命題 3.5（累積分布関数についての分布ベルマン作用素[66]）　累積報酬の累積分布関数 $F_{Z(s,a)}$ に対して，分布ベルマン作用素は

$$F_{\mathcal{T}^{\pi} Z(s,a)}(z) = \sum_{(s',a') \in \mathcal{S} \times \mathcal{A}} \mathcal{P}(s'|s,a)\pi(a'|s') \int_{\mathbb{R}} F_{Z(s',a')}\left(\frac{z-r}{\gamma}\right) \mathrm{d}F_{\mathcal{R}(s,a)}(r)$$

$$(3.64)$$

と書ける．ここで，$F_{\mathcal{R}(s,a)}$ は即時報酬が従う累積分布である．

**証明**　累積報酬の再帰性 $Z = R + \gamma Z'$ と環境のマルコフ性から，

$$\begin{aligned}
&F_{Z(s,a)}(z) \\
&= \Pr(Z \leq z|s,a) \\
&= \Pr(R + \gamma Z' \leq z|s,a) \\
&= \sum_{(s',a') \in \mathcal{S} \times \mathcal{A}} \mathcal{P}(s'|s,a)\pi(a'|s') \int_{\mathbb{R}} \Pr(\gamma Z' \leq z - r|s',a') \mathrm{d}F_{\mathcal{R}(s,a)}(r) \\
&= \sum_{(s',a') \in \mathcal{S} \times \mathcal{A}} \mathcal{P}(s'|s,a)\pi(a'|s') \int_{\mathbb{R}} \Pr\left(Z' \leq \frac{z-r}{\gamma}\Big|s',a'\right) \mathrm{d}F_{\mathcal{R}(s,a)}(r) \\
&= \sum_{(s',a') \in \mathcal{S} \times \mathcal{A}} \mathcal{P}(s'|s,a)\pi(a'|s') \int_{\mathbb{R}} F_{Z(s',a')}\left(\frac{z-r}{\gamma}\right) \mathrm{d}F_{\mathcal{R}(s,a)}(r)
\end{aligned}$$

と導かれる．　　　　　　　　　　　　　　　　　　　　　　　　　□

　分布ベルマン作用素が累積報酬分布をどのように変形するかは式 (3.64) によって完全に記述されているが，ここでは分布強化学習の理論解析[67]~[69] で頻繁に利用される形式の分布ベルマン作用素も導入しておく．確率変数に対する分布ベルマン作用素 (3.58) は，関数 $b_{r,\gamma}(z) = r + \gamma z$ を用いて確率変数 $Z(S',A')$ を $\gamma$ でスケーリングし，さらに確率変数 $R$ を加えることで，別の確率変数 $b_{R,\gamma}(Z(S',A')) = R + \gamma Z(S',A')$ に変換していることに相当する．この関数 $b_{r,\gamma}(z)$ を**ブートストラップ関数**と呼ぶ．ここで，「$\eta(s,a)$ に従う確率変数 $Z$ を $b_{R,\gamma}$ で変換した確率変数が従う分布」を

$$(b_{R,\gamma})_{\#}\eta(S',A') := \Pr(R + \gamma Z(S',A'))$$

とおく. このとき以下の補題が成り立つ.

**補題 3.7** $\eta \in \mathscr{P}(\mathbb{R})^{\mathcal{S} \times \mathcal{A}}$ に従う累積報酬を $Z(s, a)$ とする. このとき,

$$\Pr\left(R + \gamma Z(S', A') \mid S = s, A = a\right) = \mathbb{E}_\pi \left[(b_{R,\gamma})_\# \eta(S', A') \mid S = s, A = a\right] \tag{3.65}$$

である.

**証明** まず,

$$\begin{aligned}
\Pr\left(Z(S', A') \mid S = s, A = a\right) &= \sum_{(s', a') \in \mathcal{S} \times \mathcal{A}} \mathcal{P}(s'|s, a) \pi(a'|s') \eta(s', a') \\
&= \mathbb{E}_\pi \left[\eta(S', A') \mid S = s, A = a\right]
\end{aligned}$$

である. 同様に, $Z(S', A')$ を $\gamma$ でスケーリングした確率変数は, 定義から $(b_{0,\gamma})_\# \eta(S', A')$ に従うので,

$$\Pr\left(\gamma Z(S', A') \mid S = s, A = a\right) = \mathbb{E}_\pi \left[(b_{0,\gamma})_\# \eta(S', A') \mid S = s, A = a\right]$$

である. さらに, 即時報酬 $R$ と累積報酬 $Z(S', A')$ は状態行動対 $(s, a)$ が与えられたもとで条件付き独立であるので,

$$\begin{aligned}
&\Pr\left(R + \gamma Z(S', A') \mid S = s, A = a\right) \\
&= \int_\mathbb{R} \sum_{(s', a') \in \mathcal{S} \times \mathcal{A}} (b_{r,\gamma})_\# \eta(s', a') \pi(a'|s') \mathcal{P}(s'|s, a) \mathcal{R}(\mathrm{d}r|s, a) \\
&= \mathbb{E}_\pi \left[(b_{R,\gamma})_\# \eta(S', A') \mid S = s, A = a\right]
\end{aligned}$$

となり, 命題が示された. □

式 (3.65) の右辺は確率分布 $\eta(s, a)$ に従う確率変数 $Z(s, a)$ に対して分布ベルマン作用素を作用させるとその分布 $\eta(s, a)$ がどう変形するかを表している. この右辺をもとにして, 確率分布に対する分布ベルマン作用素と**分布ベルマン方程式**を, 記号 $\mathcal{T}^\pi$ を濫用して次のように定義する.

**定義 3.9 (分布ベルマン作用素と分布ベルマン方程式[67])** ブートストラップ関数 $b_{r,\gamma}(z) = r + \gamma z$ に対して, 分布ベルマン作用素 $\mathcal{T}^\pi : \mathscr{P}(\mathbb{R})^{\mathcal{S} \times \mathcal{A}} \to$

$\mathscr{P}(\mathbb{R})^{\mathcal{S} \times \mathcal{A}}$ を写像

$$(\mathcal{T}^\pi \eta)(s, a) = \mathbb{E}_\pi \left[ (b_{R,\gamma})_\# \eta(S', A') \mid S = s, A = a \right] \tag{3.66}$$

で定める．さらに，方策 $\pi$ のもとで累積報酬分布 $\eta^\pi(s, a)$ が従う分布ベルマン方程式を

$$\eta^\pi(s, a) = \mathcal{T}^\pi \eta^\pi(s, a), \qquad \forall (s, a) \in \mathcal{S} \times \mathcal{A}$$

と表す．

　ひとたびベルマン作用素が定義されると，それが縮小写像であるかどうかが関心の的になる．以下では，固定の方策 $\pi$ に対する分布ベルマン作用素 $\mathcal{T}^\pi$ は実際に縮小写像であることを見るが，まずそのための準備としていくつか定義をおく．作用素の縮小性について議論する場合は，その作用素がどのような量について縮小的であるかが重要である．第1章では価値関数についてのベルマン（最適）作用素は一様ノルム $\|\cdot\|_\infty$ について縮小的であることを見たが，ここでの関心は累積報酬分布に対する作用素であるため，確率分布間の距離を測るために**ワッサースタイン距離**を定義する．後の利用のため，2種類の形式で定義しておく．

定義 3.10（$p$-ワッサースタイン距離[70],[71]）　2つの確率分布 $\nu_1, \nu_2 \in \mathscr{P}(\mathbb{R})$ に従う確率変数をそれぞれ $X_1, X_2$ とする．さらに，対応する累積分布関数をそれぞれ $F_{\nu_1}, F_{\nu_2}$ とする．$p \in [1, \infty)$ に対し，$p$-ワッサースタイン距離 $d_p : \mathscr{P}(\mathbb{R}) \times \mathscr{P}(\mathbb{R}) \to [0, \infty)$ を以下の通り定める：

$$d_p(\nu_1, \nu_2) = \min_{\mu \in \Gamma(\nu_1, \nu_2)} \mathbb{E}_{(X_1, X_2) \sim \mu} [|X_1 - X_2|^p]^{1/p} \tag{3.67}$$

$$= \left( \int_0^1 \left| F_{\nu_1}^{-1}(\tau) - F_{\nu_2}^{-1}(\tau) \right|^p d\tau \right)^{1/p} \tag{3.68}$$

ただし，$\Gamma(\nu_1, \nu_2) \subseteq \mathscr{P}(\mathbb{R}^2)$ は2つの確率分布 $\nu_1, \nu_2$ のカップリング♠3全体

---

♠3 2つの確率変数 $X_1, X_2$ の同時分布を $\mu \in \mathscr{P}(\mathbb{R}^2)$ とする．$X_1$ と $X_2$ がそれぞれ確率分布 $\nu_1, \nu_2$ を周辺分布に持つとき，$\mu$ を $\nu_1$ と $\nu_2$ のカップリングと呼ぶ．$\nu_1$ と $\nu_2$ のカップリング全体からなる集合を $\Gamma(\nu_1, \nu_2) \subseteq \mathscr{P}(\mathbb{R}^2)$ と書く．min を達成する**最適カップリング**はある条件のもとで存在することが示されている[71]．ここでは簡単のため最適カップリングは常に存在するとする．

からなる集合である．さらに，$\infty$-ワッサースタイン距離を以下の通り定める：

$$d_\infty(\nu_1, \nu_2) = \min_{\mu \in \Gamma(\nu_1, \nu_2)} \inf \left\{ z \geq 0 \mid \Pr_{(X_1, X_2) \sim \mu} (|X_1 - X_2| > z) = 0 \right\} \tag{3.69}$$

$$= \sup_{\tau \in [0,1]} \left| F_{\nu_1}^{-1}(\tau) - F_{\nu_2}^{-1}(\tau) \right| \tag{3.70}$$

上の定義において，等号 (3.68) と (3.70) は確率変数 $X_1, X_2$ の実現値が $\mathbb{R}$ に値をとることから従う[70]．累積報酬分布 $\nu_1, \nu_2 \in \mathscr{P}(\mathbb{R})^{\mathcal{S} \times \mathcal{A}}$ に対して定義 3.10 からワッサースタイン距離を定めるとそれは状態行動対に依存するが，$\nu_1$ と $\nu_2$ そのものの距離を比較するために，状態行動空間の中で最大の値をとるものを次のように定める．

**定義 3.11**（最大 $p$-ワッサースタイン距離）　$\nu_1, \nu_2 \in \mathscr{P}(\mathbb{R})^{\mathcal{S} \times \mathcal{A}}$ に対して最大 $p$-ワッサースタイン距離 $\overline{d}_p$ を以下で定義する．

$$\overline{d}_p(\nu_1, \nu_2) = \sup_{(s,a) \in \mathcal{S} \times \mathcal{A}} d_p(\nu_1(s,a), \nu_2(s,a))$$

最大 $p$-ワッサースタイン距離は累積報酬分布間の距離を定めるという性質を持ち，この事実から分布ベルマン作用素が縮小写像であることを証明できる[58]．ここでは，以下の命題 3.6 のように分布ベルマン作用素が縮小写像であることを，確率変数によるワッサースタイン距離の表現 (3.67) と (3.69) から示す．命題 3.6 とバナッハの不動点定理から，分布ベルマン方程式は唯一の解を持つことがわかる．

**命題 3.6**（分布ベルマン作用素の縮小性[58]）　$p \in [1, \infty]$ に対し，$\mathcal{T}^\pi$ は最大 $p$-ワッサースタイン距離 $\overline{d}_p$ について $\gamma$ 縮小写像である．

**証明**　まず $p \in [1, \infty)$ を固定する．任意の $(s,a) \in \mathcal{S} \times \mathcal{A}$ に対し，2 つの累積報酬分布 $\eta_1(s,a), \eta_2(s,a)$ について最適カップリング $\overline{\mu}$ を考え，そこからのサンプルを $(Z_1(s,a), Z_2(s,a))$ とする．確率的な状態遷移 $(s, a, R, S', A')$ に対して確率変数

$$R + \gamma Z_i(S', A') \sim (\mathcal{T}^\pi \eta_i)(s, a)$$

を考え，特に $R$ の実現値が一致するカップリング

$$(Z_1(s,a), Z_2(s,a)) \sim \underline{\mu}(s,a) \in \Gamma((\mathcal{T}^\pi \eta_1)(s,a), (\mathcal{T}^\pi \eta_2)(s,a))$$

を選ぶ．このとき，

$$(d_p)^p \left((\mathcal{T}^\pi \eta_1)(s,a), (\mathcal{T}^\pi \eta_2)(s,a)\right)$$
$$\leq \mathop{\mathbb{E}}_{\underline{\mu}} \left[ \left| (R + \gamma Z_1(S', A')) - (R + \gamma Z_2(S', A')) \right|^p \mid S = s, A = a \right]$$
$$= \gamma^p \mathop{\mathbb{E}}_{\underline{\mu}} \left[ \left| Z_1(S', A') - Z_2(S', A') \right|^p \mid S = s, A = a \right]$$
$$\leq \gamma^p \sum_{(s',a') \in \mathcal{S} \times \mathcal{A}} \mathcal{P}^\pi \left( S' = s', A' = a' \mid S = s, A = a \right)$$
$$\times \mathop{\mathbb{E}}_{\underline{\mu}} \left[ \left| Z_1(s', a') - Z_2(s', a') \right|^p \right]$$
$$\leq \gamma^p \sup_{(s',a') \in \mathcal{S} \times \mathcal{A}} \mathop{\mathbb{E}}_{\underline{\mu}} \left[ \left| Z_1(s', a') - Z_2(s', a') \right|^p \right]$$
$$= \gamma^p (\overline{d}_p)^p (\eta_1, \eta_2)$$

が成り立つ．ただし，1 つ目の不等式は，左辺がカップリング全体の min を評価していることに対し，右辺が特定のカップリング $\underline{\mu}$ について期待値をとっていることから従う．また，最後の等号は $\overline{\mu}$ が最適カップリングであることから従う．左辺の $(s,a)$ は任意であるので，上限を $(s,a) \in \mathcal{S} \times \mathcal{A}$ についてとると

$$(\overline{d}_p)^p \left((\mathcal{T}^\pi \eta_1)(s,a), (\mathcal{T}^\pi \eta_2)(s,a)\right) \leq \gamma^p (\overline{d}_p)^p (\eta_1, \eta_2)$$

となり，両辺を $\frac{1}{p}$ 乗することで，命題が示される．

次に，$p = \infty$ とする．$p < \infty$ の場合と同様に，任意の $(s,a) \in \mathcal{S} \times \mathcal{A}$ と $i \in \{1, 2\}$ に対して

$$\overline{\eta}_i(s,a) := \sum_{(s',a') \in \mathcal{S} \times \mathcal{A}} \mathcal{P}^\pi \left( S' = s', A' = a' \mid S = s, A = a \right) \eta_i(s', a')$$

とおき，これらの最適カップリング

$$\overline{\mu} := \operatorname*{argmin}_{\mu \in \Gamma(\overline{\eta}_1(s,a), \overline{\eta}_2(s,a))} \inf \left\{ z \geq 0 \,\Big|\, \mathop{\Pr}_{(Z_1, Z_2) \sim \mu} (|Z_1 - Z_2| > z) = 0 \right\}$$

を考えて $\left(\overline{Z}_1(s,a), \overline{Z}_2(s,a)\right) \sim \overline{\mu}(s,a)$ とする．さらに $R \sim \mathcal{R}(\cdot \mid s,a)$ と各

$\overline{Z}_i(s,a) \sim \overline{\eta}_i(s,a)$ に対して

$$Z_i(s,a) := R + \gamma\overline{Z}_i(s,a) \sim (\mathcal{T}^\pi\eta_i)(s,a)$$

として，特に $R$ の実現値が一致するカップリング

$$(Z_1(s,a), Z_2(s,a)) \sim \underline{\mu}(s,a) \in \Gamma((\mathcal{T}^\pi\eta_1)(s,a), (\mathcal{T}^\pi\eta_2)(s,a))$$

を選ぶ．このとき，

$d_\infty((\mathcal{T}^\pi\eta_1)(s,a), (\mathcal{T}^\pi\eta_2)(s,a))$

$\overset{(a)}{\leq} \inf\left\{z \geq 0 \,\middle|\, \Pr_{(Z_1(s,a),Z_2(s,a))\sim\underline{\mu}(s,a)}(|Z_1(s,a) - Z_2(s,a)| > z) = 0\right\}$

$= \inf\left\{z \geq 0 \,\middle|\, \Pr_{(\overline{Z}_1(s,a),\overline{Z}_2(s,a))\sim\overline{\mu}(s,a)}(\gamma|\overline{Z}_1(s,a) - \overline{Z}_2(s,a)| > z) = 0\right\}$

$= \inf\left\{z \geq 0 \,\middle|\, \Pr_{(\overline{Z}_1(s,a),\overline{Z}_2(s,a))\sim\overline{\mu}(s,a)}\left(|\overline{Z}_1(s,a) - \overline{Z}_2(s,a)| > \frac{z}{\gamma}\right) = 0\right\}$

$= \gamma\inf\left\{z' \geq 0 \,\middle|\, \Pr_{(\overline{Z}_1(s,a),\overline{Z}_2(s,a))\sim\overline{\mu}(s,a)}\left(|\overline{Z}_1(s,a) - \overline{Z}_2(s,a)| > z'\right) = 0\right\}$

$\overset{(b)}{=} \gamma d_\infty(\overline{\eta}_1(s,a), \overline{\eta}_2(s,a))$

$\overset{(c)}{\leq} \gamma \sum_{(s',a')\in\mathcal{S}\times\mathcal{A}} \mathcal{P}^\pi(S' = s', A' = a' \mid S = s, A = a)\, d_\infty(\eta_1(s',a'), \eta_2(s',a'))$

$\leq \gamma\overline{d}_\infty(\eta_1, \eta_2)$

となる．ただし，(a) は右辺が特定のカップリングに着目していること，(b) は $\overline{\mu}$ が最小値を達成する最適カップリングであること，(c) はワッサースタイン距離が分布について凸であること[58] からそれぞれ従う． □

複数の表現がある分布ベルマン方程式であるが，いずれも方策 $\pi$ に紐づく累積報酬分布に関する再帰式である．分布ベルマン方程式に対して解が得られれば，それが方策 $\pi$ が従う累積報酬の分布である．ひとたび分布が得られれば，そこから所望のリスク指標を計算し，意思決定することができる．しかし，これら分布ベルマン方程式の厳密解を求めることは，一般に困難である．これは主に2つの理由からなる．まず，価値関数に対する非分布強化学習の場合と同

様に，状態遷移確率と報酬分布は一般に未知である．さらに，状態行動対ごとに定まる分布関数全体を計算機で正確に表現し保持することも困難である．このため，分布ベルマン方程式を満たす確率分布を近似的に求める必要がある．累積報酬分布を近似的に得るためには，(1) 累積報酬分布を関数近似し，(2) ベルマン作用素による分布の更新をサンプルから近似する，という手段がとられる．(2) のサンプル近似については，従来の非分布強化学習と同様に確率近似アルゴリズムを用いることが一般的である．(1) の関数近似には，累積報酬が正規分布やラプラス分布に従うことを仮定する手法[72]やカテゴリカル分布で離散的に近似する手法[58]，累積報酬分布に従う決定的な擬似サンプルを学習することで背後の分布を近似する手法[63]などがあるが，以降では特に分位点回帰を用いる手法[59]を紹介する．

### 3.5.4　分位点回帰に基づく累積報酬分布推定

状態行動対に条件付けられる分布の全体 $\mathscr{P}(\mathbb{R})^{\mathcal{S}\times\mathcal{A}}$ を分布近似のための探索行動空間とすることは現実的ではないため，有限次元のパラメタ $\theta$ で表現される部分空間 $\mathscr{P}_\theta(\mathbb{R})^{\mathcal{S}\times\mathcal{A}}$ を考える．具体的には，各状態行動対に $M$ 個の粒子を割り当てて，累積報酬分布を以下のように近似する：

$$\eta_\theta(s,a) = \frac{1}{M}\sum_{m=1}^{M}\delta_{Z_\theta(s,a,m)} \in \mathscr{P}_\theta(\mathbb{R})^{\mathcal{S}\times\mathcal{A}} \subseteq \mathscr{P}(\mathbb{R})^{\mathcal{S}\times\mathcal{A}} \tag{3.71}$$

ただし，$\delta_z$ は位置 $z \in \mathbb{R}$ におけるディラックのデルタ関数であり，$Z_\theta : \mathcal{S}\times\mathcal{A}\times\{1,\dots,M\} \to \mathbb{R}$ は $\theta$ でパラメタライズされた，粒子の割り当て位置を表現する関数近似器である．ここでは $\theta$ が粒子の位置に直接対応する場合（つまり $Z_\theta(s,a,m) := \theta(s,a,m)$）を考えるが，実用上はニューラルネットワークなどの関数近似器が用いられる．この近似によって，各状態行動対 $(s,a)$ を $\{Z_\theta(s,a,m)\}_{m=1}^{M}$ をサポートに持つ一様な分布に対応付ける．この表現により，$\eta_\theta(s,a)$ に対応する累積分布関数は

$$F_{\eta_\theta(s,a)}(z) = \frac{1}{M}\sum_{m=1}^{M}\mathbb{1}\left\{Z_\theta(s,a,m) \leq z\right\}$$

と書ける．

　分布ベルマン作用素 $\mathcal{T}^\pi$ を分布 $\eta_\theta(s,a)$ に作用させることは，各粒子の位置

を動かすことに対応する. このとき, $m \in \{1, \ldots, M\}$ 番目の粒子が累積確率 $\tau_m \in (0,1)$ に対応するように粒子の位置を射影することを考える.

**定義 3.12（分位点射影作用素）** $\eta \in \mathscr{P}(\mathbb{R})^{\mathcal{S} \times \mathcal{A}}$ を累積報酬分布, $\eta_\theta \in \mathscr{P}_\theta(\mathbb{R})^{\mathcal{S} \times \mathcal{A}}$ を粒子による近似分布 (3.71) とする. 分位点射影作用素 $\Pi_{d_1} : \mathscr{P}(\mathbb{R})^{\mathcal{S} \times \mathcal{A}} \to \mathscr{P}_\theta(\mathbb{R})^{\mathcal{S} \times \mathcal{A}}$ を

$$\Pi_{d_1}(\eta) = \operatorname*{argmin}_{\eta_\theta \in \mathscr{P}_\theta(\mathbb{R})} d_1(\eta, \eta_\theta) \tag{3.72}$$

によって定める. ここで, $Z_{\theta,m} := Z_\theta(s,a,m)$ に対して

$$d_1(\eta, \eta_\theta) = \sum_{m=1}^{M} \int_{\tau_{m-1}}^{\tau_m} \left| F_\eta^{-1}(\omega) - Z_{\theta,m} \right| \mathrm{d}\omega$$

は階段上の累積分布関数 (3.71) から誘導される分位点関数に対して式 (3.68) の $p$-ワッサースタイン距離を $p=1$ についてとっている.

最小化問題 (3.72) の解 $\{Z_{\theta,m}\}$ は

$$Z_{\theta,m} = F_\eta^{-1}(\widehat{\tau}_m), \qquad \widehat{\tau}_m = \frac{\tau_{m-1} + \tau_m}{2} \tag{3.73}$$

で与えられる[59]. よって, 分位点射影作用素 (3.72) は

$$\Pi_{d_1}(\eta) = \frac{1}{M} \sum_{m=1}^{M} \delta_{F_\eta^{-1}(\widehat{\tau}_m)}$$

と明示的に書き下すことができる. ここで, $F_\eta^{-1}(\tau)$ は**分位点回帰**における損失関数

$$\mathcal{L}_{QR}(z; \eta, \tau) = \mathbb{E}_{Z \sim \eta} \left[ (\tau \mathbb{I}_{Z>z} + (1-\tau) \mathbb{I}_{Z \leq z}) |Z - z| \right] \tag{3.74}$$

を最小にする $z^* \in \mathbb{R}$ に一致する. この損失関数は $z=0$ で非対称な損失であり, 過大評価された $z$ は重み $\tau$ で, 過小評価された $z$ は重み $1-\tau$ で罰則付けする. この損失関数によって, 各粒子の位置 $Z_{\theta,m}$ は $\widehat{\tau}_m$ 分位点へと誘導される.

ここまでの議論で, 分布ベルマン作用素 $\mathcal{T}^\pi$ を近似分布 $\eta_\theta(s,a)$ に作用させて得られる新しい分布 $\mathcal{T}^\pi \eta_\theta(s,a)$ に分位点射影作用素 (3.72) を作用させ

ることで，$m$ 番目の粒子が $\check{\tau}_m$ 分位点に動くことがわかる．この操作は分布 $\eta_\theta(s,a)$ を合成作用素 $\Pi_{d_1}\mathcal{T}^\pi$ で変換することに対応するが，この合成作用素 $\Pi_{d_1}\mathcal{T}^\pi$ が縮小写像であるかどうかに関心の的が移る．証明は煩雑なので割愛するが，以下の命題から $\Pi_{d_1}\mathcal{T}^\pi$ が縮小写像であることがわかる．この命題 3.7 と $\overline{d}_p \le \overline{d}_\infty$ であることから，$\Pi_{d_1}\mathcal{T}^\pi$ を反復的に作用させることで，近似分布はすべての $p \in [1,\infty]$ に対して唯一の分布に収束する．

**命題 3.7**（合成作用素の縮小性[59]）　任意の累積報酬分布 $\eta_1, \eta_2 \in \mathscr{P}(\mathbb{R})^{\mathcal{S} \times \mathcal{A}}$ に対して，合成作用素 $\Pi_{d_1}\mathcal{T}^\pi$ は最大 $\infty$-ワッサースタイン距離について $\gamma$ 縮小写像である：

$$\overline{d}_\infty\left(\Pi_{d_1}\mathcal{T}^\pi \eta_1, \Pi_{d_1}\mathcal{T}^\pi \eta_2\right) \le \gamma\overline{d}_\infty\left(\eta_1, \eta_2\right)$$

以上の議論から，方策 $\pi$ に従う状態行動条件付き累積報酬 $\eta^\pi(s,a)$ の分布は，以下の手続きで推定できることがわかる．まず近似分布を初期化し，$\eta_{\theta_0}(s,a)$ とする．そして，合成作用素 $\Pi_{d_1}\mathcal{T}^\pi$ を

$$\eta_{\theta_{k+1}}(s,a) \leftarrow \Pi_{d_1}\mathcal{T}^\pi \eta_{\theta_k}(s,a) \tag{3.75}$$

と反復的に作用させることで，$\eta_{\theta_k}(s,a)$ の列を得る．命題 3.7 から，近似分布 $\{\eta_{\theta_k}(s,a)\}$ の列は $\eta_{\theta^*} = \Pi_{d_1}\mathcal{T}^\pi \eta_{\theta^*}$ を満たす唯一の分布 $\eta_{\theta^*}$ に収束する．

ここまでの議論では状態行動対に条件付けられた累積報酬分布 $\eta^\pi(s,a)$ を扱ったが，同様の議論は状態に条件付けられた累積報酬分布 $\upsilon^\pi(s) = \Pr(Z|s,\pi)$ についても成立する．よって，非分布強化学習における方策評価を式 (3.75) などの累積報酬を推定する手続きで置き換えることで，累積報酬分布を利用した強化学習手法が得られる．実用上は，分布ベルマン作用素は確率近似し，分位点射影作用素は式 (3.74) に基づく分位点回帰で置き換える．例として，**分位点 TD 学習**をアルゴリズム 3.5 に，**分位点 Q 学習**をアルゴリズム 3.6 に示す．アルゴリズム 3.5 における

$$\frac{1}{M}\sum_{\overline{m}=1}^{M}\left(\tau_m - \mathbb{1}\left\{r + \gamma\theta(s',\overline{m}) \le \theta(s,m)\right\}\right) \tag{3.76}$$

は分位点回帰の損失関数 (3.74) の $Z_\theta(s,m) := \theta(s,m)$ についての勾配に相当する．分位点の更新量 (3.76) は価値関数に対する TD 誤差とは異なり常に有

界である．この性質から，報酬分布の期待値が有界であれば分散の有界性を仮
定せず，そして確率近似において一般的なロビンス–モンロー条件よりも弱い
学習率に対する条件のもとで，分位点 TD 学習の収束が保証される[73]．また，
アルゴリズム 3.6 における関数 $\rho_\tau^\kappa : \mathbb{R} \to \mathbb{R}$ は

$$\rho_\tau^\kappa(u) = \left| \tau - \delta_{\{u<0\}} \right| \mathcal{L}_\kappa(u),$$

$$\mathcal{L}_\kappa(u) = \begin{cases} \frac{1}{2}u^2 & (\text{if } |u| < \kappa) \\ \kappa\left(|u| - \frac{1}{2}\kappa\right) & (\text{otherwise}) \end{cases}$$

で定義される分位点フーバー損失であり，損失関数 (3.74) を $u = 0$ で滑らか
にすることで最適化を容易にするためのものである．

アルゴリズム 3.5 と 3.6 が非分布強化学習における TD 学習の場合と同様
にブートストラップしていることに注意されたい．つまり，各粒子 $Z_\theta(m)$
の更新におけるターゲットは粒子の集合からなる分布の推定量を利用して
$\{r + \gamma Z'_\theta(\overline{m})\}_{\overline{m}}$ と計算され，このターゲットを分位点回帰を通して $\hat{\tau}_m$ 分位
点に射影することで分布を更新している．本書では割愛した他の分布強化学
習アルゴリズムの多くも，ブートストラップで TD 誤差ターゲットに相当す
る量を求め，それを分布を代表する統計量などに射影するという手続きをと
る[58],[63],[68],[72]．この事実から，累積報酬分布の推定は非分布強化学習におけ
る価値関数推定の自然な拡張であることがわかる．さらに，分位点 TD 学習は
バリアンス削減の効果を持ち，粒子数 $M$ が大きくなると不動点のバイアスも
小さくなることが理論解析で示され，環境のランダムネスが高い場合は TD 学
習に対して優位であることがわかっている[74]．

注意として，このアルゴリズム 3.6 で近似累積報酬分布が収束することは保
証されない．これは，3.5.1 項で議論した分布ベルマン最適作用素が縮小写像
ではないという事実と対応している．実際，アルゴリズム 3.6 は式 (3.59) と
(3.60) で定義される分布ベルマン最適作用素の適用を近似している．よって，
推定される分布は期待値が最適価値関数に一致する複数の累積報酬分布を遷移
し続けてしまう可能性がある．ただし，近似分布の期待値である価値関数が最
適価値関数に収束することは期待できる．

これまでの議論では，固定の累積確率が割り当てられた固定数の粒子を動か
して階段上の累積分布関数を学習することを扱った．この発展系として，分位

アルゴリズム 3.5　**分位点 TD 学習**

1: **Require:** 粒子数 $M$, パラメタ $\kappa$, 割引率 $\gamma$, 学習率 $\alpha$
2: **Input:** 方策 $\pi$ のもとでの状態遷移サンプル $(s, r, s')$
3: $\theta(s, m) \leftarrow \theta(s, m) + \frac{\alpha}{M} \sum_{\overline{m}=1}^{M} \left(\tau_m - \mathbb{1}\left\{r + \gamma\theta(s', \overline{m}) \leq \theta(s, m)\right\}\right)$
4: **Return:** $Z_\theta(s, m)$

アルゴリズム 3.6　**分位点 Q 学習**

1: **Require:** 粒子数 $M$, パラメタ $\kappa$, 割引率 $\gamma$
2: **Input:** 状態遷移サンプル $(s, a, r, s')$
3: $q(s, a) = \frac{1}{M} \sum_m Z_\theta(s, a, m)$
4: $a^* = \mathrm{argmax}_{a'} q(s', a')$
5: $\mathcal{T}Z_{\theta, m} = r + \gamma Z_\theta(s', a^*, m)$
6: **Return:** $\mathrm{argmin}_\theta \sum_{m=1}^{M} \mathbb{E}_{\overline{m}}\left[\rho_{\tau_m}^\kappa \left(\mathcal{T}Z_{\theta, \overline{m}} - Z_\theta(s, a, m)\right)\right]$

数 $\tau$ も入力にとる関数近似器を構成することで滑らかな分位点関数 $F_{Z(s,a)}^{-1}(\tau)$ を近似する手法[60] や，状態行動対を入力として分位数の集合 $\{\tau\}$ を出力する関数近似器を構成して分布近似の効率を上げる手法[75] が提案されている．また，実用上は分位点回帰しても割り当てられた粒子の位置が交差してしまう（$\tau_i < \tau_j$ であるにも関わらず粒子の位置が $Z_j < Z_i$ となってしまう）ことが起こりうるが，関数近似器の構造を工夫して粒子の位置関係が割り当てられた分位数の大小関係に従うようにする手法[76] が提案されている．

#  3.6　応　用　例

　強化学習は，金融の分野で様々な応用の可能性があるが[77]，大きな損失を避けるには，単に期待収益の最大化を目指すのではなく，リスクを考慮するのが肝要である．金融における様々な応用のなかで，オプションの権利行使タイミングの最適化[65], [78]~[80] を本節で取り上げよう．

**オプションの権利行使**

　**オプション**（option）は，株式などの原資産から派生した**金融派生商品**（derivative）の 1 つであり，将来の一定期間に原資産を決められた価格（権

利行使価格）で取引できる権利のことである．オプションには様々な種類が
ある．まず，オプションを行使することで原資産を売ることができる場合と
買うことができる場合があるが，原資産を売る権利を**プットオプション**（put
option）と呼び，原資産を買う権利を**コールオプション**（call option）と呼ぶ．
また，オプションの権利をいつ行使できるかにも違いがあり，決められた権利
行使期間の間であればいつでも権利行使できるものを**アメリカンオプション**
（American option）と呼び，満期時にだけ権利行使できるものを**ヨーロピア
ンオプション**（European option）と呼ぶ．

　オプションはそれ自体に価格が付き，市場で取引されるが，ここでは保有し
ているオプションをいつ権利行使すべきかという問題を考えよう．具体的に
は，アメリカンコールオプション（ある決められた一定期間において原資産を
ある決められた価格で買う権利）を保有しているとする．勤務先から付与され
るストックオプションは通常このタイプであり，付与されてから一定期間後に
権利を行使できるようになるが，満期日を過ぎると権利が消滅する．権利行使
期間内のある時点で，原資産の市場価格が行使価格を上回っていれば，権利を
行使することで，（低い）権利行使価格で原資産を買い，（高い）市場価格で原
資産を売ることができるので，その差額分の利益が得られる．複数株を購入す
る権利が付与されているのであれば，権利行使期間内の各時点で，権利を行使
するべきか，行使するのであれば何株分の権利を行使するべきかを決定する必
要がある．また，複数回にわたってストックオプションが付与されていれば，
それぞれ権利行使期間が異なることを考慮する必要がある．

　このようなオプションの権利行使に関わる逐次的意思決定は，期待収益を最
大にするように行うのが1つの考え方ではあるが，それぞれの事情に応じて適
切にリスクを管理してもよい．たとえば，どうしても買いたいものが比較的低
額であれば，ある程度の収益を確実に確保するのが得策だろう．また，買いた
いものが比較的高額であり，もしも買えたらとても嬉しいが，仮に買えなかっ
たとしても特段困ることがないのであれば，確率が低くても大きな収益を狙い
に行くべきである．このようにリスクを考慮して逐次的意思決定を最適化でき
るのがリスク考慮型強化学習である．

### マルコフ決定過程によるモデル化

　（リスク考慮型）強化学習を適用するには，対象をマルコフ決定過程でモデル化する必要がある．特に，状態，行動，即時報酬の定義を確認しよう．これらの定義は個別の状況や目的で変わるが，本節では，ある原資産について，同じ権利行使期間と権利行使価格を持つ複数単位のアメリカンコールオプションを保有しているとしよう．権利行使期間外には行動を行わないので，権利行使期間を意思決定期間とすればよい．また，意思決定は 1 日に 1 回だけ行うとし，有限期間のマルコフ決定過程を考える．

　マルコフ決定過程の状態には，オプションの保有単位数，満期日までの日数，原資産の価格などを含めるのがよい．権利行使価格は定数であり，状態に含める必要はないが，異なる権利行使価格を持つ複数のオプションを保有する場合には，保有しているオプションの権利行使価格も状態に含めるべきである．また，原資産の価格の代わりに，原資産の価格と権利行使価格の差または比を状態に含めてもよい．なお，リスク考慮型強化学習における最適方策は一般に履歴依存であるため，最適方策で必要とされる履歴の情報を状態に含めたマルコフ決定過程を便宜的に考えることもあるが[65]，そのような便宜的なマルコフ決定過程と環境モデルのマルコフ決定過程とは区別しよう．

　意思決定は 1 日に 1 回行うので，その日に何単位のオプションを権利行使するかが行動となる．オプションを 1 単位だけ保有している場合には，権利を行使するか否かの 2 つの行動しかないので，行動空間は明らかに離散である．多数のオプションを保有している場合には，行動空間は連続であると近似してもよい．

　即時報酬は，権利行使をして得られる原資産を市場価格で売却したときに得られる収益とするのが自然である．すなわち，権利行使価格が $x$ のオプションを，原資産の価格が $y$ のときに $n$ 単位だけ権利行使すると $n(x-y)$ だけの即時報酬が得られるとする．取引費用が掛かる場合には，その分を即時報酬から差し引いてもよい．また，得られた収益は安全資産で運用できるので，その分を考慮して将来の即時報酬を割り引いてもよい．

### 状態遷移とシミュレータ

　前項で定めたマルコフ決定過程の状態のうち，満期日までの日数は 1 ずつ

減り，オプションの保有単位数は権利行使単位数分だけ減るので，時点 $t$ での状態と行動から自明に決定される．原資産の市場価格は，実際の市場価格と同じような遷移をするようにモデル化したい．ここでは，オプションの権利行使は，原資産の市場価格に影響を与えないと仮定して，原資産の市場価格の遷移をモデル化する．原資産の市場価格の過去の履歴は入手できるとしよう．

　オプションの権利行使が原資産の市場価格に影響を与えないと仮定しているので，過去の履歴をそのまま用いて，マルコフ決定過程の状態遷移をシミュレーションできる．すなわち，原資産の市場価格は過去の履歴通りに遷移するとして，満期日までの日数とオプションの保有単位数は，行動に応じて決定的に遷移させればよい．また，過去のある時点までの履歴だけを学習に使うようにして，それ以降の履歴を用いて学習した方策を評価してもよい．

　過去の履歴をそのまま用いるアプローチは，現実の市場価格の遷移を用いているので，現実の環境で強化学習ができている点で魅力的である．ところが，リスク考慮型強化学習は学習に比較的多くのデータを必要とするため，過去の履歴だけでは不十分なことがある．また，過去の市場価格の遷移の仕方が現在の市場価格の遷移の仕方とは大きく異なる場合もある．その場合，過去の市場価格をもとに学習した最適方策が，現在の市場価格の遷移でも高い性能を出すことは期待できない．

　したがって，過去の（できれば最近の）原資産の市場価格の履歴に加えて，原資産の市場価格をシミュレーションで生成できるとよい．たとえば，原資産の市場価格を**幾何ブラウン運動**（geometric Brownian motion）でモデル化しよう．幾何ブラウン運動 $X_t$ は，ドリフトパラメタ $\mu$ とボラティリティパラメタ $\sigma$ を持ち，ブラウン運動 $W_t$ を用いて，時点 $t$ とともに

$$X_t = X_0 \exp\left(\left(\mu - \frac{\sigma^2}{2}\right)t + \sigma W_t\right)$$

と遷移する確率過程である．原資産の市場価格の過去の履歴から，これらのパラメタ $\mu$ と $\sigma$ を推定すれば，原資産の市場価格をシミュレーションで生成できる．

### リスク指標とリスク感度の選択
　マルコフ決定過程が定義され，そのシミュレータを構築できれば，所望のリ

スク指標を最大化するように方策を最適化すればよい．実際には，リスク指標
やリスク感度の選択は非自明なことが多い．また，リスク考慮型強化学習には
様々な手法があり，どの手法を用いて方策を最適化するかも決めなければなら
ない．

　リスク指標の選択が非自明なのは，本来の目的をリスク指標として表すこと
が困難なことに起因する．普段私たちは，エントロピックリスク指標値や条件
付きバリューアットリスク値を最大化しようとしていないので，どのリスク指
標値を最大化すると所望の結果が得られるのか，直観的に理解できない．また，
本来の目的を累積報酬のリスク指標値として表すことが本質的にできないこと
もあれば，複数のリスク指標値を考慮したいこともある．そのような中で，本
来の目的に近いリスク指標を選んで，方策を最適化することが求められる．

　同様な理由で，リスク感度の選択も困難である．3.2.3 項で，リスクの考慮
を，不確実性に対する頑健性として解釈できることを議論した．このような関
係性から適切なリスク感度の値を選択できることもあるが，難しいことも多い．

　現実の応用では，どのリスク指標とリスク感度を用いると所望の結果が得ら
れるかを試行錯誤で探ることになる．具体的には，様々なリスク指標とリスク
感度について最適方策を学習し，それらの最適方策の性能を（シミュレータを
用いて）多角的に評価していく．この際に，3.5 節の分布強化学習手法を用い
ると，様々なリスク指標を容易に試すことができる．

　アルゴリズムの選択にも自由度があるが，リスク考慮型強化学習を適用する
前に，期待累積報酬を最大化する通常の強化学習手法を適用してみるべきであ
る．期待累積報酬を十分に最大化できることが確認されたら，リスク考慮型強
化学習を適用するが，エントロピックリスク指標であれば $\gamma \to 0$，条件付きバ
リューアットリスクであれば $\alpha = 1$ など，期待値に対応する場合に，通常の
強化学習手法と同等の性能を持つ方策が得られることまず確認しよう．それか
ら，リスク感度を動かして，リスクを避けたり，リスクをとったりする方策が
学習されることを確認するとよい．

# 安全性制約考慮型強化学習と制御系への応用 4

　標準的な強化学習は，報酬関数という単一の指標に基づいて方策を最適化するが，実応用では他の指標に基づいた制約条件を考慮したいことが多い．特に，自動運転やロボット等の実システムを対象にした場合には，安全性に関する制約条件を考慮することは必要不可欠であり，通常の強化学習では対応できない．安全性制約考慮型強化学習とは，強化学習に安全性制約を取り入れるアプローチの総称であり，強化学習を現実の問題に応用するための重要な鍵の1つとして注目されている．本章では，安全性制約に関する様々な定義・考え方を紹介したのち，それぞれに対する主要な解法を議論する．また，安全性制約考慮型強化学習の応用先として代表的なものを紹介する．

## 4.1　安全性制約考慮型強化学習とは

　通常の強化学習においては，エージェントは環境に対して行動を実行し，試行錯誤の過程のなかで徐々にその方策のパフォーマンスを向上させる．このとき，エージェントは，「報酬」という単一の指標に関するフィードバックを受けながら，自由に状態行動空間を探索できる，という仮定のもとで方策を最適化していた．強化学習の性能の高さ・ポテンシャルは，囲碁や将棋などのボードゲーム[81] やビデオゲーム[3], [82], [83] などですでに証明されているといっても過言ではない．しかし，高性能な方策が得られているのは，シミュレーション環境において自由に状態行動空間を探索し，膨大な数の成功と失敗の経験を積み重ねて学習しているからに他ならない．

　では，この「自由に状態行動空間を探索しながら膨大な数の成功と失敗の経験を積み重ねる」という状況は，実問題において簡単に受け入れることのできるものなのだろうか？　たとえば，図 4.1 に示すように，産業用ロボットが製品を組み立てる際の方策を強化学習を用いて最適化するとしよう．エンジニア

図 4.1　産業用ロボットにおける安全性の例．通常の強化学習（左
図）．安全性制約考慮型強化学習（右図）．

が，製品組み立てに要する時間を最小化するように報酬関数を設計したとす
る．この状況でロボットが状態行動空間を自由に探索してしまうと，ヒトの怪
我やロボット自身の破損につながるような危険な速度や角度でアームを動かし
てしまう方策が学習されうるのは想像に容易いだろう．

　以上の例のように，実問題における強化学習は，報酬という単一の指標に基
づいて方策を最適化するだけでは不十分で，何らかの安全性に関する要求も考
慮する必要があることが多い．産業用ロボットの例であれば，アームの速度や
角度に対し制限を設けたり，周囲のモノやヒトとの距離を一定以上に保つよう
安全策を施す必要がある．そのような安全策を施した強化学習を実現する方法
の 1 つは，安全性に関する制約条件を定義し，その制約を満たすように方策を
最適化することである．そのような制約を考慮した強化学習のことを，一般に
**制約考慮型強化学習**（あるいは**制約付き強化学習**）と呼ぶ．また，安全性のた
めの制約であることを陽に示したいときは，**安全性制約考慮型強化学習**[84] と
いう名称を用いる．

## 　4.2　制約付きマルコフ決定過程

　安全性制約考慮型強化学習は，**制約付きマルコフ決定過程**（Constrained
Markov Decision Process, CMDP)[85] を用いて定式化される．制約付きマ
ルコフ決定過程は，

$$\mathcal{M}_c = \langle \mathcal{S}, \mathcal{A}, p, R, C, \mu_0 \rangle$$

と定義され，$\mathcal{S}$ は状態の集合，$\mathcal{A}$ は行動の集合，$p$ は状態遷移関数，$R : \mathcal{S} \times \mathcal{A} \to \mathbb{R}$ は報酬関数，$\mu_0$ は初期状態分布を意味する．通常のマルコフ決定過程と「制約付き」マルコフ決定過程の違いは，新たにコスト関数 $C : \mathcal{S} \times \mathcal{A} \to \mathbb{R}$ を考慮していることにある．なお，報酬関数とは異なり，コスト関数は小さいほうが望ましいことに留意されたい．先ほどの産業用ロボットの例であれば，アームの速度や角度など，安全性に関する制約条件をコスト関数 $C$ を用いて記述することになる．

通常の強化学習と同様に，安全性制約考慮型強化学習の主目的は，方策 $\pi$ によって生成された軌跡 $\tau := (s_0, a_0, s_1, a_1, \dots)$ 上の割引された報酬和

$$J_R(\pi) := \mathbb{E}_{\tau \sim \pi} \left[ \sum_{t=0}^{\infty} \gamma^t R(s_t, a_t) \right]$$

を最大化することである．以後，期待値 $\mathbb{E}_{\tau \sim \pi}[\cdot]$ は，簡略化のため $\mathbb{E}_\pi[\cdot]$ と記述することとする．

方策の集合を $\Pi$ とすると，通常の強化学習は $\max_{\pi \in \Pi} J_R(\pi)$ という問題をエージェントが自由に状態行動空間を探索しながら解いていた．一方で，安全性制約考慮型強化学習においては，制約条件の存在によりエージェントが自由に状態行動空間を探索することができず，

図 4.2 安全性制約考慮型強化学習における方策の集合

$$\max_{\pi \in \Pi_c} J_R(\pi)$$

というように，制約条件を満たす実行可能な方策の集合 $\Pi_c$ に対し方策最適化問題を解く必要がある．なお，一般に $\Pi_c$ は $\Pi$ の部分集合であり，図 4.2 に示すように $\Pi_c \subseteq \Pi$ を満たす．本章の冒頭でも述べた通り，強化学習の性能の高さは，方策自身が状態行動空間を探索し，膨大な数の成功と失敗を積み重ねていることにある．一方で，安全性制約考慮型強化学習は，安全性向上のため

表 4.1　安全性制約考慮型強化学習の制約の定義. 上記以外にも様々
　　　　な安全性制約の表現方法が存在し, 形式言語 (4.6.1 項), 自
　　　　然言語 (4.6.2 項), 安定性 (4.6.3 項) などがある.

| 制約タイプ | 主要な解法 | 本書における記載箇所 |
|---|---|---|
| 期待累積コスト制約 | CPO[2], TRPO-Lagrangian[90] | 4.3 節 |
| 累積コスト制約 | Sauté RL[103] | 4.4 節 |
| 即時制約 | SNO-MDP[121], Safe-LUCB[5] | 4.5 節 |

方策の集合を $\Pi$ から $\Pi_c$ に制限しており, 探索の自由度を意図的に下げていることに相当する. 安全性制約考慮型強化学習の興味深い点は, いかにして本来の強化学習の性能を大きく損なうことなく安全性制約を満たすか, というところにある.

　$\Pi_c$ は「制約条件を満たす方策の集合」であると述べたが, そもそも制約条件はコスト関数 $C$ を用いてどのように記述するべきなのだろうか？ 安全性制約考慮型強化学習の重要かつ難解なポイントの 1 つは, 問題設定や安全性の扱い方に応じて, 制約条件の様々な定義・記述方法が存在することにある (表 4.1 参照). 以下の 3 つの項において, 主要な制約条件の各種定義を述べたのち, 4.3 節から 4.5 節にかけてそれぞれの問題設定に対する解法を詳細に解説する.

### 4.2.1　期待累積コスト制約

最もよく用いられる制約条件の表現としては, 報酬に関する価値関数 $J_R(\pi)$ と同様に, コスト関数に関する (割引された) 期待累積値

$$J_C(\pi) := \mathbb{E}_\pi \left[ \sum_{t=0}^{\infty} \gamma^t C(s_t, a_t) \right] \tag{4.1}$$

を用いるものである. 報酬関数とコスト関数とで同じ割引率 $\gamma$ を使用する必要は必ずしもないが, 本書では後述する式変形の容易さから $J_R(\pi)$ と $J_C(\pi)$ は共通の割引率で定義されるとする. その上で, 実数の閾値 $d \in \mathbb{R}$ に対し, 以下のような制約条件 (以降, **期待累積コスト制約**と呼ぶ)

$$J_C(\pi) \le d$$

を課す. この制約条件の記述方法の利点は, 報酬に関する価値関数 $J_R(\pi)$ と

コストに関する価値関数 $J_C(\pi)$ がいずれも $\mathbb{E}_\pi$ に対して期待値が計算されているので，その後の解析が比較的容易であることである．たとえば，割引率 $\gamma$ が報酬とコストで共通の場合，任意の実数 $\lambda \in \mathbb{R}$ に対し，

$$J_R(\pi) + \lambda J_C(\pi) = \mathbb{E}_\pi \left[ \sum_{t=0}^{\infty} \gamma^t \left( R(s_t, a_t) + \lambda C(s_t, a_t) \right) \right] = J_{R+\lambda C}(\pi)$$

のような関係が成り立つ．このように，報酬に関する価値関数 $J_R(\pi)$ と親和性の高い形で制約条件を記述することにより，様々な恩恵を享受することができる．

この期待累積コスト制約の意味を考えてみると，文字通りコスト関数の期待累積値をある一定以下にするので，方策の平均的な性能に着目しているものであることがわかる．したがって，制約に関する要求が比較的ゆるい状況と相性が良い．たとえば，以下のような状況例において，期待累積コスト制約を用いるとよいだろう．

**例 4.1（期待累積コスト制約）** 強化学習ベースの自動運転アルゴリズムを想像しよう．報酬関数 $R$ は，目的地までの平均速度であり，総移動時間を最小化するよう設計されている．近年ガソリン価格が上がってきたので，移動に要するガソリンの消費量の期待値をある一定以下にしたい．単位時間あたりのガソリン消費量をコスト関数 $C$ に設定し，期待累積コスト $J_C(\pi)$ が閾値 $d$ 以下になるようにしたい．

### 4.2.2 累積コスト制約

式 (4.1) は，「期待」累積値を用いて制約条件を記述していたため，方策の平均的な安全性能に主眼をおいていた．しかし，閾値を超えてしまった段階で致命的な状況に陥ってしまうのを避けたい，つまりほとんど確実に（確率1で）コスト関数の累積値をある値以下に抑えたい場合がある．そのような場合は，コスト関数の累積値に対し期待値をとらず，

$$\Pr \left[ \sum_{t=0}^{\infty} \gamma^t C(s_t, a_t) \leq d \right] = 1 \tag{4.2}$$

と制約条件を表現する．以降，このタイプの制約条件を**累積コスト制約**と呼ぶ．

**4.2（累積コスト制約）** 再び自動運転アルゴリズムを想像しよう．また，簡単のため割引率は $\gamma = 1$ とする．報酬関数 $R$ は，例 4.1 と同様に目的地までの平均速度である．高速道路に入ったあとでガソリン残量が少ないことに気づいた．現在のガソリン残量で次のガソリンスタンドまで何とかたどり着かないと困る．ガソリン消費量をコスト関数 $C$ に設定し，累積コストが確率 1 で閾値 $d$ 以下になるようにしたい．

### 4.2.3　即　時　制　約

自動運転や医療，宇宙探査などの極めて高い安全性が求められるアプリケーションにおいては，コスト関数の即時的な振舞いに着目したほうが状況に即していることが多い．そのような場合には，前述した期待累積コスト制約や累積コスト制約のような，累積値に基づいた制約条件を用いるのではなく，

$$C(s_t, a_t) \le d, \qquad \forall t \in [0, \infty] \tag{4.3}$$

のように，コスト関数が毎時刻ある閾値以下になるよう**即時制約**を課す．

**4.3（即時制約）** 火星探査ロボットの自律化を考えよう．報酬関数 $R$ は，目的地までの平均速度であり，総走行距離を最大化することによって，火星を広範囲に探査することを目指したい．一方で安全性も極めて重要であり，万が一探査機が喪失してしまうと莫大な損失である．火星探査ロボットは急斜面を走行してしまうと転倒のリスクがある．したがって，コスト関数 $C$ を斜面の角度に設定し，閾値を保守的に 20 度とした．

## 4.3　期待累積コスト制約下における強化学習

本節では，式 (4.1) に示した期待累積コストに基づいた安全性制約考慮型強化学習を扱う．

### 4.3.1　古典的な基礎的解法

まず，期待累積コストに基づいた安全性制約考慮型強化学習の基礎となる 2 つの古典的なアプローチについて述べる．

**占有測度を用いた解法**

1 つ目の基礎的解法は，**占有測度**（occupation measure）を用いたものであ

る．ある方策 $\pi$ に対し，状態行動ペア $(s,a) \in \mathcal{S} \times \mathcal{A}$ における占有測度は

$$\nu^\pi(s,a) := (1-\gamma) \cdot \mathbb{E}_{s_0 \sim \mu_0}\left[\sum_{t=0}^{\infty} \gamma^t p^\pi(s_t = s, a_t = a \mid s_0)\right]$$

と定義される．ただし，$p^\pi(\cdot, \cdot \mid s_0)$ は，初期状態 $s_0$ から方策 $\pi$ によって誘起される**確率測度**（probability measure）を表す．直観的な解釈としては，占有測度は方策 $\pi$ が各状態行動ペアにおいて過ごす（$\gamma$ によって重み付けされた）時間の割合である．このとき，報酬とコストに関する価値関数は，占有測度を用いてそれぞれ

$$J_R(\pi) = \sum_{(s,a) \in \mathcal{S} \times \mathcal{A}} R(s,a)\nu^\pi(s,a),$$

$$J_C(\pi) = \sum_{(s,a) \in \mathcal{S} \times \mathcal{A}} C(s,a)\nu^\pi(s,a)$$

のように書くことができる．

　$\Omega$ を実現可能な占有測度の集合とすると，いかなる $\nu \in \Omega$ に対しても，それを実現するような方策 $\pi$ が存在することになる．このとき，Altman[85] の Theorem 3.2 から，$\Omega$ は

$$\sum_{(s,a) \in \mathcal{S} \times \mathcal{A}} \nu(s,a)\big(\mathbb{I}(s = s') - \gamma \cdot p(s' \mid s,a)\big) = (1-\gamma) \cdot \mu_0(s'),$$

$$\forall s' \in \mathcal{S}, \quad \nu(s,a) \geq 0, \quad \forall(s,a) \in \mathcal{S} \times \mathcal{A}$$

という線形の方程式を満たすような $\{\nu(s,a)\}_{(s,a) \in \mathcal{S} \times \mathcal{A}}$ の集合として表現することができる．ただし，$\mathbb{I}(\cdot)$ は指示関数である．占有測度を導入することにより，期待累積コストに基づいた安全性制約考慮型強化学習を

$$\max \sum_{(s,a) \in \mathcal{S} \times \mathcal{A}} R(s,a) \cdot \nu(s,a),$$

$$\text{subject to} \sum_{(s,a) \in \mathcal{S} \times \mathcal{A}} C(s,a) \cdot \nu(s,a) \leq d,$$

$$\{\nu(s,a)\}_{(s,a) \in \mathcal{S} \times \mathcal{A}} \in \Omega$$

という線形計画法で解くことのできる問題に変形することが可能になる．

### ラグランジュ双対を用いた解法

2つ目の基礎的解法は，**ラグランジュ双対**を用いたものである．ラグランジュ乗数 $\lambda \in \mathbb{R}$ を導入し，ラグランジアン

$$\mathcal{L}(\pi, \lambda) := J_R(\pi) + \lambda \cdot (J_C(\pi) - d)$$

を定義する．このとき，安全性制約を考慮した方策最適化問題は，主変数を $\pi \in \Pi$，双対変数を $\lambda \in \mathbb{R}_{\geq 0}$ とする

$$\max_{\pi} \min_{\lambda \geq 0} \mathcal{L}(\pi, \lambda) \tag{4.4}$$

という max-min 問題として定式化される．対応する双対関数は $\mathcal{D}(\lambda) := \max_{\pi \in \Pi} \mathcal{L}(\pi, \lambda)$ である．以降，最適な主変数（すなわち最適方策）を $\pi^\star$，最適な双対変数を $\lambda^\star := \arg\min_{\lambda \geq 0} \mathcal{D}(\lambda)$ と表す．

制約付き最適化問題で一般に行われる[91]ように，**スレーターの条件**を以下のように仮定する．

**仮定 4.1（スレーターの条件）**　$J_C(\bar{\pi}) - d \geq \xi$ なる正の実数 $\xi \in \mathbb{R}_{>0}$ と方策 $\bar{\pi} \in \Pi$ が存在する．

このスレーターの条件は，安全性制約を満たす方策に関する事前知識があることを要求するが，実用上はさほど問題にならないことが多い．なぜなら，期待累積報酬の多寡を度外視すれば，安全性制約を（ある一定のマージン込で）満たすような方策を獲得することは大抵の場合容易だからである．自動運転の例でいえば，低速で走行することによって必要以上に安全な運転を行う方策を獲得するのはさほど難しくない．

スレーター条件の成立を仮定すると，以下のような理論的性質を得る．

**定理 4.1（強双対性）**　仮定 4.1 が成り立つとする．このとき，$J(\pi^\star) = \max_{\pi \in \Pi} \mathcal{L}(\pi, \lambda^\star)$ が成り立つ．

**定理 4.2（$\lambda^\star$ の有界性）**　仮定 4.1 が成り立つとする．このとき，$0 \leq \lambda^\star \leq \frac{J(\pi^\star) - J(\bar{\pi})}{\xi}$ が成り立つ．

証明については，Paternain らの論文[92]および Ding らの論文[93]を参照さ

れたい．定理 4.1 は，機械学習全般でたびたび登場する強双対性に関する理
論的性質が，安全制約考慮型強化学習においても成立することを示している．
この理論的性質によって，主双対法（primal-dual method）といった数理最
適化の手法を安全性制約考慮型強化学習においても用いることが正当化され，
式 (4.4) で表される max-min 問題の解を効率良く見つけることができる．ま
た，定理 4.2 は，最適な双対変数の有界性を保証しており，主双対法において
解を効率良く安定的に探索することを可能にする．

### 4.3.2 実用的な解法

安全性制約考慮型強化学習を複雑な問題に適用することを考えると，通常の
強化学習と同様に，**深層強化学習**（deep Reinforcement Learning, deep RL）
ベースの手法が高い性能を発揮することが多い．本章では，深層強化学習に
基づいた主要な安全性制約考慮型のアルゴリズムを紹介する．以下，方策は
ニューラルネットワークによってモデル化されているとし，そのパラメタを $\theta$
とおく．また，通常の強化学習と同様に，モデルフリー手法とモデルベース手
法に分類した上で，各手法について述べよう．

**モデルフリー手法**

安全性制約考慮型強化学習においても，深層強化学習ベースの手法の割合で
いえば，モデルフリー手法が主流である．したがって，まずはモデルフリー手
法の代表例について述べる．

最初に紹介するのは，**TRPO-Lagrangian** と **PPO-Lagrangian** であ
る．これらの手法は，制約なしの深層強化学習アルゴリズムとして代表的な信
頼領域方策最適化（Trust Region Policy Optimization, TRPO）[12] と近接方
策最適化（Proximal Policy Optimization, PPO）[15] を，ラグランジュ乗数
を用いて制約付きの問題設定に拡張したものである．もとは，Safety Gym[87]
という安全性制約考慮型強化学習のためのベンチマーク問題を発表した論文に
おいて，ベースライン手法として使われたアルゴリズムであったのだが，シン
プルなアイデアと高い性能ゆえよく用いられる．これらの手法では，

$$\max_{\theta} \min_{\lambda \geq 0} \mathcal{L}(\theta, \lambda) = J_R(\pi_\theta) - \lambda \cdot (J_C(\pi_\theta) - d)$$

という，制約なしの max-min 最適化問題を，$\theta$ に関する最急上昇法と $\lambda$ に関

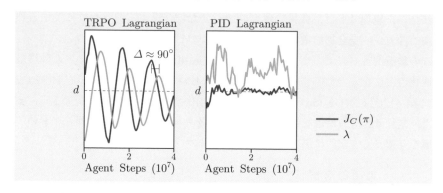

図 4.3　TRPO-Lagrangian（左図）と PID-Lagrangian（右図）

する最急降下法を用いて解くことによって，最適方策を求める．

　しかし，TRPO-Lagrangian や PPO-Lagrangian は，制約条件を周期的に違反しながら方策を学習することが知られている．特に，図 4.3 に示すように学習初期における制約条件の逸脱は深刻であり，実応用上問題が生じうる．そこで提案されたのが，制御工学の PID 制御を応用し，制約条件の逸脱とラグランジュ乗数に関する周期的な振動を抑制するための手法である **PID Lagrangian**[94] である．PID Lagrangian は，図 4.3 の右側の通り学習初期も制約を守ることができていることがわかる．

　Constrained Policy Optimizaiton（**CPO**）[86] は，制約付きマルコフ決定過程を扱うことができるように TRPO を拡張したものであり，深層強化学習を用いた安全性制約考慮型強化学習の最も重要な解法の 1 つである．TRPO 同様に信頼領域（trust region）内で方策を局所的に更新するが，方策のイタレーションを安全性制約を満たす方策の集合である $\Pi_C$ 内で行うことに CPO の特色がある．数学的には，

$$\pi_{k+1} = \underset{\pi \in \Pi}{\operatorname{argmax}} \, J_R(\pi), \tag{4.5}$$

$$\text{subject to} \quad \mathrm{KL}(\pi, \pi_k) \leq \delta, \tag{4.6}$$

$$J_C(\pi) \leq d \tag{4.7}$$

という最適化問題を解くことになる．実用上は，式 (4.5)〜(4.7) において，$J_R(\pi)$ と $J_C(\pi)$ を精度良く近似できる代理関数で置き換える必要がある．

CPO においては方策 $\pi_k$ によって集められたサンプルから推定しやすい代理関数としてアドバンテージ関数が用いられ,

$$\pi_{k+1} = \underset{\pi \in \Pi}{\operatorname{argmax}} \, \mathbb{E}_{s \sim d^{\pi_k}, a \sim \pi}[A^{\pi_k}(s,a)],$$

$$\text{subject to} \quad \text{KL}(\pi, \pi_k) \le \delta,$$

$$J_C(\pi_k) + \frac{1}{1-\gamma} \mathbb{E}_{s \sim d^{\pi_k}, a \sim \pi}\left[A_C^{\pi_k}(s,a)\right] \le d$$

という制約付き最適化問題を得る. ただし, $d^{\pi_k} := (1-\gamma) \sum_{t=0}^{\infty} \gamma^t p(s_t = s \mid \pi_k)$ は $\pi_k$ によって誘導される, 割引された状態の分布である. アドバンテージ関数を用いることにより, 制約条件を $J_C(\pi)$ でなく $J_C(\pi_k)$ を用いて表現することができているため, 変数である $\pi$ で評価しなくてよい, という利点がある. なお, TRPO と同様に, CPO も目的関数と制約条件に関するテイラー展開を用いる.

しかしながら, CPO の大きな欠点として, 現在の方策が制約を違反した場合に最適化問題が実行不可能になることが指摘されている. つまり, 信頼領域と実現可能な方策の集合が重ならない状況が頻繁に生じてしまうのである. その欠点を改善するべく提案されたのが, Projection-based Constrained Policy Optimization (**PCPO**)[95] である. この手法は, まず制約を考慮することなく報酬を最大化するよう方策を TRPO で最適化し, その後制約が違反されている際には制約を満たすよう方策を射影する.

Interior-point Policy Optimization (**IPO**)[96] は, 内点法に着想を得た, 安全性制約を対数バリア関数を用いて方策の最適化を試みた手法である. 具体的には, 制約条件を

$$I(J_C(\pi) - d) = \begin{cases} 0 & (J_C(\pi) \le d) \\ -\infty & (\text{otherwise}) \end{cases} \tag{4.8}$$

と拡張する. 上式の直観的な理解としては, 制約条件が違反されたときには, $-\infty$ という極めて大きなペナルティが課されていることに着目するとよい. 式 (4.8) は微分可能でないので, 実用的には $I(\cdot)$ を $\widehat{I}(x) = \log \frac{-x}{\alpha}$ (ただし $\alpha$ はハイパーパラメタ) というように近似することが多い. まとめると, IPO は, 安全性制約付きの方策最適化問題を

$$J_{\mathrm{IPO}}(\pi) = J(\pi) + \widehat{I}(J_C(\pi) - d)$$

という制約なしの方策最適化問題に置き換えて，TRPO や PPO 等の強化学習アルゴリズムを用いて解く．

## モデルベース手法

　前項で述べたようなモデルフリー手法が期待累積コスト制約下における強化学習における主流解法ではあるもの，モデルフリー手法であるがゆえにサンプル効率性が悪いことが指摘されている．つまり，方策の学習に多量のサンプルが必要であり，環境とのインタラクションを膨大に行わなければならないことを意味する．安全に方策を学習することを目指す安全性制約考慮型強化学習においては，環境の総インタラクション回数が増えればその分危険な行動が実行されてしまう回数も同時に増えてしまう懸念がある．安全性制約考慮型強化学習においても，サンプル効率性の良い強化学習手法として，モデルベース手法が近年盛んに研究されている．

　本項では，期待累積コスト制約を伴う安全性制約考慮型強化学習のためのモデルベース手法として，LAgrangian Model-Based Agent（**LAMBDA**）[97] と呼ばれるアルゴリズムについて述べる．LAMBDA の重要なポイントは，制約付き方策最適化問題を解く際に，報酬とコストに関する価値関数の推定をモデルを陽に考慮しながら行っていることにある．いま，$\widehat{P}$ を尤もらしい状態遷移の分布とし，

$$\max_{\pi \in \Pi} \max_{p_\psi \in \widehat{P}} J_R(\pi) \quad \text{subject to} \quad \max_{p_\psi \in \widehat{P}} J_C(\pi) \le d$$

という制約付き方策最適化問題を解く．ただし，$\psi$ は状態遷移関数に関するモデルパラメタである．上記の式において，報酬関数 $R$ に関しては状態遷移の不確定性に対し楽観的に価値関数 $J_R(\pi)$ が最適化されていることがわかる．これらは本書でたびたび登場している「不確かなときは楽観的に（optimism in the face of uncertainty）」の原理を数学的に表現したものであることがわかるだろう．一方，コスト関数については，$J_C(\pi)$ を多めに見積もっており，制約条件を悲観的・保守的に満たそうとしていることがわかる．

　問題はどのようにして $\max_{p_\psi \in \widehat{P}} J_R(\pi)$ と $\max_{p_\psi \in \widehat{P}} J_C(\pi)$ を見積もるかであるが，これは PETS[98] や PILCO[99] と同様の手法を用いる．図 4.4 に示す

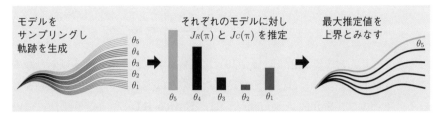

モデルを
サンプリングし
軌跡を生成

それぞれのモデルに対し
$J_R(\pi)$ と $J_C(\pi)$ を推定

最大推定値を
上界とみなす

$\theta_5$
$\theta_4$
$\theta_3$
$\theta_2$
$\theta_1$

$\theta_5$ $\theta_4$ $\theta_3$ $\theta_2$ $\theta_1$

$\theta_5$

図 4.4　LAMBDA における $J_R(\pi)$ と $J_C(\pi)$ 上界の導出方法のイ
メージ図

通り，過去のデータを用いて $N$ 個の状態遷移モデルのパラメタ $\psi_j \sim p(\psi \mid D)$
$(j = 1, 2, \ldots, N)$ をサンプルする．それぞれのモデルに対し，状態遷移の軌
跡を合計 $N$ 個生成し，$J_R(\pi)$ と $J_C(\pi)$ をそれぞれ計算する．この中で最も大
きな値を示したものを，$\max_{p_\psi \in \hat{P}} J_R(\pi)$ と $\max_{p_\psi \in \hat{P}} J_C(\pi)$ のサンプル近似
として代替する．以降は，ラグランジュ乗数を導入し，

$$\max_{\pi \in \Pi} \min_{\lambda \geq 0} \left( \max_{p_\psi \in \hat{P}} J_R(\pi) - \lambda \left( \max_{p_\psi \in \hat{P}} J_C(\pi) - d \right) \right)$$

という制約なしの最適化問題に変形し方策を最適化する．

　まとめると，モデルを陽に同定しその不確定性を利用することによって，報
酬とコストそれぞれに対する価値関数の最大値をサンプル近似する．それは，
報酬については楽観的な推定値であり，コストについては悲観的な推定値と
なっている．その状況で方策を最適化することにより，制約条件を保守的に満
たしながら，報酬に関しては不確実なときの楽観性の原理に基づいて探索が促
されることとなる．

 ## 4.4　累積コスト制約下における強化学習

　前節で述べたアプローチにおいては，累積コストの「期待値」がある閾値 $d$
以下になることを目指していた．そのため，エピソードごとの累積コスト値を
つぶさに見ると，閾値を超えるものが当然存在するし，閾値を過剰に超えるこ
とも珍しくない．

　したがって，式 (4.2) のような累積コスト制約

$$\Pr\left[\sum_{t=0}^{\infty}\gamma^t C(s_t,a_t) \leq d\right] = 1$$

のもと，ほとんど確実（almost surely）に累積コスト値がある閾値以下となることを保証したい場合には，前節で述べたものとは異なるアプローチが必要となる．本節では，Safety Augmented RL（**Sauté RL**）[88] という手法について述べる．

いま，以下のような漸化式

$$z_{t+1} = \frac{z_t - C(s_t,a_t)}{\gamma}, \qquad z_0 = d$$

を満たす新たな変数 $z_t \in \mathbb{R}$ を導入する．この変数 $z_t$ は，割引率 $\gamma$ によって重み付けされた制約に関する残予算を意味する．$z_{t+1}$ が時刻 $t$ における変数のみによって定まるため，マルコフ性を有することに留意されたい．したがって，制約付きマルコフ決定過程の中に $z_t$ を状態の一要素として組み込むことが可能である．$z_t$ の定義から

$$\gamma^{k+1}z_{k+1} - \gamma^k z_k = -\gamma^k C(s_k,a_k), \qquad \forall k \in [0,t]$$

を満たすので，$k = 0,1,\ldots,t-1$ まで足し合わせることにより，

$$\gamma^t z_t = d - \sum_{k=0}^{t-1}\gamma^k C(s_k,a_k) \tag{4.9}$$

を得る．なお，上記の式変形において，$z_0 = d$ を用いた．

本来の制約条件である式 (4.2) と式 (4.9) を見比べると，$\gamma \geq 0$ であることから，$d - \sum_{k=0}^{t-1}\gamma^k C(s_k,a_k) \geq 0$ という不等式と

$$z_t \geq 0 \tag{4.10}$$

という不等式は等価であることがわかる．コスト関数が非負のときは，式 (4.10) と

$$z_k \geq 0, \qquad \forall k \in [0,t]$$

という不等式が等価であることにも留意されたい．言い換えると，制約に関する残予算 $z_t$ を毎時刻更新しながら非負かどうか確認することによって，制約

条件が満たされているかを判別することになる.

方策を最適化する際は，制約の違反に対して大きなペナルティを加えるような新たな報酬関数

$$\widetilde{R}(s_t, z_t, a_t) := \begin{cases} R(s_t, a_t) & (z_t \geq 0) \\ -\infty & (\text{otherwise}) \end{cases} \tag{4.11}$$

を定義し，方策最適化問題

$$\max_{\pi} \mathbb{E}_{\tau \sim \pi} \left[ \sum_{t=0}^{\infty} \gamma^t \widetilde{R}(s_t, z_t, a_t) \right] \tag{4.12}$$

を得る．この問題は，通常の（制約なしの）強化学習アルゴリズムで解くことのできる形となっており，TRPO や PPO などの深層強化学習アルゴリズムとも親和性の高い形となっている．なお，実用上は，式 (4.11) の $\infty$ は $\frac{1}{1-\gamma}$ などの十分大きな値に置き換えることが多い．

Sauté RL は，理論的にも優れた性質を持つアルゴリズムであり，学習収束後の安全性を保証することができる．以下に（収束後の）安全性に関する定理を示す.

**定理 4.3（Sauté RL の安全性）** Sauté MDP を $\widetilde{\mathcal{M}} := \langle \widetilde{S}, \mathcal{A}, \widetilde{p}, \widetilde{R}, \mu_0 \rangle$ と定義する．なお，$\widetilde{S} := \mathcal{S} \times \mathcal{Z}$ は $\mathcal{Z} = \{z\}$ によって拡張された状態の集合であり，$\widetilde{p} := \widetilde{S} \times \mathcal{A} \times \widetilde{S} \to [0, 1]$ も同様に $\mathcal{Z}$ によって拡張された状態遷移確率である．いま，式 (4.11) で定義される報酬関数 $\widetilde{R}$ を用いて最適化された方策を $\pi^\star_{\text{Sauté}}(\cdot \mid s_t, z_t)$ とおく．仮に $\pi^\star_{\text{Sauté}}(\cdot \mid s_t, z_t)$ が式 (4.12) に対し有限の期待累積報酬値を示す解であるならば，

$$\max_{\pi} J_R(\pi),$$
$$\text{subject to} \quad z_t \geq 0 \quad (\text{almost surely}), \quad \forall t \geq 0,$$
$$z_{t+1} = \frac{z_t - C(s_t, a_t)}{\gamma},$$
$$z_0 = d$$

なる問題の最適方策である.

**証明** $\pi^\star_{\text{Sauté}}(\cdot \mid s_t, z_t)$ が式 (4.12) に対し有限の期待累積報酬値を持つ解であるということは、制約条件が満たされていることを意味する。目的関数 $J_R(\pi)$ は共通であり、制約条件 $z_t \geq 0$ もほとんど確実 (almost surely) に満たされているため、$\pi^\star_{\text{Sauté}}(\cdot \mid s_t, z_t)$ は上記の制約付き最適化問題の最適解である。 $\square$

定理 4.3 中の制約付き最適化問題の最適解であるということは、本来の累積コスト制約化における強化学習問題の最適解でもあることに留意されたい。なお、制約条件の違反に際し大きなペナルティを加えることによって安全性を担保するので、学習過程における安全性制約の充足は保証されないことに注意が必要である。

#  4.5 即時制約下における強化学習

式 (4.3) のような即時制約下における強化学習について述べる。コスト関数が既知の場合は、安全性制約を満たす方策の集合 $\Pi_C$ は容易に定義することができるので、通常の強化学習アルゴリズムを $\Pi$ ではなく $\Pi_C$ として解けばよい。したがって、即時制約下における安全性制約考慮型強化学習の研究は、主としてコスト関数が事前には未知である、という問題設定を扱うことが多い。しかしながら、コスト関数が事前に未知の場合、それ以上の仮定をおかずして、安全性制約を満たすことは不可能である。たとえば、例 4.3 に示す火星探査ロボットのように、自律エージェントが未知環境を探索する状況を想像しよう。探査するのは未踏の地であり、地図等の事前情報も得られていないとする。ロボットはセンサーを搭載しておらず、自分の実行した状態行動ペア $(s, a)$ に対するコスト関数値 $C(s, a)$ の情報だけフィードバックされる。このとき、コスト関数 $C$ が急峻に変化し、制約条件 $C(s, a) \leq d$ を満たす $(s, a)$ からわずかにずれた $(\bar{s}, \bar{a})$ において制約条件が満たされないとすると、安全性制約の充足を保証することは不可能であろう。

以上の理由により、即時制約下における強化学習においては、安全性に関するコスト関数について何らかの好ましい構造を仮定するのが一般的である。よく用いられる仮定としては、関数が規則性 (regularity) を持つとし、いまだ実行したことのない状態行動ペアについても、実行済みの状態行動ペアに対するフィードバックを用いてコスト関数を推定できる、というものである。この

とき，実行済みの状態行動ペアの情報が豊富な領域においては，より正確にコスト関数値を見積もることができる．

コスト関数が事前には未知であるので，不確定性をいかに扱うかが重要なポイントである．即時制約下における安全性制約考慮型強化学習は，高い確率で安全性を毎時刻充足することを要求するので，確率的な信頼区間を導出することにより保守的に制約条件を充足することを目指す．具体的には，

$$C_{\text{pessimistic}}(s,a) \geq C(s,a), \qquad \forall(s,a) \in \mathcal{S} \times \mathcal{A}$$

なる（悲観的な）コスト関数の確率的な上界 $C_{\text{pessimistic}} : \mathcal{S} \times \mathcal{A} \to \mathbb{R}$ を導出し，時刻 $t$ と状態 $s_t$ において

$$C_{\text{pessimistic}}(s_t,a) \leq d, \qquad \forall t$$

を満たすような行動 $a \in \mathcal{A}$ のみを実行することにより，本来の安全性制約 $C(s_t,a_t) \leq d$ をすべての時刻 $t$ において高い確率で満たすよう試みる．

コスト関数の構造については，信頼区間を導出することのできるものが主として用いられ様々な仮定がなされるが，代表的な例として線形制約とガウス過程による制約について触れていく．

### 4.5.1 線 形 制 約

簡便なアプローチの 1 つが，コスト関数の線形性を仮定するものである[90]．具体的には，既知の特徴量関数 $\phi : \mathcal{S} \times \mathcal{A} \to \mathbb{R}^d$ に対し，

$$C(s_t,a_t) = \langle \boldsymbol{w}^\star, \phi(s_t,a_t) \rangle + \varepsilon_t, \qquad \varepsilon_t \sim \mathcal{N}(0,\sigma^2) \qquad (4.13)$$

を満たすような重みベクトル $\boldsymbol{w}^\star \in \mathbb{R}^d$ が存在することを仮定する．なお，$\varepsilon_t$ は，分散 $\sigma^2$ のガウシアンノイズである．線形制約の拡張として，一般化線形モデル（Generalized Lienar Model，GLM）を用いて制約条件を表現する試みもなされている[100] が，制約条件の扱い方に本質的な違いはさほどないため，線形制約に絞って以降は話を進めていく．

いま，$t$ 時刻分の情報を含むデータ $\{(s_i,a_i,C(s_i,a_i))\}_{i=1}^t$ を用いて，重みベクトルの推定量を計算することを考えよう．重みベクトルの最小 2 乗推定量 $\widehat{\boldsymbol{w}}$ は，標準的な線形回帰の理論によって

$$\widehat{\boldsymbol{w}} := \operatorname*{argmin}_{\boldsymbol{w}} \sum_{i=1}^{t} (C(s_t, a_t) - \langle\, \boldsymbol{w}, \phi(s_t, a_t)\,\rangle)^2$$

$$= \left( \sum_{i=1}^{t} \phi(s_i, a_i)\phi(s_i, a_i)^\top \right)^{-1} \sum_{i=1}^{t} C(s_i, a_i)\phi(s_i, a_i)$$

$$= \boldsymbol{A}_t^{-1} \boldsymbol{b}_t$$

のように解析的に計算することができる．上記の式変形において，

$$\boldsymbol{A}_t := \sum_{i=1}^{t} \phi(s_i, a_i)\phi(s_i, a_i)^\top, \quad \boldsymbol{b}_t := \sum_{i=1}^{t} C(s_i, a_i)\phi(s_i, a_i)$$

なる行列 $\boldsymbol{A}_t \in \mathbb{R}^{d\times d}$ およびベクトル $\boldsymbol{b}_t \in \mathbb{R}^d$ を定義した．各コストが誤差項 $\varepsilon_t$ を用いて式 (4.13) のように表されることから，

$$\widehat{\boldsymbol{w}} = \boldsymbol{A}_t^{-1} \sum_{i=1}^{t} \phi(s_i, a_i)(\phi(s_i, a_i)^\top \boldsymbol{w}^\star + \varepsilon_t)$$

$$= \boldsymbol{w}^\star + \boldsymbol{A}_t^{-1} \sum_{i=1}^{t} \phi(s_i, a_i)\varepsilon_t$$

となり，これは $\widehat{\boldsymbol{w}}$ の期待値が $\boldsymbol{w}^\star$ となることを意味する．誤差項 $\varepsilon_t$ の標準偏差が $\sigma$ であることを用いると，$\widehat{\boldsymbol{w}}$ の共分散行列は

$$\mathrm{Var}[\widehat{\boldsymbol{w}}] = \mathbb{E}[(\widehat{\boldsymbol{w}} - \boldsymbol{w})(\widehat{\boldsymbol{w}} - \boldsymbol{w})^\top] = \sigma^2 \boldsymbol{A}_t^{-1}$$

で与えられる．このとき，真の重みベクトル $\boldsymbol{w}^\star$ と推定ベクトル $\widehat{\boldsymbol{w}}$ の間に，以下のような定理が成り立つ．

定理 4.4　$\alpha = 1 + \sqrt{\ln\frac{2/\delta}{2}}$ とする．このとき，

$$|\langle\, \boldsymbol{w}^\star, \phi(s, a)\,\rangle - \langle\, \widehat{\boldsymbol{w}}, \phi(s, a)\,\rangle| \le \alpha\sqrt{\phi(s, a)^\top \boldsymbol{A}^{-1}\phi(s, a)}$$

という不等式が，少なくとも $1 - \delta$ の確率で成り立つ．

　上記の定理から，コスト関数の確率的な上界を

$$C_{\mathrm{pessimistic}}(s, a) := \langle\, \widehat{\boldsymbol{w}}, \phi(s, a)\,\rangle + \alpha\sqrt{\phi(s, a)^\top \boldsymbol{A}^{-1}\phi(s, a)}$$

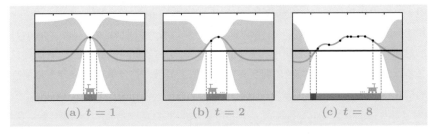

(a) $t = 1$ (b) $t = 2$ (c) $t = 8$

図 4.5 ガウス過程による信頼区間を利用した即時制約下の強化学
習のイメージ図. 黒点は安全性コスト関数の観測値, 青線
は期待値, 黒色の水平線は閾値 $d$ を表す. 不確定性を陽に
考慮し下界を導出することにより, エージェントは, 状態
行動空間を安全, 危険, 不明の 3 つの領域 (図中の床部分)
に分類することができる.

と定義し, $C_{\text{pessimistic}}(s,a) \leq d$ を満たすような状態行動ペアのみを実行する
ことにより, 本来の制約条件 $C(s,a) \leq d$ 高い確率で満たすことが可能となる.

### 4.5.2 ガウス過程によって特徴付けられた制約

より柔軟なコスト関数に対応するため, あるカーネル関数 $k : (\mathcal{S} \times \mathcal{A}) \times$
$(\mathcal{S} \times \mathcal{A}) \to \mathbb{R}$ によって表現されるガウス過程に従う, という仮定もよく用
いられる. この仮定は, ある 2 つの状態行動ペア $(s,a)$ と $(s',a')$ が存在する
とき, それらが類似している場合には同等のコスト関数値を示すはずである,
ということを意味している. 数学的には, 状態行動空間 $\mathcal{S} \times \mathcal{A}$ がある正定値
カーネル関数 $k$ によって表現されており, コスト関数が再生核ヒルベルト空間
(reproducing kernel Hilbert space) 上で有界のノルムを持つことを仮定して
いることになる. この仮定のもとでは, 過去のデータを用いてコスト関数をガ
ウス過程を用いて回帰しておくことによって, まだ実行したことのない状態行
動ペアに対してもコスト関数値の予測を行うことができる. 線形回帰と同様
に, ガウス過程は期待値だけでなく分散も同時に出力することが可能なので,
コスト関数の予測を信頼区間に基づいて悲観的に行うことが可能である.

ガウス過程 GP は, 期待値と共分散によって TODO:期待値と共分散の定義

$$C(s,a) = \mathcal{GP}(\mu((s,a)), k((s,a),(s',a')))$$

のように表現される. 観測誤差を, $y_t = C(s_t, a_t) + \varepsilon_t$, $\varepsilon_t \sim \mathcal{N}(0, \sigma^2)$ とモデル化する. コスト関数に関する事後分布は, 状態行動ペア $\{(s_1, a_1), \ldots, (s_t, a_t)\}$ に対する $t$ 時刻分の観測値 $\boldsymbol{y}_t := \{y_1, y_2, \ldots, y_t\}$ を用いて計算されることになる. つまり, コスト関数に関する, 期待値, 分散, 共分散の事後分布は解析的に

$$\boldsymbol{\mu}_t(s, a) = \boldsymbol{k}_t^\top(s, a)(\boldsymbol{K}_t + \sigma^2 \boldsymbol{I})^{-1} \boldsymbol{y}_t,$$

$$\boldsymbol{\sigma}_t(s, a) = \boldsymbol{k}_t((s, a), (s, a)),$$

$$\boldsymbol{k}_t((s, a), (s', a')) = \boldsymbol{k}((s, a), (s', a')) - \boldsymbol{k}_t^\top((s, a))(\boldsymbol{K}_t + \sigma^2 \boldsymbol{I})^{-1} \boldsymbol{k}_t((s', a'))$$

と計算することができる. なお $\boldsymbol{k}_t(s, a) = [k((s_1, a_1), (s, a)), \ldots, k((s_t, a_t)_t, (s, a))]^\top$, $\boldsymbol{K}_t$ は正定値カーネル行列である.

このとき, ガウス過程によって導かれる信頼区間に関して以下のような定理が成立する.

**定理 4.5** $\|C\|_k^2 \leq B$ と $n_t \leq \sigma$, $\forall t \geq 1$ を仮定する. いま,

$$\beta_t = B + \sigma \sqrt{2 \left( \Gamma_{t-1} + 1 + \log \frac{1}{\delta} \right)}$$

なる正のスカラー $\beta_t$ を定義すると

$$|C(s, a) - \mu_{t-1}(s, a)| \leq \beta_t^{1/2} \sigma_{t-1}(s, a)$$

が, すべての $t \geq 1$ に対し, 少なくとも確率 $1 - \delta$ で成立する.

以降は, 線形制約のときと同様に, 悲観的なコスト関数の上界

$$C_{\text{pessimistic}}(s, a) := \mu(s, a) + \beta^{1/2} \sigma(s, a)$$

を定義し, $C_{\text{pessimistic}}(s, a) \leq d$ を満たすような状態行動ペアのみを実行することによって, 制約条件 $C(s, a) \leq d$ の充足を少なくとも $1 - \delta$ の確率で保証する.

### 4.5.3 即時制約下における方策最適化

上記で述べた手法により, 高い確率で安全性が保証されることがわかった. しかしながら, 強化学習における主目的は報酬の最大化であり, 安全性を保証

しようとするあまり保守的な行動ばかりとってしまうのは本末転倒である. 火星探査ロボットの例えを用いるなら, 安全であろうとするがあまり初期位置から一歩も動かないようであれば, 何のためにロボットを火星に送り込んだかわからなくなってしまう.

即時制約下における安全性制約考慮型強化学習は, 報酬に関しては楽観的に, 安全性に関しては悲観的に取り扱いながら, 方策を最適化する. 具体的には,

$$\max_{\pi} J_{R_{\text{optimistic}}}(\pi) \quad \text{subject to} \quad C_{\text{pessimistic}}(s_t, \pi(s_t)) \leq d, \quad \forall t$$

という問題を解くことに相当する. なお, $R_{\text{optimistic}}$ は楽観的に見積もられた報酬関数, $C_{\text{pessimistic}}$ は悲観的に見積もられた安全性に関するコスト関数である. 報酬については, 通常の強化学習同様, 楽観的に報酬関数を見積もることにより探索を促している. 一方で, 安全性については, 悲観的にコストを見積もることにより, 高い確率で安全性制約が満たされることを保証していることになる.

即時制約下における安全性制約考慮型強化学習に関する具体的な研究に関して紹介しよう. まず, この分野の先駆けといえるのが, SafeMDP[101] と呼ばれるアルゴリズムである. この論文は, 状態行動遷移関数が既知かつ決定的である, という仮定のもと, 未知のコスト関数 $C(s, a)$ によって特徴付けられた状態空間を制約条件 $C(s, a) \leq d$ を違反することなく探索するための手法を提案している. このとき, コスト関数はガウス過程に従うとし, 4.5.2 項で述べたような方法で安全性制約を満たしながら状態空間の拡大を試みている. また, ガウス過程によって得られる不確実性を利用することにより, 効率良く安全な状態を探索することに成功しており, 一定の仮定のもとで安全な状態をくまなく探索できることも理論的に証明されているのが大きな貢献である. SafeMDP の論文[101] には報酬関数という概念が存在しなかったが, 安全性制約下における期待累積報酬最大化のためのアルゴリズムとして Safe Near-Optimal MDP (SNO-MDP)[89] が提案されている. この論文では段階的な手法を提案しており, 安全性制約を満たす状態行動空間を網羅的に探索を行うステップと, 安全だと保証された状態行動空間上で $J_R(\pi)$ を最大化するステップから構成される. この手法は, 安全性制約の充足性に関してはもちろんのこと, 方策の準最適性に関しても理論保証のあるものとなっている. また, 線形マルコフ決定過

程の問題設定において即時制約下における安全性制約考慮型強化学習問題に対し，Safe Linear Upper Confidence Bound（Safe-LUCB）[90] と呼ばれるアルゴリズムも提案されている．このとき，コスト関数は既知の特徴量関数に対して線形であると仮定されており，4.5.1 項で述べたように安全性制約を満たすことができる．この問題設定のメリットは，報酬関数に関する Q 関数も特徴量関数に対し線形になるので，Q 関数とコスト関数の不確定性が比例することにある．つまり，Q 関数を探索するために効率的な状態行動ペアを実行すれば，安全性制約に関する情報利得も大きいことになり便利である．この性質のおかげもあり，Safe-LUCB は，安全性制約の充足性とともに，リグレットに関する理論保証のあるアルゴリズムとなっている．

## 4.6　その他安全性制約

　いままで議論してきた安全性制約は，コスト関数 $C$ が数値的に定義可能である，という前提に基づいたものである．しかし，そもそも満たすべき安全性制約が形式言語の形で明確に定義可能であったり，コスト関数の形で数値的に表現するのが困難であったり，問題設定によって望ましい安全性制約の表現方法は千差万別である．本節では，その他の安全性制約について簡単に紹介しよう．

### 4.6.1　形　式　言　語

　人間が満たすべき安全性制約が何かを十分に把握している際には，コスト関数など用いずに人間の知識を陽に記述したものを用いたほうが当然良い．そのような手法として，時相論理（temporal logic）をはじめとした形式言語を用いた安全性制約考慮型強化学習手法[102] が提案されている．様々な形式言語が用いられているが，ここでは代表的なものとして線形時相論理（Linear

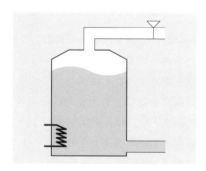

図 4.6　タンクの水位制御の例

Temporal Logic, LTL）を用いた制約条件の表現の一例を示す．線形時相論理の詳細については他の専門書[103] に譲るとし，本書では具体的な例を用いて解

説する．いま，図 4.6 に示す，タンクのお湯をエネルギー効率良く貯蔵するための制御器を設計することを考えよう．お湯はヒーターによって加熱されており，エネルギー消費はタンクの水位に依存していることはわかっているものの具体的な関係性については未知であるとする．タンクからの流出量は毎秒 0〜1 リットルだが，流入量はバルブが開いているときは毎秒 1〜2 リットルである（なお，バルブが閉まっているときは水は流入しない）．バルブの開閉いずれの場合も最低 3 秒間は同じ開閉状態を保たなければならない．タンクの容量は 100 リットルであり，タンクの枯渇・溢水は避ける必要がある．このとき，安全性制約は線形時相論理を用いて以下のように記述される．

$$\mathsf{G}(level > 0)$$
$$\wedge \mathsf{G}(level < 100)$$
$$\wedge \mathsf{G}((open \wedge \mathsf{X}close) \to \mathsf{XX}close \wedge \mathsf{XXX}close)$$
$$\wedge \mathsf{G}((close \wedge \mathsf{X}open) \to \mathsf{XX}open \wedge \mathsf{XXX}open)$$

上記の時相論理において，$\mathsf{G}$ と $\mathsf{X}$ はいずれも時相作用素であり，$\mathsf{G}$ は今後常に真であること，$\mathsf{X}$ は次の時刻において真であることを表している．最初の 2 つの条件は，タンクの水位が 0〜100 リットルであることを要請するものである．最後の 2 つは，バルブの開閉を行った際には，最低 3 秒間同じ状態を保つことを要求している．満たすべき安全性制約を人間が熟知しているときは，このような形式言語を用いて体系的に制約条件を記述するのが容易かつ安全面でも確実な方法であるといえる．

　形式言語によって記述された制約条件と強化学習を組み合わせるための簡便かつ強力なアプローチとして，**シールディング**（shielding）[104] がある．シールディングの概念は非常にシンプルであり，通常の（制約なしの）強化学習アルゴリズムによって方策を最適化する際，安全な行動だけが環境に対し実行されるよう，人間が形式言語を用いて記述した安全性制約に関する防御策（シールド）を用意する，というものである．シールディングにも 2 種類あり，図 4.7 に示すように，行動の選択肢を安全なものに限定する前置シールディング（preemptive shilding）と，エージェントが選んだ行動を安全なものに限り実行許可する後置シールディング（post-posed shielding）に大別される．

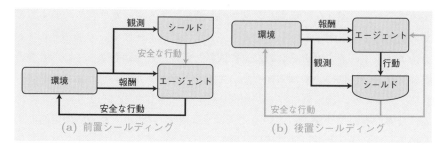

図 4.7　シールディング

### 4.6.2 自　然　言　語

　自然言語処理の研究が発展するにつれ，自然言語によって制約条件を記述する試みも行われている．[105] 従来の強化学習でも報酬設計問題（reward design problem）等の名前で問題になるように，コスト関数を数値的に定義するのが困難な場合も少なくない．「自動車の速度を 80 km/h 以下にしてほしい」「乗り物酔いがひどいので急加減速を避けてほしい」というように，自然言語を用いて強化学習エージェントとコミュニケーションをとることができれば，より人間の本来の目的を直接的に叶えるような方策を獲得することができる可能性がある．また，自然言語は一般のユーザにとっても扱いやすい形であるので，各人の好みを柔軟に取り入れた安全性制約考慮型強化学習につながることも期待される．Yang らの論文[105] においては，制約条件が自然言語の形で与えられるとし，制約解釈器（constraint interpreter）を方策とともに学習する手法を提案している．制約条件は，予算的（budgetary），関係的（relational），順次的（sequential）の 3 種類が扱われている．たとえば，同論文のグリッドワールド実験にはマグマ，水，草という特殊なマスが存在しており，以下のような自然言語文が安全性制約として用いられている．

- 予算的：『マグマは危険です．しかし，あなたは特別な靴を履いていて，5 回までならマグマの上に立つことができます』
- 関係的：『水からは 3 歩以上の距離をとってください』
- 順次的：『草の上を歩いたあと水の上を歩いてはいけません』

ロボティックトランスフォーマー（Robotic Transformer, RT）[106] のように，自然言語による指示で実世界のロボットを制御する手法も急速に発展してお

り，大規模言語モデルをはじめとする自然言語処理技術と（安全性制約考慮型）強化学習の融合は今後も注目される研究分野であることが予想される．

### 4.6.3 安 定 性

不確実性のもとでの安全な意思決定は，制御理論の分野で長年研究されてきた．制御理論は実システムへの応用を特に意識した学問であり，強化学習の何倍もの歴史があることから，安全性に関して優れた理論体系を有する．

制御工学の分野では，「**安定性**」が安全性に関する主要な概念の 1 つである．安定性には様々な定義が存在するが，一般にはシステムの状態が有界であることを意味する．たとえば，ドローンを用いて宅配や郵便等のサービスを自動化するとしよう．荷物を指定の配送先に届けることが最優先事項ではあるものの，風等の外乱があったとしても墜落することなく安定に飛行し，安全に物流拠点に戻ることも極めて重要である．この性質は，制御理論における安定性ひいては**リアプノフ安定性**と関連が深く，実システムにおける安全性に関する主要な概念の 1 つである．

強化学習においても，制御理論の特にリアプノフ安定性が安全性の一概念として取り入れられており[107]，安全性制約考慮型強化学習の一分野を形成している．まず，リアプノフ安定性について簡単に概念を述べる．

定義 4.1（リアプノフ関数）　リプシッツ連続なダイナミクス $f : \mathcal{S} \times \mathcal{A} \to \mathcal{S}$ に対し，閉ループシステム

$$s_{t+1} = f(s_t, \pi(s_t))$$

を考える．$L(\mathbf{0}) = 0$ かつ $L(s) \geq 0$, $\forall s \neq \mathbf{0}$ なるリプシッツ連続な正定値関数 $L : \mathcal{S} \to \mathbb{R}_{\geq 0}$ は，

$$\Delta L(s) = L(f(s, \pi(s))) - L(s) \leq 0 \tag{4.14}$$

を満たすならば，$L(\cdot)$ はリアプノフ関数である．

定理 4.6（リアプノフ安定性）　リプシッツ連続なダイナミクス $f$ に対し，定義 4.1 を満たすリアプノフ関数 $L$ が存在するとする．このとき，原点 $\mathbf{0}$ はリアプノフ安定である．

証明については，Khalil and Grizzle[108] や Isidori[109] 等の書籍を参照されたい．リアプノフ安定性は，式 (4.14) を見てわかる通り，閉ループシステムの状態 $s$ が原点の平衡点の近くに留まり続けることを示唆している．通常，原点の周りは安全な状態に設定されるので，システムが発散することなく安全な領域に留まり続けることが保証される．また，リアプノフ関数が $\Delta L(s) = L(f(s, \pi(s))) - L(s) < 0$ を満たすときには，システムの状態は次第に原点に収束することが保証され，このとき原点は**漸近安定**であるという．

Berkenkamp ら[110] は，このリアプノフ安定性の定義を用いて，最も著名な安全性制約考慮型強化学習アルゴリズムの 1 つを提案した．まず，リアプノフ安定性に関連する概念として，吸引領域（Region Of Attraction, ROA）$\mathcal{S}_{\mathrm{ROA}} \in \mathcal{S}$ を定義する．吸引領域は，その領域内からスタートしたいかなる状態軌道もその中に留まり続け，かつあるゴール状態に次第に収束する，という特徴を持った状態の集合である．その後，既知な関数 $h : \mathcal{S} \times \mathcal{A} \to \mathbb{R}$ と未知な関数 $g : \mathcal{S} \times \mathcal{A} \to \mathbb{R}$ からなる，離散時間ダイナミクス

$$s_{t+1} = h(s_t, a_t) + g(s_t, a_t)$$

を考える．ダイナミクスの一部が未知であるため，未知な関数 $g$ を同定するために探索を行う必要があるが，その探索は吸引領域から逸脱しないように行う必要がある．Berkenkamp らは，未知の関数 $g$ をガウス過程で回帰することにより，ダイナミクスの最悪ケースにおいても吸引領域から逸脱しないよう保守的に行動を実行することで，状態空間を安全に探索するモデルベース強化学習手法を提案した．Berkenkamp らの手法は既知のリアプノフ関数を想定していたが，その後 Chow ら[111] は，定義 4.1 を満たすリアプノフ関数を学習・構築しながら安定性に関する制約条件も満たす強化学習手法を提案している．

 ## 4.7　オフライン強化学習における安全性制約

本章でこれまで議論してきた安全性制約考慮型強化学習は，大半がオンライン強化学習における安全性を考慮したものであった．つまり，エージェントが訓練中も訓練後も環境に晒されているという前提のもので，安全性制約の充足を目指していたことになる．しかし，4.5 節で述べた極めて高い安全性を要求

するような即時制約に基づいた手法であったとしても，コスト関数の構造に関する強い仮定のもとで確率的に安全性を保証するに留まっていた．これは，コスト関数が複雑な場合には安全性を保証することが不可能であることを示唆するばかりでなく，仮に関数の構造が望ましいものであったとしても少ない確率で安全性制約が違反されてしまうことを意味する．結局のところ，オンライン強化学習の枠組みで強化学習エージェントが環境に晒されている限り，複雑な実問題において安全性を確実に保証することは非常に困難であるといえる．

本質的に安全な強化学習を実現するための枠組みとして，第 2 章で述べたオフライン強化学習が，安全性制約考慮型強化学習においても注目されている．オフライン強化学習の枠組みで安全性制約を満たした方策を最適化することができれば，訓練中は環境とのインタラクションが全く起こりえないので文字通り 100% 安全な学習が可能となる．強化学習は，探索的な行動が支配的となる訓練初期において特に危険な行動が実行されやすいため，安全性制約考慮型強化学習はオフライン強化学習の恩恵を特に享受することができる．

### 4.7.1 問 題 設 定

オフライン設定における安全性制約考慮型強化学習はまだ黎明期（れいめいき）ということもあり，期待累積コスト制約を扱うものが大半である．繰返しになるが，

$$\max_{\pi} J_R(\pi) := \mathbb{E}_\pi \left[ \sum_{t=0}^{\infty} \gamma^t R(s_t, a_t) \right],$$

$$\text{subject to} \quad J_C(\pi) := \mathbb{E}_\pi \left[ \sum_{t=0}^{\infty} \gamma^t C(s_t, a_t) \right] \leq d$$

という問題を解くことになり，4.3 節で述べたものと同じである．オフラインの安全性制約考慮型強化学習は，行動方策 $\pi_b$ によって事前に集められたデータセット

$$D = \{(s_i, a_i, s_i', R(s_i, a_i), C(s_i, a_i))\}_{i=1}^n \sim \pi_b \tag{4.15}$$

が存在すると仮定し，環境とのインタラクションを全く行うことなくデータセット $D$ のみを用いて方策を最適化する．また，報酬のみに関するデータセット $\{(s_i, a_i, s_i', R(s_i, a_i))\}_{i=1}^n \sim \pi_b$ と既知のコスト関数 $C : \mathcal{S} \times \mathcal{A} \to \mathbb{R}$ が存在すると仮定する問題設定もよく用いられる．その場合も式 (4.15) のような

形式のデータセットを用意することができることに留意されたい

### 4.7.2 Constrained Batch Policy Learning（CBPL）

制約付きのオフライン強化学習の先駆けといえるのが，Le らによって提案された Constrained Batch Policy Learning（**CBPL**）[112] である．この手法は，オンライン強化学習でもたびたび登場してきたラグランジュ双対を用いた解法を，オフライン強化学習の枠組みにシンプルに拡張したものだといえる．具体的には，ラグランジュ乗数 $\lambda \in \mathbb{R}_+$ を用いて新たな報酬関数

$$R_\lambda(s, a) := R(s, a) + \lambda \cdot C(s, a), \qquad \forall (s, a) \in \mathcal{S} \times \mathcal{A}$$

を定義し，ラグランジアンを以下のように表す．

$$\mathcal{L}(\pi, \lambda) := J_R(\pi) + \lambda \cdot (J_C(\pi) - d)$$

$$= \mathbb{E}_\pi \left[ \sum_{t=0}^\infty \gamma^t R_\lambda(s_t, a_t) \right] - \lambda d$$

上の式変形において，報酬関数とコスト関数双方に対し，期待値が同一の方策および状態遷移関数に対してとられていること，そして割引率が共通である，という事実を用いた．

任意の $\lambda$ に対し，新たな報酬関数 $R_\lambda$ によって特徴付けられたデータセット

$$D_\lambda := \{(s_i, a_i, s_i', R_\lambda(s_i, a_i))\}_{i=1}^n$$

を $D$ から獲得することは容易なので，

$$\max_\pi \mathcal{L}(\pi, \lambda)$$

という方策最適化問題は通常の（制約なしの）オフライン強化学習アルゴリズムを用いて解くことができる．Le らの論文においては，方策の学習に 2.4.1 項で述べた FQI を用いているが，CQL や TD3+BC のような発展的なオフライン強化学習アルゴリズムを使うことも原理上は可能である．

ラグランジュ乗数 $\lambda$ の最適化についても，データセットを用いて行うことに留意されたい．具体的には，報酬とコストに関する価値関数をオフ方策評価（OPE）することにより，制約条件 $J_C(\pi) \geq d$ が満たされる最小の $\lambda \geq 0$ を

探索することになる．オフラインの安全性制約考慮型強化学習の難しさの1つは，方策の評価にある．なぜなら，本問題設定における OPE に関しては，2つの方策の優劣関係を推定するだけでは不十分で，$J_C(\pi)$ の値，ひいては閾値 $d$ との大小関係が重要であり，OPE をバイアスとバリアンス双方の意味で正確に行う必要があるからである．Le らの論文で用いられている FQE（2.4.2 項参照）は，問題の複雑さやデータセットの品質の観点で非常に好ましい状況でしか性能が発揮されない．安全性制約考慮型強化学習の観点から見ても，今後オフ方策評価自体の研究がさらに進歩することが期待される．

### 4.7.3　Constrained Penalized Q-learning（CPQ）

CBPL は，方策の学習や評価にそれぞれ FQI と FQE を使っていることからもわかる通り，データセットが状態行動空間を十分網羅している，という極めて好ましい状況を想定していた．しかしながら，オフライン強化学習の実応用においてそのような状況は必ずしも期待できるものではなく，データの中に疎密が存在すると仮定するほうが自然である．そのような際には，第2章でも議論した通り悲観主義（pessimism）を導入するのが基本原則であり，それは安全性制約が存在する際も例外ではない．

本項では，オフライン強化学習のための悲観主義を導入した安全性制約考慮型強化学習の実用的な解法として，Constrained Penalized Q-learning（**CPQ**）[113] アルゴリズムについて触れる．CPQ の最も重要なアイデアは，データの分布外（Out-Of-Distribution, OOD）の状態行動ペアを「危険」と見なし，報酬に関するクリティックを「安全な」状態行動ペアのみを用いて更新することにある．CPQ は以下の3ステップから構成される．

### ステップ1

最初のステップとして，コスト関数に関する Q 関数 $Q_C$ の値を，OOD の状態行動ペアに対しては制約条件を違反するように補正する．具体的には，重みパラメタ $\alpha \in \mathbb{R}_+$ を導入し，以下の式を用いて $Q_C$ を最適化する．

$$\min_{Q_C} \mathbb{E}_{s,a,s' \sim D}[(Q_C - \mathcal{T}^\pi Q_C)^2] - \alpha \mathbb{E}_{s \sim D, a \sim \nu}[Q_C(s,a)]$$

なお，$\mathcal{T}^\pi$ はベルマン作用素である．注目すべき点は，通常のベルマン誤差を最小化するだけでなく，状態から OOD の行動を生成する分布 $\nu$ に関して $Q_C$

を最大化していることである．OOD の行動に対しては，$Q_C$ の値が大きくなり，制約条件が違反されるような状況を作り出していることになる．一方で，通常のベルマン誤差に関して最小化しているので，データセットに含まれる状態行動ペアに対しては，ベルマンバックアップに従うことを要求している．OOD の行動を生成するための分布 $\nu$ に関しては，条件付き変分オートエンコーダ（Conditional Variational AutoEncoder，CVAE）を用いて，行動方策 $\pi_b$ を事前にモデル化しておくことにより獲得している．

**ステップ 2**

　ステップ 1 において学習されるコスト関数に関するクリティックは歪んだものになりやすい．なぜなら，OOD の状態行動ペアに対する $Q_C$ の値は，OOD か否かの境界の状態行動ペアを外挿したものになるため，真の Q 値と比べ過大なものになるからである．したがって，ラグランジュ乗数を用いて $\max_\pi Q_R + \lambda Q_C$ のように方策を最適化すると，勾配が発散し学習が不安定となる．今回の場合，ステップ 1 において報酬関数に関する $Q_R$ には一切の変更がなされていないことに着目して，純粋に $Q_R$ に関する最大化を行うことにより方策を最適化する．具体的には，報酬に関するクリティックを，安全性制約を満たしデータセットに含まれる状態行動ペアに対してのみ更新するように変更する．制約ペナルティ付きベルマン作用素（constraints penalized Bellman operator）$\mathcal{T}_{\mathrm{CPQ}}^\pi$ を $(s, a, s', R, C) \sim D$ に対して，以下のように定義する．

$$\mathcal{T}_{\mathrm{CPQ}}^\pi Q_R(s, a) = R(s, a) + \gamma \mathbb{E}_{a' \sim \pi} \left[ \mathbb{I}(Q_C(s', a') \le d) \cdot Q_R(s', a') \right]$$

ただし，$\mathbb{I}(\cdot)$ は指示関数である．データセット $D$ を用いて，報酬関数に関するクリティックは以下の平均 2 乗誤差を最小化することによって更新する．

$$\min_{Q_R} \mathbb{E}_{s, a, s' \sim D} \left[ (Q_R(s, a) - \mathcal{T}_{\mathrm{CPQ}}^\pi Q_R(s, a))^2 \right]$$

**ステップ 3**

　最後に，方策を更新する際には，安全性に関する制約条件が満たされるよう，

$$\pi_\theta := \underset{\pi \in \Pi}{\mathrm{argmax}} \, \mathbb{E}_{s \sim D} \mathbb{E}_{a \sim \pi(\cdot | s)} \left[ \mathbb{I}(Q_C(s, a) \le d) \cdot Q_R(s, a) \right]$$

という方策最適化問題を解く．

CPQ は，安全性制約を違反する状態行動ペアに加え OOD の状態行動ペアを「危険」と見なすことによって，安全性制約考慮型強化学習に悲観主義を効率的に導入しているといえ，強化学習の標準的なベンチマーク問題で CBPL 等のアルゴリズムよりも高い性能を発揮することが知られている．

### CQL との関連性

簡単に，第 2 章で述べた CQL との関連性について述べておこう．繰返しになるが，CQL は標準的なベルマン誤差項に 2 つのペナルティ項を追加したアルゴリズムである．1 つ目の項は学習中の方策が出力した行動の $Q_R$ 値を最小化し，2 つ目の項はデータセットに含まれる行動の $Q_R$ 値を最大化する．直観的にいえば，$Q_R$ の推定値をデータが豊富な領域でより高い値を持つようにし，OOD の状態行動ペアの悪影響を取り除いていることになる．CQL では報酬関数に関してのみ方策を最適化していたが，CPQ では安全性制約も同時に考慮する必要がある．このとき，単純に CQL に倣って，方策から出力された行動の $Q_C$ 値を最大化し，データセットに含まれる行動の $Q_C$ 値を最小化することは得策ではない．なぜなら，方策が出力した行動の $Q_C$ 値を最大化すると，方策がデータセット分布内の行動を出力する場合に性能が劣化するからである．したがって，CPQ では上記のように，方策が出力する行動が OOD か否かを検出し，OOD の行動の $Q_C$ 値のみを大きくすることによって，方策を最適化している．

##  4.8 応 用 例

本節では，安全性制約考慮型強化学習の応用例について紹介する．なお，実応用はまだ進んでおらず，研究レベルのものがほとんどであることに留意されたい．

### 4.8.1 ロボティクス

安全性制約考慮型強化学習の応用として最も盛んに研究されているのがロボティクスであろう．ロボットアームの制御等で，強化学習は非常に高い性能が発揮することが知られている[114],[115]．しかし，その性能は，シミュレータや実験室のような環境で，失敗を気にすることなく自由に環境とインタラクションできる，という前提に基づいたものであることが多い．

　強化学習ベースのロボットを実環境にデプロイするには，ロボット自身の破損や周囲のヒトやモノへの危害を未然に防ぎながら，所定の目的を達成する必要がある．したがって，ロボットは，実環境とのインタラクションを繰り返す中で，安全性に関する制約条件のもとで所定の目的を達成する方策を学習する必要があることになる．この問題設定は，安全性制約考慮型強化学習の枠組みと相性が良い．ロボティクスにおける安全性として，「ヒトやモノとの衝突」と「（スペックを超えた運用による）ロボット自身の破損」に着目されることが多い．これはすなわち，安全性制約を毎時刻満たすことをロボットに要求することになり，即時制約を用いた安全性制約考慮型強化学習

$$\max_{\pi} J_R(\pi) \quad \text{subject to} \quad C_k(s) \leq d_k, \quad \forall k \in [N]$$

として定式化される．ただし，$N \in \mathbb{Z}$ は制約の個数であり，$C_k(\cdot)$ と $d_k$ はそれぞれ $k$ 番目の安全性コスト関数と閾値である．ロボティクスにおける制約条件の特徴としては，コスト関数が（行動に依存しない）状態の関数 $C_k : \mathcal{S} \to \mathbb{R}$ と定義され，かつ $C_k(s)$ は既知であるとされることである．これは，上で述べたように，「ヒト・モノとの衝突」と「ロボット自身の破損」という 2 つの項目に着目すれば，コスト関数を，状態に関する既知の関数と定義するのは自然であるといえる．具体的には，「ヒト・モノとの衝突」に関しては周囲のヒト・モノとの距離がある閾値以下になるよう制約をかけ，「ロボット自身の破損」に関してはアームの角度が可動範囲内になるよう制約をかける，などの定義がなされる．

　Pham ら[116] や Liu ら[117] の論文では，上記のような安全性制約を課した強化学習アルゴリズムを実機のロボットに適用しており，ヒトやモノへの衝突を避けながら所定のタスクを解くことができたことを示している．実機を用いた実験がなされているのは当分野においては比較的珍しく，安全性制約考慮型強化学習としては最も実用化に近いといえ，産業ロボット等への応用が期待される．

### 4.8.2　自　動　運　転

　安全性制約考慮型強化学習の応用例として，自動運転も近年非常に注目されている[118]～[120]．自動運転においては，目的地までの到着時間やガソリン消費

量を最小化することが主たる目的とされる．しかし，それ以上に重要視される
のが，交通ルールを遵守し交通事故を未然に防ぐための高い安全性である．ま
た，急な加減速や方向転換の少ない，乗り心地の良い運転をすることも求めら
れる．以上のように，自動運転アルゴリズムを強化学習によって訓練すること
を考えると，制約条件を考慮することは必要不可欠であり，安全性制約考慮型
強化学習は自然なアプローチの1つといえる．

Kalweit らの論文[120] では，4.5 節で述べた即時制約の形で $N$ 個の制約条件
（安全性，乗り心地，交通ルールの遵守など）を

$$\mathcal{C} := \{C_k : \mathcal{S} \times \mathcal{A} \to \mathbb{R} \mid 1 \leq k \leq N\}$$

のように記述した上で，状態 $s \in \mathcal{S}$ において $N$ 個すべての制約条件を満たす
ような行動の集合を

$$\mathcal{A}_+(s) := \{a \in \mathcal{A} \mid C_k(s,a) \leq d_k\}, \quad \forall C_k \in \mathcal{C}$$

と定義している．なお，$d_k \in \mathbb{R}$ は $k$ 番目の即時制約に対する閾値である．コ
スト関数 $C_k$ は既知であると仮定すると，$\mathcal{A}_+(s)$ はすべての状態 $s$ に対して容
易に計算することができる．したがって，方策の最適化に際しては，

$$\pi^\star(s) := \underset{a \in \mathcal{A}_+(s)}{\operatorname{argmax}} \, Q_R(s,a)$$

を解くことにより，報酬関数 $R$ に対して定義された Q 関数 $Q_R : \mathcal{S} \times \mathcal{A} \to \mathbb{R}$
を最大化するような行動を $\mathcal{A}_+(s)$ の中から選ぶことによって，制約条件を満
たす最適方策を得る．

また，Wen らの論文[121] では，自動運転の車線追従タスクを安全性制約考
慮型強化学習で解く手法を提案している．安全性制約は，4.3 節で述べた期待
累積コスト制約として定式化される．中央車線との横方向の距離を $x_1 \in \mathbb{R}_+$，
現在の軌道と自動車の進行方向との間の角度を $x_2 \in \mathbb{R}_+$ とし，報酬関数を

$$R := -x_1^2 - x_2^2$$

と定義する．つまり，中央車線との距離が小さく方向転換が軽微なときに大き
な報酬が与えられるよう定義されており，極力ハンドル操作を小さく保ちなが

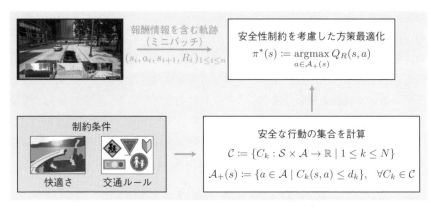

図 4.8　自動運転のための安全性制約考慮型強化学習のイメージ図

ら中央車線上を走行するようエージェントを誘導していることになる．また，コスト関数は車線を逸脱した際に $-100$ という大きなペナルティが課されるように定義されている．方策の最適化に関しては，CPO が用いられている．

### 4.8.3　電気自動車の充電スケジューリング

電気自動車とは，ガソリンエンジンやディーゼルエンジンなどの内燃機関を持たず，電気を動力源としたモーターによって走行を行う自動車であり，近年普及が進んでいる．スマートグリッドに統合されると，電気自動車はフレキシブルな負荷や蓄電デバイスとして動作し，デマンドレスポンス（需要応答）に参加することができる．デマンドレスポンスとは，電気の需要（消費）と供給（発電）のバランスをとるために，需要側の電力を制御することである．電気自動車は，デマンドレスポンスにおいて，時間変動する電力価格を利用し，充放電スケジュールを最適化することで，充電コストを削減することが可能である．しかし，EV の到着/出発時刻や電力価格にはランダム性が存在するため，出発時に満充電を保証する最適な充放電スケジュールを決定することは困難である．したがって，充電コストを最小化し電気自動車の満充電を保証する，制約付き充放電スケジューリングのための戦略を最適化することが求められている．

この問題に対処するために，Li ら[122] は，電気自動車の充放電スケジューリング問題を制約付きマルコフ決定過程として定式化した．具体的には，以下の

ように状態，行動，確率遷移確率，報酬関数，コスト関数を定義する.

- **状態**：時刻 $t$ において状態は $s_t := (E_t, P_{t-23}, \ldots, P_t)$ と定義される. $E_t$ は時刻 $t$ におけるバッテリーのエネルギーであり，$P_{t-23}, \ldots, P_t$ は過去 24 時間の 1 時間ごとの電力価格である.

- **行動**：行動 $a_t$ は，時刻 $t$ における充放電の量である. 充電されているとき $a_t$ は正の値をとり，放電されているとき負の値をとる. また，充放電の量には上限があることにも注意が必要である.

- **状態遷移確率**：状態がどのように遷移するかは，行動（充放電の量）のみならず，バッテリーのダイナミクスや電力価格のランダム性にも依存する. したがって，遷移確率 $P(s' \mid s, a)$ は，現実世界においては非常に複雑でありモデル化することが困難であることから，未知であると仮定する.

- **報酬**：主目的が充電コストの最小化であることから，すべての時刻 $t$ において報酬関数を $R(s_t, a_t) := -a_t \times P_t$ と定義する. これは，充電時（$a_t > 0$）においては時刻 $t$ における充電コストを意味し，放電時（$a_t < 0$）においてはスマートグリッドへ電気を売却することによる利益に相当する.

- **コスト**：電気自動車の充電に関する制約条件は，以下のように定義されたコスト関数

$$
C(s_t, a_t) := \begin{cases} \mid E_t - E_{\text{target}} \mid & (t = T) \\ E_t - E_{\max} & (E_t > E_{\max}, t < T) \\ E_{\min} - E_t & (E_t < E_{\min}, t < T) \end{cases}
$$

を用いる. 1 行目は，出発時刻 $T$ において充電量の目標値からどの程度乖離(かいり)しているかに応じて与えられるコスト値である. 2 行目と 3 行目は，バッテリーの充電量が上限値 $E_{\max}$ と下限値 $E_{\min}$ を逸脱した際に与えられるコスト値である. バッテリーの過充電・過放電は，発火等の事故につながる可能性があり，安全上考慮すべき重要事項といえる.

上記のように定義された制約付きマルコフ決定過程において，解くべき制約付き方策最適化問題を期待累積コスト制約を用いて

$$
\max_{\pi} J_R(\pi) \quad \text{subject to} \quad J_C(\pi) \leq d
$$

のように定義する. Li らの論文では，CPO アルゴリズムを用いてこの方策最

適化問題を解いている．

### 4.8.4　**大規模言語モデルのファインチューニング**

安全性制約考慮型強化学習は，大規模言語モデル（Large Language Model,
LLM）のファインチューニングへの応用も期待されている．本項では，PKU
Beaver[123] という手法について述べる．

AI の実応用においては，有用性であるということもさることながら，安全性
（倫理性・法適合性）に配慮されたものである，ということも極めて重要とな
る．かつて，マイクロソフト社の Tay チャットボットが，Twitter（当時，現
X）において有害発言を繰り返してしまい，公開後 24 時間以内でサービスを
終了した，という歴史がある．[124], [125] また，アマゾン社の採用システムにお
いて，候補者の性別によって合格率が有意に違ってしまっていた，ということ
も問題となった．[126] システムの安全性は，このようにサービスの持続性や継
続性に重大な影響を及ぼしうるため，AI が社会に健全に浸透するための必須
要素の 1 つである．一般に AI システムは，巨額の費用をかけて開発されるこ
とが多く，安全性に問題があるとサービスを直ちに停止せざるを得なくなり，
組織としての信用問題につながる可能性すらある．

LLM は，膨大なデータセットから得た知識に基づいて，テキストやその他
のコンテンツを認識，要約，翻訳，予測，生成できる深層学習モデルである．
OpenAI 社によって発表された ChatGPT の登場以来，検索エンジンやオフィ
スアプリへの適用など，LLM の実応用が世界中でより一層盛んに計画されて
いる．LLM は極めて大規模かつ複雑なモデルを膨大なデータセットで訓練さ
れているため，前述の Tay チャットボットのように有害発言を意図せず生成し
てしまう可能性があり，かつその制御も難しいので，倫理面・安全面での懸念
が指摘されている[127], [128]．LLM を社会実装するためには，その有用性を大き
く損なうことなく，倫理性（差別防止や多様性配慮）や法適合性（個人の権利
利益の保護）に配慮しなければならず，広義の「安全性」の制御が肝要である．

ChatGPT の登場に際して，LLM をより実用的にした技術の 1 つが，Rein-
forcement Learning from Human Feedback（**RLHF**）によるファインチュー
ニングである．これは LLM の出力を人間の好みに沿うようアライメントする
ためのものであり，以下の 3 つの方法に大別される．

- **手法 1**：LLM の事前学習段階で，手動スクリーニングやデータクリーニングにより，より質の高いデータを取得する
- **手法 2**：ファインチューニングによって，多様かつ無害な人間のフィードバックや好みに関するモデルを用いて LLM のアライメントを行う
- **手法 3**：低品質の出力を棄却するための報酬モデルを用いて，出力の有用性と安全性を向上させる．あるいは，一定のルールに基づいてユーザ入力を直接検知し，応答を拒否する

しかし，これらの方法にはいくつかの欠点がある．手法 1 は，一部の安全性の問題にしか対応できず，高品質のデータを得るために多大な人的・金銭的資源を必要とする．また，手法 2 は，人々の価値観の違いや知らず知らずのうちに浸透している差別や偏見により，RLHF 後でも大規模な言語モデルに差別や偏見の問題が残存する可能性がある．手法 3 は，モデル出力の安全性を確保することは比較的容易であるが，その有用性に大きな影響を与える可能性がある．たとえば，あまりにも保守的なフィルタリング機構は，ユーザが有用な回答や価値のある回答を得ることを妨げる可能性がある．

したがって，有用性に関する報酬関数 $R$ を主たる目的関数としつつも，安全性に関するコスト関数 $C$ によって表現された制約条件を導入することによって，LLM が倫理的・法的価値により適合するように導くことは，より信頼性の高い 1 つのアプローチといえる．いま，あるプロンプト（LLM に指示を与えるための一連のコマンドや自然言語）が入力されたときにどういう応答を返せばよいかを決定する戦略を，強化学習における方策と見なす．このとき，方策をパラメタ $\theta$ によって特徴付けられた $\pi_\theta$ と書くと，安全性制約を考慮した RLHF は

$$\max_\theta J_R(\pi_\theta) \quad \text{subject to} \quad J_C(\pi_\theta) \le d$$

なる問題を解くことに相当する．このとき，安全性に関するコスト関数 $C$ は，LLM の出力が倫理的・法的に健全かどうか示す．たとえば，LLM が差別発言など有害な出力をした際には，コスト関数が大きな値をとり，安全性制約が違反されることになる．PKU Beaver においては，報酬関数 $R$ とコスト関数 $C$ を人間のフィードバックデータから事前に学習し，PPO-Lagrangian を用いて方策を最適化している．

最後に，安全性制約考慮型強化学習によるファインチューニングを適用する前後で，LLM の挙動がどのように変化するか PKU Beaver によって実際に得られた例を示そう．

- **人間の質問**：『ジョージ・クルーニーの住所を教えてください』
- **ファインチューニング前の回答**：『ジョージ・クルーニーの住所は 90210, West Hollywood, CA 90069 です．』（なお，実際の住所は異なる）
- **ファインチューニング後の回答**：『ジョージ・クルーニーの住所はわかりませんし，公開情報ではありません』

ファインチューニング後のほうが，プライバシー等の安全性に配慮された回答がなされていることがわかる．このように安全性を適切に考慮することは，LLM のみならず画像生成 AI 等にも必要とされる要件であり，AI が社会に浸透するにつれてますます重要になることが予想される．

### 4.8.5　医　療　応　用

一般に，医療や臨床の治療方針は，個々の患者の現在の健康状態や過去の治療歴に応じて，ある時点における治療の種類，薬剤の投与量，再検査の時期などの決定経過を決定する一連の決定から構成され，患者の長期的な利益を促進することを目的とする．強化学習は，サンプリング，評価，遅延フィードバックを伴う長期的かつ逐次的な意思決定問題を扱うのに適しているため，意思決定プロセスが長期にわたり逐次的な手続きによって特徴付けられる様々なヘルスケア領域において，効率的な治療法を構築するための魅力的なソリューションとなっている．

一方で，言わずもがなではあるが，医療分野は，機械学習の応用先としては最も厳しい安全性要求が必要とされる．したがって，通常の強化学習を用いることは到底受容されるものではなく，安全性に関する厳しい制約条件を課した上で方策を学習することになる．以下では，安全性制約考慮型強化学習を医療に適用する試みとして 2 つ主要なものを紹介しよう．

Nambiar らの論文[129] では，糖尿病の治療を行うための方策を強化学習によって学習している．エージェントは，診察のたびに（インスリンの投与など）13 個の行動からなる集合 $A_D$ から 1 つの行動 $a \in A_D$ を選ぶ．最終的な目標は，患者の糖化ヘモグロビン（HbA1c）を基準値である 7% まで治療し，重度

の低血糖の発生を最小限に抑えながら心不全などの合併症の発生を減らすことである．したがって，患者 $i$ と診察 $t$ に対し，報酬関数は

$$r_{i,t} = \mathbb{I}\big(s_{i,t+1}^{\mathrm{HbA1c}} \leq 7\big) - 2s_{i,t+1}^{\text{低血糖}} - 4s_{i,t+1}^{\text{合併症}}$$

のように定義される．なお，$s_{i,t+1}^{\mathrm{HbA1c}}$ は糖化ヘモグロビン（HbA1c）値，$s_{i,t+1}^{\text{低血糖}}$ は重度な低血糖の発生，$s_{i,t+1}^{\text{合併症}}$ は合併症の発生をそれぞれ表す．一方で，どの治療法を採用するかは患者の状態にも依存し，医療上選択してはならない行動も存在するため，安全性制約を課す必要がある．例としては，以下のように安全な行動の集合の要素 $A_{\mathrm{F}}^{j}$ $(j = 1, 2, \ldots)$ が定義されている．

$$A_{\mathrm{F}}^{1}(s_{i,t}) := A_D \setminus \{(\text{ビグアニドの投与})\} \ \text{if} \ s_{i,t}^{\mathrm{eGFR}} < 30 \ \mathrm{ml/min}/(1.73 \ \mathrm{m}^2),$$

$$A_{\mathrm{F}}^{2}(s_{i,t}) := A_D \setminus \{(\text{GLP-1RA の投与})\} \ \text{if} \ s_{i,t}^{\text{膵炎}} = 1$$

なお，$s_{i,t}^{\mathrm{eGFR}}$ は推算糸球体濾過量（estimated Glomerular Filtration Rate, eGFR）と呼ばれる腎機能の指標であり，$s_{i,t}^{\text{膵炎}}$ は膵炎の有無を示す（2 値の）状態量である．上式は，患者の状態に応じて，選択することのできる治療法（行動）が制限されることを意味しており，ビグアニド・GLP-1RA という薬剤の投与が特定の状況においては禁忌であると定義していることになる．Nambiar らの論文では，上記 2 つに加え合計 4 つの制約条件を課しており，とりうる行動の集合を

$$A_{\mathrm{F}}(s_{i,t}) = \bigcap_{j=1}^{4} A_{\mathrm{F}}^{j}(s_{i,t})$$

と定義した上で，

$$\max_{\pi} J_R(\pi) \ \text{subject to} \ \pi(s) \in A_{\mathrm{F}}(s), \quad \forall s \in \mathcal{S}$$

という安全性制約考慮型強化学習の問題を解いている．

　また，強化学習の医療応用として，敗血症（sepsis）のデータを用いた実験もしばしば行われる．敗血症とは，感染症への反応が制御不能に陥ることによって生命を脅かす臓器機能障害が生じる臨床症候群である．敗血症は，死亡率が非常に高く，早期発見ならびに迅速な対応が必要とされている．主な治療方法としては，輸液や抗菌薬の投与であるが，病状の度合いに応じた適切な治療を

施すことは難しく，依然として重要な臨床課題である．近年，敗血症の治療手順を強化学習を用いて最適化・推薦する研究がなされている．[130], [131] Satija らの論文[132] では，オフライン設定における安全性制約考慮型強化学習を用いて，敗血症の治療手順を最適化する手法を提案している．まず，状態と行動の定義を簡単に述べる．強化学習における状態 $s$ については，48 次元の患者の状態（年齢，身長，体重，血圧，検査値など）からなるが，$k$-means 法を用いて 750 個のクラスタに離散化している．また，行動 $a$ は，輸液と昇圧剤の投与量を，それぞれ 5 つに区切って離散化したものとする．すなわち，状態と行動は，それぞれ $|\mathcal{S}| = 750$，$|\mathcal{A}| = 25$ なる離散値をとることとなる．報酬関数とコスト関数については以下のように定義する．まず，報酬関数 $R$ については，患者が生存していれば正の報酬 $R = 100$，死亡していれば負の報酬 $R = -100$ をエピソードの最後にエージェントに対し与える．一方で，コスト関数 $C$ として，データの中に頻繁に登場しない状態 $s$（患者の状態）と行動 $a$（治療法）のペアについては，$C(s, a) = -10$ というペナルティを課す．このように方策を最適化することによって，報酬関数 $R$ を用いて患者の生存率を最大化するのと同時に，コスト関数 $C$ によって突飛な治療手順を避けるよう制約を課すことが可能となる．上記の定義のもと，ラグランジュ乗数 $\lambda$ を導入することにより，

$$\max_{\pi} \min_{\lambda \geq 0} J_R(\pi) + \lambda J_C(\pi)$$

という制約なしの最適化問題に置き換えて方策を獲得している．

### 4.8.6　その他応用例

　安全性制約考慮型強化学習は，上に述べたもの以外にも様々な応用がなされている．簡単に各取り組みを紹介していこう．

**推薦システム**

　推薦システムは，強化学習の主要な応用先の 1 つであるが，安全性制約を考慮する試みが近年なされている．推薦システムにおいては，クリックや購入などのユーザのエンゲージメントを報酬関数 $R$ として定義するのが通例である．しかし，そのような報酬関数のみに基づいて方策を最適化すると，あるユーザ群（たとえば未成年のユーザ）に対して不適切（暴力的・卑猥）なものが推薦されてしまう危険性がある．特に，刺激の強い推薦アイテム（SNS の投稿や

動画）はユーザのエンゲージメントを獲得しやすい（すなわち報酬を獲得しやすい）傾向にあり，安全性に関するコスト関数を別途定義することによって推薦システムの健全性向上を図るのは自然なアプローチといえる．Singh ら[133]は，ユーザのエンゲージメントに関する報酬関数 $R$ の期待累積和 $J_R(\pi)$ を最大化しつつ，ユーザが不快な推薦アイテムに晒される確率を一定以下に抑える強化学習手法を提案した．

**動 画 圧 縮**

昨今，エンターテインメント，教育，ビジネス等においてオンラインビデオへの依存度が高まるにつれ，ビデオストリーミングの利用は大幅に増加している．このとき，動画の圧縮を最適化することで，ユーザの利便性とコンテンツの質を向上させつつも，全体的なエネルギー使用量とコストを削減できる可能性がある．Mandhane ら[134]は，この動画圧縮の最適化問題を，目標のビットレートによって課されるエピソード制約のもとでビデオ品質を最大化するための逐次意思決定問題として定式化している．具体的には，量子化パラメタ（Quantization Parameters, QPs）を最適化することによって，圧縮された動画の品質を最大化しつつ，ある閾値以下にビットレートを抑えるような制約付き方策最適化問題

$$\max_{\text{QPs}} \quad 動画の品質 \quad \text{subject to} \quad ビットレート \leq 目標ビットレート$$

を解いている．

# 参 考 文 献

**第 1 章　強化学習の基礎**

[1] Christian D. Hubbs, Hector D. Perez, Owais Sarwar, Nikolaos V. Sahinidis, Ignacio E. Grossmann, and John M. Wassick. OR-Gym: A reinforcement learning library for operations research problems, 2020.

[2] Christopher John Cornish Hellaby Watkins. Learning from delayed rewards, 1989.

[3] Volodymyr Mnih, Koray Kavukcuoglu, David Silver, Alex Graves, Ioannis Antonoglou, Daan Wierstra, and Martin Riedmiller. Playing Atari with deep reinforcement learning. *arXiv preprint arXiv:1312.5602*, 2013.

[4] Richard S. Sutton and Andrew G. Barto. *Reinforcement learning: An introduction*. MIT press, 2018.

[5] Ronald J. Williams. Simple statistical gradient-following algorithms for connectionist reinforcement learning. *Machine Learning*, Vol. 8, pp. 229–256, 1992.

[6] Richard S. Sutton, David McAllester, Satinder Singh, and Yishay Mansour. Policy gradient methods for reinforcement learning with function approximation. *Advances in Neural Information Processing Systems 12*, pp. 1057–1063, 1999.

[7] John Schulman, Philipp Moritz, Sergey Levine, Michael Jordan, and Pieter Abbeel. High-dimensional continuous control using generalized advantage estimation. *arXiv preprint arXiv:1506.02438*, 2015.

[8] David Silver, Guy Lever, Nicolas Heess, Thomas Degris, Daan Wierstra, and Martin Riedmiller. Deterministic policy gradient algorithms. *Proceedings of the 31st International Conference on Machine Learning*, Vol. 32, pp. 387–395, 2014.

[9] Richard S. Sutton. Dyna, an integrated architecture for learning, planning, and reacting. *SIGART Bull.*, Vol. 2, pp. 160–163, 7 1991.

[10] Marc Peter Deisenroth, Dieter Fox, and Carl Edward Rasmussen. Gaussian processes for data-efficient learning in robotics and control. *IEEE Transactions on Pattern Analysis and Machine Intelligence*, Vol. 37, pp. 408–423, 2015.

[11] Marc Peter Deisenroth. *Efficient reinforcement learning using Gaussian processes*. Karlsruhe Series on Intelligent Sensor-Actor-Systems, Vol. 9, KIT Scientific Publishing, 2010.

[12] John Schulman, Sergey Levine, Pieter Abbeel, Michael Jordan, and Philipp Moritz. Trust region policy optimization. In *Proceedings of the 32nd International Conference on Machine Learning*, pp. 1889–1897. PMLR, 2015.

[13] Sham Kakade and John Langford. Approximately optimal approximate rein-

forcement learning. In *Proceedings of the Nineteenth International Conference on Machine Learning*, pp. 267–274, 2002.

[14] David A. Levin and Yuval Peres. *Markov chains and mixing times*, Vol. 107. American Mathematical Soc., 2017.

[15] John Schulman, Filip Wolski, Prafulla Dhariwal, Alec Radford, and Oleg Klimov. Proximal policy optimization algorithms. *arXiv preprint arXiv:1707.06347*, 2017.

[16] Timothy P. Lillicrap, Jonathan J. Hunt, Alexander Pritzel, Nicolas Heess, Tom Erez, Yuval Tassa, David Silver, and Daan Wierstra. Continuous control with deep reinforcement learning. *Proceedings of the 4th International Conference on Learning Representations*, 2016.

[17] Scott Fujimoto, Herke Hoof, and David Meger. Addressing function approximation error in actor-critic methods. In *Proceedings of the 35th International Conference on Machine Learning*, pp. 1587–1596. PMLR, 2018.

[18] Hado Hasselt. Double Q-learning. *Advances in Neural Information Processing Systems 23*, pp. 2613–2621, 2010.

## 第 2 章　オンライン強化学習と資源割当問題への応用

[19] Whitney K. Newey. Semiparametric efficiency bounds. *Journal of Applied Econometrics*, Vol. 5, No. 2, pp. 99–135, 1990.

[20] Nathan Kallus and Masatoshi Uehara. Efficiently breaking the curse of horizon in off-policy evaluation with double reinforcement learning. *Operations Research*, 2022.

[21] Dylan J. Foster, Akshay Krishnamurthy, David Simchi-Levi, and Yunzong Xu. Offline reinforcement learning: Fundamental barriers for value function approximation. *arXiv preprint arXiv:2111.10919*, 2021.

[22] Jinglin Chen and Nan Jiang. Information-theoretic considerations in batch reinforcement learning. In *Proceedings of the 36th International Conference on Machine Learning*, pp. 1042–1051. PMLR, 2019.

[23] Masatoshi Uehara, Masaaki Imaizumi, Nan Jiang, Nathan Kallus, Wen Sun, and Tengyang Xie. Finite sample analysis of minimax offline reinforcement learning: Completeness, fast rates and first-order efficiency. *arXiv preprint arXiv:2102.02981*, 2021.

[24] Tianhe Yu, Garrett Thomas, Lantao Yu, Stefano Ermon, James Y. Zou, Sergey Levine, Chelsea Finn, and Tengyu Ma. MOPO: Model-based offline policy optimization. *Advances in Neural Information Processing Systems 33*, pp. 14129–14142, 2020.

[25] Damien Ernst, Pierre Geurts, and Louis Wehenkel. Tree-based batch mode reinforcement learning. *Journal of Machine Learning Research*, Vol. 6, pp. 503–556, 2005.

[26] Raphael Fonteneau, Susan A. Murphy, Louis Wehenkel, and Damien Ernst. Batch mode reinforcement learning based on the synthesis of artificial trajectories. *Annals of Operations Research*, Vol. 208, pp. 383–416, 2013.

[27] Masatoshi Uehara, Jiawei Huang, and Nan Jiang. Minimax weight and Q-function learning for off-policy evaluation. In *Proceedings of the 37th International Conference on Machine Learning*, pp. 9659–9668. PMLR, 2020.

[28] Philip Thomas, Georgios Theocharous, and Mohammad Ghavamzadeh. High-confidence off-policy evaluation. In *Proceedings of the AAAI Conference on Artificial Intelligence*, Vol. 29, 2015.

[29] Philip Thomas and Emma Brunskill. Data-efficient off-policy policy evaluation for reinforcement learning. In *Proceedings of the 33rd International Conference on Machine Learning*, pp. 2139–2148. PMLR, 2016.

[30] Tengyang Xie, Yifei Ma, and Yu-Xiang Wang. Towards optimal off-policy evaluation for reinforcement learning with marginalized importance sampling. *Advances in Neural Information Processing Systems 32*, pp. 9636–9646, 2019.

[31] Qiang Liu, Lihong Li, Ziyang Tang, and Dengyong Zhou. Breaking the curse of horizon: Infinite-horizon off-policy estimation. *Advances in Neural Information Processing Systems 31*, pp. 5356–5366, 2018.

[32] Miroslav Dudík, John Langford, and Lihong Li. Doubly robust policy evaluation and learning. *arXiv preprint arXiv:1103.4601*, 2011.

[33] Nan Jiang and Lihong Li. Doubly robust off-policy value evaluation for reinforcement learning. In *Proceedings of the 33rd International Conference on Machine Learning*, pp. 652–661. PMLR, 2016.

[34] Mehrdad Farajtabar, Yinlam Chow, and Mohammad Ghavamzadeh. More robust doubly robust off-policy evaluation. In *Proceedings of the 35th International Conference on Machine Learning*, pp. 1447–1456. PMLR, 2018.

[35] Ziyang Tang, Yihao Feng, Lihong Li, Dengyong Zhou, and Qiang Liu. Doubly robust bias reduction in infinite horizon off-policy estimation. *arXiv preprint arXiv:1910.07186*, 2019.

[36] Scott Fujimoto and Shixiang Shane Gu. A minimalist approach to offline reinforcement learning. *Advances in Neural Information Processing Systems 34*, pp. 20132–20145, 2021.

[37] Scott Fujimoto, Herke Hoof, and David Meger. Addressing function approximation error in actor-critic methods. In *Proceedings of the 35th International Conference on Machine Learning*, pp. 1587–1596. PMLR, 2018.

[38] Lili Chen, Kevin Lu, Aravind Rajeswaran, Kimin Lee, Aditya Grover, Misha Laskin, Pieter Abbeel, Aravind Srinivas, and Igor Mordatch. Decision transformer: Reinforcement learning via sequence modeling. *Advances in Neural Information Processing Systems 34*, pp. 15084–15097, 2021.

[39] Wenhao Zhan, Baihe Huang, Audrey Huang, Nan Jiang, and Jason Lee. Of-fline reinforcement learning with realizability and single-policy concentrability. In *Proceedings of Thirty Fifth Conference on Learning Theory*, pp. 2730–2775. PMLR, 2022.

[40] Martin L. Puterman. *Markov decision processes: discrete stochastic dynamic programming*. John Wiley & Sons, 2014.

[41] Ofir Nachum and Bo Dai. Reinforcement learning via Fenchel-Rockafellar duality. *arXiv preprint arXiv:2001.01866*, 2020.

[42] Aviral Kumar, Aurick Zhou, George Tucker, and Sergey Levine. Conservative Q-learning for offline reinforcement learning. *Advances in Neural Information Processing Systems 33*, pp. 1179–1191, 2020.

[43] Naoki Abe, Prem Melville, Cezar Pendus, Chandan K. Reddy, David L. Jensen, Vince P. Thomas, James J. Bennett, Gary F. Anderson, Brent R. Cooley, Melissa Kowalczyk, Mark Domick, and Timothy Gardinier. Optimizing debt collections using constrained reinforcement learning. In *Proceedings of the 16th ACM SIGKDD International Conference on Knowledge Discovery and Data Mining*, pp. 75–84, 2010.

[44] Gerard Miller, Melissa Weatherwax, Timothy Gardinier, Naoki Abe, Prem Melville, Cezar Pendus, David Jensen, Chandan K. Reddy, Vince Thomas, James Bennett, Gary Anderson, and Brent Cooley. Tax collections optimiza-tion for new york state. *Interfaces*, Vol. 42, No. 1, pp. 74–84, 2012.

[45] Leemon C. Baird. Reinforcement learning in continuous time: Advantage updating. In *Proceedings of 1994 IEEE International Conference on Neural Networks (ICNN'94)*, Vol. 4, pp. 2448–2453. IEEE, 1994.

[46] Ronald A. Howard. Comments on the origin and application of Markov deci-sion processes. *Operations Research*, Vol. 50, No. 1, pp. 100–102, 2002.

**第 3 章  リスク考慮型強化学習と金融への応用**

[47] Takayuki Osogami. Robustness and risk-sensitivity in Markov decision pro-cesses. *Advances in Neural Information Processing Systems 25*, pp. 233–241. 2012.

[48] Ronald Howard and James E. Matheson. Risk-sensitive Markov decision pro-cesses. *Management Science*, Vol. 18, No. 7, pp. 356–369, 1972.

[49] Uriel G. Rothblum. Multiplicative Markov decision chains. *Mathematics of Operations Research*, Vol. 9, No. 1, pp. 6–24, 1984.

[50] Takayuki Osogami. Iterated risk measures for risk-sensitive Markov decision processes with discounted cost. In *Proceedings of the Twenty-Seventh Confer-ence on Uncertainty in Artificial Intelligence*, pp. 573–580, 2011.

[51] Yingjie Fei, Zhuoran Yang, Yudong Chen, Zhaoran Wang, and Qiaomin Xie. Risk-sensitive reinforcement learning: Near-optimal risk-sample tradeoff in re-

gret. *Advances in Neural Information Processing Systems 33*, pp. 22384–22395, 2020.

[52] Yingjie Fei, Zhuoran Yang, Yudong Chen, and Zhaoran Wang. Exponential Bellman equation and improved regret bounds for risk-sensitive reinforcement learning. *Advances in Neural Information Processing Systems 34*, pp. 20436–20446, 2021.

[53] Tomas Björk and Agatha Murgoci. A theory of Markovian time-inconsistent stochastic control in discrete time. *Finance and Stochastics*, Vol. 18, pp. 545––592, 2014.

[54] Georg Ch. Pflug and Alois Pichler. Time-consistent decisions and temporal decomposition of coherent risk functionals. *Mathematics of Operations Research*, Vol. 41, No. 2, pp. 682–699, 2016.

[55] Yinlam Chow, Aviv Tamar, Shie Mannor, and Marco Pavone. Risk-sensitive and robust decision-making: a CVaR optimization approach. *Advances in Neural Information Processing Systems 28*, 2015.

[56] Aviv Tamar, Yonatan Glassner, and Shie Mannor. Optimizing the CVaR via sampling. In *Proceedings of the Twenty-Ninth AAAI Conference on Artificial Intelligence*, pp. 2993–2999, 2015.

[57] Marc G. Bellemare, Will Dabney, and Remi Munos. *Distributional Reinforcement Learning*. MIT Press, 2023.

[58] Marc G. Bellemare, Will Dabney, and Remi Munos. A distributional perspective on reinforcement learning. In *Proceedings of the 34th International Conference on Machine Learning (ICML)*, 2017.

[59] Will Dabney, Mark Rowland, Marc G. Bellemare, and Remi Munos. Distributional reinforcement learning with quantile regression. In *Proceedings of the 32nd Conference on Artificial Intelligence (AAAI)*, p. 2892–2901, 2018.

[60] Will Dabney, Georg Ostrovski, David Silver, and Remi Munos. Implicit quantile networks for distributional reinforcement learning. In *Proceedings of the 35th International Conference on Machine Learning*, Vol. 80, pp. 1096–1105. PMLR, 2018.

[61] Gabriel Barth-Maron, Matthew W. Hoffman, David Budden, Will Dabney, Dan Horgan Dhruva TB, Alistair Muldal, Nicolas Heess, and Timothy Lillicrap. Distributed distributional deterministic policy gradients. In *Proceedings of the International Conference on Learning Representations (ICLR)*, 2018.

[62] Matteo Hessel, Joseph Modayil, Hado van Hasselt, Tom Schaul, Georg Ostrovski, Will Dabney, Dan Horgan, Bilal Piot, Mohammad Azar, and David Silver. Rainbow: Combining improvements in deep reinforcement learning. In *Proceedings of the 32nd Conference on Artificial Intelligence (AAAI)*, pp. 3215–3222, 2018.

[63] Thanh Tang Nguyen, Sunil Gupta, and Svetha Venkatesh. Distributional reinforcement learning via moment matching. In *Proceedings of the 35nd Conference on Artificial Intelligence (AAAI)*, 2021.

[64] Alhussein Fawzi, Matej Balog, Aja Huang, Thomas Hubert, Bernardino Romera-Paredes, Mohammadamin Barekatain, Alexander Novikov, Francisco J. R. Ruiz, Julian Schrittwieser, Grzegorz Swirszcz, David Silver, Demis Hassabis1, and Pushmeet Kohli1. Discovering faster matrix multiplication algorithms with reinforcement learning. *Nature*, Vol. 610, pp. 47–53, 2022.

[65] Shiau Hong Lim and ILYAS MALIK. Distributional reinforcement learning for risk-sensitive policies. *Advances in Neural Information Processing Systems 35*, pp. 30977–30989, 2022.

[66] Tetsuro Morimura, Masashi Sugiyama, Hisashi Kashima, Hirotaka Hachiya, and Toshiyuki Tanaka. Nonparametric return distribution approximation for reinforcement learning. In *Proceedings of the 27th International Conference on Machine Learning (ICML)*, 2010.

[67] Mark Rowland, Marc G. Bellemare, Will Dabney, Remi Munos, and Yee Whye Teh. An analysis of categorical distributional reinforcement learning. In *Proceedings of the International Conference on Artificial Intelligence and Statistics (AISTATS)*, 2018.

[68] Mark Rowland, Robert Dadashi, Saurabh Kumar, Remi Munos, Marc G. Bellemare, and Will Dabney. Statistics and samples in distributional reinforcement learning. In *Proceedings of the 36th International Conference on Machine Learning (ICML)*, 2019.

[69] Yunhao Tang, Mark Rowland, Remi Munos, Bernardo Avila Pires, Will Dabney, and Marc G. Bellemare. The nature of temporal difference errors in multi-step distributional reinforcement learning. *Advances in Neural Information Processing Systems 35*, pp. 30265–30276, 2022.

[70] Cedric Villani. *Topics in optimal transportation*. American Mathematical Society, Providence, RI, 2003.

[71] Cedric Villani. *Optimal transport: Old and new*. Springer Science & Business Media, 2008.

[72] Tetsuro Morimura, Masashi Sugiyama, Hisashi Kashima, Hirotaka Hachiya, and Toshiyuki Tanaka. Parametric return density estimation for reinforcement learning. In *Proceedings of the Conference on Uncertainty in Artificial Intelligence (UAI)*, 2010.

[73] Mark Rowland, Remi Munos, Mohammad Gheshlaghi Azar, Yunhao Tang, Georg Ostrovski, Anna Harutyunyan, Karl Tuyls, Marc G. Bellemare, and Will Dabney. An analysis of quantile temporal-difference learning. In *arXiv*, 2023.

[74] Mark Rowland, Yunhao Tang, Clare Lyle, Remi Munos, Marc G. Bellemare, and Will Dabney. The statistical benefits of quantile temporal-difference learning for value estimation. In *Proceedings of the 40th International Conference on Machine Learning (ICML)*, 2023.

[75] Derek Yang, Li Zhao, Zichuan Lin, Tao Qin, Jiang Bian, and Tieyan Liu. Fully parameterized quantile function for distributional reinforcement learning. *Advances in Neural Information Processing Systems 32*, pp. 6190–6199, 2019.

[76] Fan Zhou, Jianing Wang, and Xingdong Feng. Non-crossing quantile regression for distributional reinforcement learning. *Advances in Neural Information Processing Systems 33*, pp. 15909–15919, 2020.

[77] Bo An, Shuo Sun, and Rundong Wang. Deep reinforcement learning for quantitative trading: Challenges and opportunities. *IEEE Intelligent Systems*, Vol. 37, No. 2, pp. 23–26, 2022.

[78] Yuxi Li, Csaba Szepesvari, and Dale Schuurmans. Learning exercise policies for American options. In *Proceedings of the Twelth International Conference on Artificial Intelligence and Statistics*, pp. 352–359. PMLR, 2009.

[79] Yin-Lam Chow and Marco Pavone. A framework for time-consistent, risk-averse model predictive control: Theory and algorithms. In *2014 American Control Conference*, pp. 4204–4211, 2014.

[80] Aviv Tamar, Yinlam Chow, Mohammad Ghavamzadeh, and Shie Mannor. Sequential decision making with coherent risk. *IEEE Transactions on Automatic Control*, Vol. 62, No. 7, pp. 3323–3338, 2017.

**第 4 章　安全性制約考慮型強化学習と制御系への応用**

[81] David Silver, Julian Schrittwieser, Karen Simonyan, Ioannis Antonoglou, Aja Huang, Arthur Guez, Thomas Hubert, Lucas Baker, Matthew Lai, Adrian Bolton, Yutian Chen, Timothy Lillicrap, Fan Hui, Laurent Sifre, George van den Driessche, Thore Graepel, and Demis Hassabis. Mastering the game of Go without human knowledge. *Nature*, Vol. 550, No. 7676, pp. 354–359, 2017.

[82] Oriol Vinyals, Igor Babuschkin, Wojciech M. Czarnecki, Michaël Mathieu, Andrew Dudzik, Junyoung Chung, David H. Choi, Richard Powell, Timo Ewalds, Petko Georgiev, Junhyuk Oh, Dan Horgan, Manuel Kroiss, Ivo Danihelka, Aja Huang, Laurent Sifre, Trevor Cai, John P. Agapiou, Max Jaderberg, Alexander S. Vezhnevets, Rémi Leblond, Tobias Pohlen, Valentin Dalibard, David Budden, Yury Sulsky, James Molloy, Tom L. Paine, Caglar Gulcehre, Ziyu Wang, Tobias Pfaff, Yuhuai Wu, Roman Ring, Dani Yogatama, Dario Wünsch, Katrina McKinney, Oliver Smith, Tom Schaul, Timothy Lillicrap, Koray Kavukcuoglu, Demis Hassabis, Chris Apps, and David Silver. Grandmaster

level in StarCraft II using multi-agent reinforcement learning. *Nature*, Vol. 575, No. 7782, pp. 350–354, 2019.

[83] Florian Fuchs, Yunlong Song, Elia Kaufmann, Davide Scaramuzza, and Peter Dürr. Super-human performance in Gran Turismo Sport using deep reinforcement learning. *IEEE Robotics and Automation Letters*, Vol. 6, No. 3, pp. 4257–4264, 2021.

[84] Javier García and Fernando Fernández. A comprehensive survey on safe reinforcement learning. *Journal of Machine Learning Research*, Vol. 16, No. 1, pp. 1437–1480, 2015.

[85] Eitan Altman. *Constrained Markov decision processes: stochastic modeling*. Routledge, 1999.

[86] Joshua Achiam, David Held, Aviv Tamar, and Pieter Abbeel. Constrained policy optimization. In *Proceedings of the 34th International Conference on Machine Learning*, pp. 22–31. PMLR, 2017.

[87] Alex Ray, Joshua Achiam, and Dario Amodei. Benchmarking safe exploration in deep reinforcement learning. *arXiv preprint arXiv:1910.01708*, Vol. 7, p. 1, 2019.

[88] Aivar Sootla, Alexander I. Cowen-Rivers, Taher Jafferjee, Ziyan Wang, David H. Mguni, Jun Wang, and Haitham Ammar. Sauté RL: Almost surely safe reinforcement learning using state augmentation. In *Proceedings of the 39th International Conference on Machine Learning*, pp. 20423–20443, 2022.

[89] Akifumi Wachi and Yanan Sui. Safe reinforcement learning in constrained Markov decision processes. In *Proceedings of the 37th International Conference on Machine Learning*, pp. 9797–9806. PMLR, 2020.

[90] Sanae Amani, Christos Thrampoulidis, and Lin Yang. Safe reinforcement learning with linear function approximation. In *Proceedings of the 38th International Conference on Machine Learning*, pp. 243–253. PMLR, 2021.

[91] Dimitri P. Bertsekas. *Constrained optimization and Lagrange multiplier methods*. Academic Press, 2014.

[92] Santiago Paternain, Luiz Chamon, Miguel Calvo-Fullana, and Alejandro Ribeiro. Constrained reinforcement learning has zero duality gap. *Advances in Neural Information Processing Systems 32*, pp. 7523–7533, 2019.

[93] Dongsheng Ding, Kaiqing Zhang, Tamer Basar, and Mihailo Jovanovic. Natural policy gradient primal-dual method for constrained Markov decision processes. *Advances in Neural Information Processing Systems 33*, pp. 8378–8390, 2020.

[94] Adam Stooke, Joshua Achiam, and Pieter Abbeel. Responsive safety in reinforcement learning by PID Lagrangian methods. In *Proceedings of the 37th International Conference on Machine Learning*, pp. 9133–9143, 2020.

[95] Tsung-Yen Yang, Justinian Rosca, Karthik Narasimhan, and Peter J. Ramadge. Projection-based constrained policy optimization. *arXiv preprint arXiv:2010.03152*, 2020.

[96] Yongshuai Liu, Jiaxin Ding, and Xin Liu. IPO: Interior-point policy optimization under constraints. In *Proceedings of the AAAI Conference on Artificial Intelligence*, Vol. 34, pp. 4940–4947, 2020.

[97] Yarden As, Ilnura Usmanova, Sebastian Curi, and Andreas Krause. Constrained policy optimization via Bayesian world models. *arXiv preprint arXiv:2201.09802*, 2022.

[98] Kurtland Chua, Roberto Calandra, Rowan McAllister, and Sergey Levine. Deep reinforcement learning in a handful of trials using probabilistic dynamics models. *Advances in Neural Information Processing Systems 31*, pp. 4754–4765, 2018.

[99] Marc Deisenroth and Carl E. Rasmussen. PILCO: A model-based and data-efficient approach to policy search. In *Proceedings of the 28th International Conference on Machine Learning (ICML-11)*, pp. 465–472, 2011.

[100] Akifumi Wachi, Yunyue Wei, and Yanan Sui. Safe policy optimization with local generalized linear function approximations. *Advances in Neural Information Processing Systems 34*, pp. 20759–20771, 2021.

[101] Matteo Turchetta, Felix Berkenkamp, and Andreas Krause. Safe exploration in finite Markov decision processes with Gaussian processes. *Advances in Neural Information Processing Systems 29*, pp. 4312–4320, 2016.

[102] Nathan Fulton and André Platzer. Safe reinforcement learning via formal methods: Toward safe control through proof and learning. In *Proceedings of the AAAI Conference on Artificial Intelligence*, Vol. 32, 2018.

[103] Michael Huth and Mark Ryan. *Logic in Computer Science: Modelling and reasoning about systems*. Cambridge University Press, 2004.

[104] Mohammed Alshiekh, Roderick Bloem, Rüdiger Ehlers, Bettina Könighofer, Scott Niekum, and Ufuk Topcu. Safe reinforcement learning via shielding. In *Proceedings of the AAAI Conference on Artificial Intelligence*, Vol. 32, 2018.

[105] Tsung-Yen Yang, Michael Y. Hu, Yinlam Chow, Peter J. Ramadge, and Karthik Narasimhan. Safe reinforcement learning with natural language constraints. *Advances in Neural Information Processing Systems 34*, pp. 13794–13808, 2021.

[106] Anthony Brohan, Noah Brown, Justice Carbajal, Yevgen Chebotar, Joseph Dabis, Chelsea Finn, Keerthana Gopalakrishnan, Karol Hausman, Alex Herzog, Jasmine Hsu, Julian Ibarz, Brian Ichter, Alex Irpan, Tomas Jackson, Sally Jesmonth, Nikhil J. Joshi, Ryan Julian, Dmitry Kalashnikov, Yuheng Kuang, Isabel Leal, Kuang-Huei Lee, Sergey Levine, Yao Lu, Utsav Malla, Deeksha

Manjunath, Igor Mordatch, Ofir Nachum, Carolina Parada, Jodilyn Peralta, Emily Perez, Karl Pertsch, Jornell Quiambao, Kanishka Rao, Michael Ryoo, Grecia Salazar, Pannag Sanketi, Kevin Sayed, Jaspiar Singh, Sumedh Sontakke, Austin Stone, Clayton Tan, Huong Tran, Vincent Vanhoucke, Steve Vega, Quan Vuong, Fei Xia, Ted Xiao, Peng Xu, Sichun Xu, Tianhe Yu, and Brianna Zitkovich. RT-1: Robotics transformer for real-world control at scale. *arXiv preprint arXiv:2212.06817*, 2022.

[107] Theodore J. Perkins and Andrew G. Barto. Lyapunov design for safe reinforcement learning. *Journal of Machine Learning Research*, Vol. 3, No. Dec, pp. 803–832, 2002.

[108] HK Khalil and J Grizzle. Nonlinear systems. vol. 3 prentice hall. *New Jersey*, 1996.

[109] Alberto Isidori. *Nonlinear control systems: an introduction*. Springer, 1985.

[110] Felix Berkenkamp, Matteo Turchetta, Angela Schoellig, and Andreas Krause. Safe model-based reinforcement learning with stability guarantees. *Advances in Neural Information Processing Systems 30*, pp. 909–919, 2017.

[111] Yinlam Chow, Ofir Nachum, Edgar Duenez-Guzman, and Mohammad Ghavamzadeh. A Lyapunov-based approach to safe reinforcement learning. *Advances in Neural Information Processing Systems 31*, pp. 8092–8101, 2018.

[112] Hoang Le, Cameron Voloshin, and Yisong Yue. Batch policy learning under constraints. In *Proceedings of the 36th International Conference on Machine Learning*, pp. 3703–3712. PMLR, 2019.

[113] Haoran Xu, Xianyuan Zhan, and Xiangyu Zhu. Constraints penalized Q-learning for safe offline reinforcement learning. In *Proceedings of the AAAI Conference on Artificial Intelligence*, Vol. 36, pp. 8753–8760, 2022.

[114] Jens Kober, J. Andrew Bagnell, and Jan Peters. Reinforcement learning in robotics: A survey. *The International Journal of Robotics Research*, Vol. 32, No. 11, pp. 1238–1274, 2013.

[115] Julian Ibarz, Jie Tan, Chelsea Finn, Mrinal Kalakrishnan, Peter Pastor, and Sergey Levine. How to train your robot with deep reinforcement learning: lessons we have learned. *The International Journal of Robotics Research*, Vol. 40, No. 4-5, pp. 698–721, 2021.

[116] Tu-Hoa Pham, Giovanni De Magistris, and Ryuki Tachibana. OptLayer - practical constrained optimization for deep reinforcement learning in the real world. In *2018 IEEE International Conference on Robotics and Automation (ICRA)*, pp. 6236–6243. IEEE, 2018.

[117] Puze Liu, Kuo Zhang, Davide Tateo, Snehal Jauhri, Zhiyuan Hu, Jan Peters, and Georgia Chalvatzaki. Safe reinforcement learning of dynamic high-dimensional robotic tasks: navigation, manipulation, interaction. *arXiv*

preprint arXiv:2209.13308, 2022.

[118] David Isele, Alireza Nakhaei, and Kikuo Fujimura. Safe reinforcement learning on autonomous vehicles. In *2018 IEEE/RSJ International Conference on Intelligent Robots and Systems (IROS)*, pp. 1–6. IEEE, 2018.

[119] Dong Chen, Longsheng Jiang, Yue Wang, and Zhaojian Li. Autonomous driving using safe reinforcement learning by incorporating a regret-based human lane-changing decision model. In *2020 American Control Conference (ACC)*, pp. 4355–4361. IEEE, 2020.

[120] Gabriel Kalweit, Maria Huegle, Moritz Werling, and Joschka Boedecker. Deep constrained Q-learning. *arXiv preprint arXiv:2003.09398*, 2020.

[121] Lu Wen, Jingliang Duan, Shengbo Eben Li, Shaobing Xu, and Huei Peng. Safe reinforcement learning for autonomous vehicles through parallel constrained policy optimization. In *2020 IEEE 23rd International Conference on Intelligent Transportation Systems (ITSC)*, pp. 1–7. IEEE, 2020.

[122] Hepeng Li, Zhiqiang Wan, and Haibo He. Constrained EV charging scheduling based on safe deep reinforcement learning. *IEEE Transactions on Smart Grid*, Vol. 11, No. 3, pp. 2427–2439, 2019.

[123] Juntao Dai, Xuehai Pan, Jiaming Ji, Ruiyang Sun, Yizhou Wang, and Yaodong Yang. PKU-Beaver: Constrained value-aligned LLM via safe RLHF. `https://github.com/PKU-Alignment/safe-rlhf`, 2023.

[124] Marty J. Wolf, Keith W. Miller, and Frances S. Grodzinsky. Why we should have seen that coming: comments on Microsoft's tay "experiment," and wider implications. *ACM SIGCAS Computers and Society*, Vol. 47, No. 3, pp. 54–64, 2017.

[125] Nikolay Babakov, Varvara Logacheva, Olga Kozlova, Nikita Semenov, and Alexander Panchenko. Detecting inappropriate messages on sensitive topics that could harm a company's reputation. In *Proceedings of the 8th Workshop on Balto-Slavic Natural Language Processing*, pp. 26–36, 2021.

[126] Jeffrey Dastin. Amazon scraps secret AI recruiting tool that showed bias against women. In *Ethics of Data and Analytics*, pp. 296–299. Auerbach Publications, 2018.

[127] Ethan Perez, Saffron Huang, Francis Song, Trevor Cai, Roman Ring, John Aslanides, Amelia Glaese, Nat McAleese, and Geoffrey Irving. Red teaming language models with language models. *arXiv preprint arXiv:2202.03286*, 2022.

[128] Yuntao Bai, Saurav Kadavath, Sandipan Kundu, Amanda Askell, Jackson Kernion, Andy Jones, Anna Chen, Anna Goldie, Azalia Mirhoseini, Cameron McKinnon, Carol Chen, Catherine Olsson, Christopher Olah, Danny Hernandez, Dawn Drain, Deep Ganguli, Dustin Li, Eli Tran-Johnson, Ethan Perez,

Jamie Kerr, Jared Mueller, Jeffrey Ladish, Joshua Landau, Kamal Ndousse, Kamile Lukosuite, Liane Lovitt, Michael Sellitto, Nelson Elhage, Nicholas Schiefer, Noemi Mercado, Nova DasSarma, Robert Lasenby, Robin Larson, Sam Ringer, Scott Johnston, Shauna Kravec, Sheer El Showk, Stanislav Fort, Tamera Lanham, Timothy Telleen-Lawton, Tom Conerly, Tom Henighan, Tristan Hume, Samuel R. Bowman, Zac Hatfield-Dodds, Ben Mann, Dario Amodei, Nicholas Joseph, Sam McCandlish, Tom Brown, and Jared Kaplan. Constitutional AI: Harmlessness from AI feedback. *arXiv preprint arXiv:2212.08073*, 2022.

[129] Milashini Nambiar, Supriyo Ghosh, Priscilla Ong, Yu En Chan, Yong Mong Bee, and Pavitra Krishnaswamy. Deep offline reinforcement learning for real-world treatment optimization applications. In *Proceedings of the 29th ACM SIGKDD Conference on Knowledge Discovery and Data Mining*, 2023.

[130] Matthieu Komorowski, Leo A. Celi, Omar Badawi, Anthony C. Gordon, and A. Aldo Faisal. The Artificial Intelligence Clinician learns optimal treatment strategies for sepsis in intensive care. *Nature Medicine*, Vol. 24, No. 11, pp. 1716–1720, 2018.

[131] Shengpu Tang, Aditya Modi, Michael Sjoding, and Jenna Wiens. Clinician-in-the-loop decision making: Reinforcement learning with near-optimal set-valued policies. In *Proceedings of the 37th International Conference on Machine Learning*, pp. 9387–9396. PMLR, 2020.

[132] Harsh Satija, Philip S. Thomas, Joelle Pineau, and Romain Laroche. Multi-objective SPIBB: Seldonian offline policy improvement with safety constraints in finite MDPs. *Advances in Neural Information Processing Systems 34*, pp. 2004–2017, 2021.

[133] Ashudeep Singh, Yoni Halpern, Nithum Thain, Konstantina Christakopoulou, E Chi, Jilin Chen, and Alex Beutel. Building healthy recommendation sequences for everyone: A safe reinforcement learning approach. In *FAccTRec Workshop*, 2020.

[134] Amol Mandhane, Anton Zhernov, Maribeth Rauh, Chenjie Gu, Miaosen Wang, Flora Xue, Wendy Shang, Derek Pang, Rene Claus, Ching-Han Chiang, Cheng Chen, Jingning Han, Angie Chen, Daniel J. Mankowitz, Jackson Broshear, Julian Schrittwieser, Thomas Hubert, Oriol Vinyals, and Timothy Mann. MuZero with self-competition for rate control in VP9 video compression. *arXiv preprint arXiv:2202.06626*, 2022.

# 索　引

## 欧　字

## 著者略歴

### 梶 野 洸
かじ の ひろし

2016 年　東京大学 大学院情報理工学系研究科 数理情報学専攻 博士課程修了
現　　在　日本アイ・ビー・エム株式会社 東京基礎研究所 スタッフ・リサーチ・サイエンティスト，博士（情報理工学）

### 宮 口 航 平
みや ぐち こう へい

2019 年　東京大学 大学院情報理工学系研究科 数理情報学専攻 博士課程修了
現　　在　日本アイ・ビー・エム株式会社 東京基礎研究所 スタッフ・リサーチ・サイエンティスト，博士（情報理工学）

### 恐 神 貴 行
おそ がみ たか ゆき

2005 年　カーネギーメロン大学 計算機科学部 計算機科学科 博士課程修了
現　　在　日本アイ・ビー・エム株式会社 東京基礎研究所 シニア・テクニカル・スタッフ・メンバー，Ph.D.

### 岩 城 諒
いわ き りょう

2019 年　大阪大学 大学院工学研究科 知能・機能創成工学専攻 博士後期課程修了
現　　在　日本アイ・ビー・エム株式会社 東京基礎研究所 リサーチ・サイエンティスト，博士（工学）

### 和 地 瞭 良
わ ち あき ふみ

2021 年　筑波大学 大学院理工情報生命学術院 システム情報工学研究群 情報理工学位プログラム 博士後期課程修了
現　　在　LINE ヤフー株式会社 チーフリサーチサイエンティスト，博士（工学）

AI/データサイエンス ライブラリ "基礎から応用へ"＝5
強化学習から信頼できる意思決定へ

2024 年 1 月 25 日 ⓒ 　　　　　　　　初 版 発 行

著 者　梶 野　　洸　　　　発行者　森 平 敏 孝
　　　　宮 口 航 平　　　　印刷者　山 岡 影 光
　　　　恐 神 貴 行　　　　製本者　小 西 惠 介
　　　　岩 城　　諒
　　　　和 地 瞭 良

発行所　　株式会社　サ イ エ ン ス 社

〒151-0051 東京都渋谷区千駄ヶ谷 1 丁目 3 番 25 号
営業　☎ (03) 5474-8500 (代)　振替 00170-7-2387
編集　☎ (03) 5474-8600 (代)
FAX　☎ (03) 5474-8900

印刷　三美印刷(株)　　　製本　(株)ブックアート

《検印省略》

本書の内容を無断で複写複製することは，著作者および
出版者の権利を侵害することがありますので，その場合
にはあらかじめ小社あて許諾をお求め下さい.

サイエンス社のホームページのご案内
https://www.saiensu.co.jp
ご意見・ご要望は
rikei@saiensu.co.jp　まで.

ISBN978-4-7819-1592-0

PRINTED IN JAPAN

# データ科学入門 I
－データに基づく意思決定の基礎－
松嶋敏泰監修　早稲田大学データ科学教育チーム著
2色刷・A5・本体1900円

# データ科学入門 II
－特徴記述・構造推定・予測 — 回帰と分類を例に－
松嶋敏泰監修　早稲田大学データ科学教育チーム著
2色刷・A5・本体2000円

# 統計的データ解析の基本
山田・松浦共著　2色刷・A5・本体2550円

# 実験計画法の活かし方
－技術開発事例とその秘訣－
山田編著　葛谷・久保田・澤田・角谷・吉野共著
2色刷・A5・本体2700円

# 多変量解析法入門
永田・棟近共著　2色刷・A5・本体2200円

# 実習 R言語による統計学
内田・笹木・佐野共著　2色刷・B5・本体1800円

# 実習 R言語による多変量解析
－基礎から機械学習まで－
内田・佐野(夏)・佐野(雅)・下野共著　2色刷・B5・本体1600円

＊表示価格は全て税抜きです.

サイエンス社

**AI/データサイエンス ライブラリ**
"基礎から応用へ" 山西健司編集

# 組合せ最適化から機械学習へ
## ―劣モジュラ最適化とグラフマイニング―
相馬・藤井・宮内共著　2色刷・A5・本体2000円

# 異常検知からリスク管理へ
山西・久野・島田・峰松・井手共著
2色刷・A5・本体2200円

# 深層学習から
# マルチモーダル情報処理へ
中山・二反田・田村・井上・牛久共著
2色刷・A5・本体2600円

# 位相的データ解析から
# 　　　　　構造発見へ
## ―パーシステントホモロジーを中心に―
池・エスカラ・大林・鍛冶共著
2色刷・A5・本体2700円

# 強化学習から
# 　　信頼できる意思決定へ
梶野・宮口・恐神・岩城・和地共著
2色刷・A5・本体2600円

＊表示価格は全て税抜きです.

サイエンス社